FREMDSPRACHENTEXTE · FRANZÖSISCH

Éric-Emmanuel Schmitt

Odette Toulemonde et autres histoires

Herausgegeben von
Ernst Kemmner

D1870656

Philipp Reclam jun. Stuttgart

Diese Ausgabe darf nur in der Bundesrepublik Deutschland, in Österreich und in der Schweiz vertrieben werden.

RECLAMS UNIVERSAL-BIBLIOTHEK Nr. 19798
Alle Rechte vorbehalten
Copyright für diese Ausgabe
© 2011 Philipp Reclam jun. GmbH & Co. KG, Stuttgart
ODETTE TOULEMONDE ET AUTRES HISTOIRES
Copyright © 2006 Éditions Albin Michel S.A., Paris
Gesamtherstellung: Reclam, Ditzingen. Printed in Germany 2011
RECLAM, UNIVERSAL-BIBLIOTHEK und RECLAMS UNIVERSAL-BIBLIOTHEK sind eingetragene Marken der Philipp Reclam jun. GmbH & Co. KG, Stuttgart
ISBN 978-3-15-019798-1

www.reclam.de

… ces bouquets de fleurs qui partent à la recherche d'un cœur et ne trouvent qu'un vase.

Romain Gary,
Au-delà de cette limite votre ticket n'est plus valable.

2 **partir à la recherche de qc:** sich auf die Suche nach etwas machen. • 4 **Romain Gary:** französisch-jüdischer Schriftsteller, Übersetzer und Diplomat (1914–80).

Wanda Winnipeg

En cuir, l'intérieur de la Royce. En cuir, le chauffeur et ses gants. En cuir, les valises et les sacs bourrant la malle. En cuir, la sandale tressée qui annonce une jambe fine au bord de la portière. En cuir, le tailleur jupe écarlate de Wanda Winnipeg.

Les chasseurs s'inclinent.

Wanda Winnipeg franchit le seuil sans regarder personne ni vérifier que ses affaires suivent. Comment en serait-il autrement?

Derrière le comptoir de l'hôtel, les employés frémissent. Faute de pouvoir capter son attention derrière ses lunettes fumées, ils débordent de formules accueillantes.

– Bienvenue, madame Winnipeg, c'est un grand honneur pour nous que vous descendiez au Royal

2 **un intérieur:** hier: Innenausstattung. • **la Royce:** Rolls-Royce (Automarke). • 3 **bourrer:** hier: bis zum Rand füllen. • 4 **la malle:** Überseekoffer; hier: Kofferraum. • **tressé, e:** geflochten, mit Flechtriemen (Sandale). • **annoncer:** ankündigen. • 5 **la portière:** Autotür. • **le tailleur:** Kostüm. • 6 **écarlate:** scharlachrot. • 7 **le chasseur:** Jäger; hier: Page. • **s'incliner:** sich verneigen, sich verbeugen. • 8 **franchir le seuil (d'un hôtel):** (Hotel) betreten (*le seuil:* Schwelle). • 11 f. **frémir:** zittern, beben. • 12 **faute de …:** da … nicht. • **capter l'attention de qn:** jdn. auf sich aufmerksam machen. • 13 **fumé, e:** dunkel getönt (Brille). • **déborder de qc:** vor etwas überquellen; hier: sich vor etwas überschlagen. • 13 f. **des formules accueillantes:** Liebenswürdigkeiten.

Émeraude. Nous ferons tout pour rendre votre séjour le plus agréable possible.

Elle reçoit ces marques de haute estime ainsi qu'une menue monnaie due, sans y répondre. Les employés continuent la conversation comme si elle y participait.

– L'espace beauté est ouvert de sept heures à vingt et une heures, ainsi que l'espace fitness et la piscine.

Elle grimace. Paniqué, le responsable anticipe sur un problème.

– Naturellement, si vous y tenez, nous pouvons changer nos horaires et nous adapter aux vôtres.

Arrivant à la hâte, le directeur, essoufflé, s'est glissé derrière elle et glapit:

– Madame Winnipeg, quel immense honneur pour nous que vous descendiez au Royal Émeraude! Nous ferons tout pour vous rendre votre séjour le plus agréable possible.

Parce qu'il vient d'énoncer le même cliché que son petit personnel, Wanda Winnipeg a un sourire moqueur qu'elle ne cache pas aux employés, l'air de dire «Pas très malin, votre patron, pas fichu de s'exprimer

1 **une émeraude:** Smaragd. • 3 **la marque:** hier: Bezeugung. • **une estime:** Hochachtung. • 4 **la menue monnaie:** kleine Münzen, Rausgeld. • **dû, due à qn:** jdm. zustehend. • 7 **un espace beauté:** Kosmetik- und Wellnessbereich. • 9 **grimacer:** das Gesicht verziehen. • **anticiper sur qc:** etwas vorausahnen, etwas auf sich zukommen sehen. • 13 **arriver à la hâte:** herbeieilen. • **essoufflé, e:** außer Atem, atemlos. • 14 **glapir:** kläffen; hier: kreischen, blaffen. • 19 **énoncer qc:** etwas von sich geben, etwas aussprechen. • 20 f. **moqueur, -euse:** spöttisch. • 21 **l'air de dire:** etwa: so als wolle sie sagen. • 22 **malin, maligne:** hier: pfiffig, gewitzt. • **pas fichu de** (fam.): nicht imstande, nicht in der Lage, nicht fähig.

mieux que vous», puis elle pivote pour tendre sa main à baiser. Le directeur n'a pas saisi son ironie et ne s'en doutera pas car elle lui accorde la grâce de répondre.

– J'espère en effet que je ne serai pas déçue: la princesse Mathilde m'a tant vanté votre établissement.

Par un mouvement réflexe des talons, entre le militaire qui salue et le danseur de tango qui remercie, le directeur accuse le coup: il vient de comprendre qu'en logeant Wanda Winnipeg, il ne reçoit pas seulement une des plus grandes fortunes mondiales mais une femme qui fréquente le gotha.

– Vous connaissez Lorenzo Canali, naturellement?

Du geste, elle présente son amant, un bel homme aux cheveux noirs, longs, presque cirés, qui incline la tête en offrant un demi-sourire, parfait dans le rôle du prince consort qui doit à la conscience de son rang inférieur la nécessité de se montrer plus aimable que la reine.

Puis elle s'éloigne vers sa suite, sachant très bien ce qu'on est en train de murmurer dans son sillage.

1 **pivoter:** sich umdrehen. • 1 f. **tendre la main à baiser:** die Hand zum Handkuss reichen. • 2 **saisir qc:** etwas erfassen, begreifen. • 3 **se douter de qc:** etwas ahnen. • **accorder la grâce à qn de faire qc:** jdm. die Gunst erweisen, etwas zu tun. • 5 **vanter qc:** etwas rühmen, etwas preisen. • **un établissement:** hier: Hotel, Haus. • 6 **le talon:** Ferse. • 8 **accuser le coup:** Wirkung zeigen, zeigen, dass man betroffen ist, es sich anmerken lassen. • 11 **fréquenter le gotha:** in Adelskreisen verkehren (*le gotha:* der »Gotha«, das nach seinem Verlagsort benannte maßgebliche Adelsverzeichnis in Europa, erstmals 1763 erschienen). • 14 **presque ciré, e:** hier: wie mit Pommade versehen. • 16 **le prince consort** (angl.): Prinzgemahl. • 17 **la nécessité:** Notwendigkeit. • 20 **murmurer qc:** etwas murmeln. • **dans le sillage de qn:** hinter jdm. (*le sillage:* Kielwasser).

– Je la croyais plus grande … Quelle jolie femme! Et elle paraît plus jeune que sur ses photos, non?

Dès qu'elle pénètre dans l'appartement, elle sent qu'elle y sera très bien; cependant elle écoute le directeur en vanter les mérites en affichant une moue sceptique. Malgré l'ampleur de l'espace, le marbre des deux salles de bains, l'abondance de bouquets, la qualité des téléviseurs, les marqueteries précieuses des meubles, elle demeure sur sa faim, se contentant d'observer qu'un poste de téléphone serait utile sur la terrasse si elle désire communiquer d'un des transats.

– Bien sûr, madame, vous avez raison, nous vous le montons dans une minute.

Elle se garde bien de lui préciser qu'elle ne l'utilisera jamais, elle se servira de son portable, car elle tient à le terroriser jusqu'à son départ afin qu'il la serve mieux. Le directeur du Royal Émeraude referme la porte en s'inclinant, lui promettant avec effusion monts et merveilles.

Enfin seule, Wanda s'étend sur un canapé, laissant Lorenzo et la femme de chambre distribuer les vête-

3 **pénétrer dans un appartement:** eine Wohnung betreten. • 5 **vanter les mérites** (m.) **de qc:** die Vorzüge von etwas herausstreichen. • **afficher qc:** etwas aufsetzen (Miene). • **la moue:** die Miene. • 6 **une ampleur:** Weite, Geräumigkeit. • **le marbre:** Marmor. • 7 **une abondance:** Fülle, übermäßige Menge, Üppigkeit. • 8 **des marqueteries** (f.): Einlegearbeit, Intarsien. • 9 **demeurer sur sa faim:** in seinen/ihren Erwartungen enttäuscht werden. • 9 f. **se contenter de faire:** lediglich tun. • 11 **communiquer:** hier: ein Telefongespräch führen. • 11 f. **le transat:** Liegestuhl. • 15 **se garder de faire qc:** sich hüten, etwas zu tun. • 19 f. **promettre monts** (m.) **et merveilles** (f.): das Blaue vom Himmel herabversprechen. • 19 **avec effusion** (f.): überschwänglich, wortreich.

ments dans les armoires. Elle sait qu'elle impressionne et s'en amuse toujours. Parce qu'elle réserve son avis, on la respecte; parce qu'elle ne parle que pour proférer un jugement désagréable, on la craint. L'effervescence que crée la moindre de ses apparitions ne vient pas uniquement de sa richesse, ni de sa célébrité, ni de son physique irréprochable, elle tient à une sorte de légende qui l'entoure.

Qu'a-t-elle accompli, après tout? Selon elle, cela se résume en deux principes: savoir épouser et savoir divorcer.

Wanda a monté les échelons de la société à chaque mariage. Le dernier – il y a quinze ans – a fait d'elle ce qu'elle est aujourd'hui. En convolant avec le milliardaire américain Donald Winnipeg, elle est devenue célèbre, les magazines du monde entier ayant publié des photos de leurs noces. Par la suite, ce sont les couvertures qui lui ont été proposées lors de son divorce, un des plus juteux et des plus médiatisés de ces der-

1f. **impressionner:** beeindrucken. • 2f. **réserver son avis:** mit seiner Meinung zurückhaltend sein, seine Meinung nicht gleich äußern. • 4 **proférer qc:** etwas äußern, etwas zum Ausdruck bringen. • 5 **une effervescence:** Aufregung, Aufruhr. • 5f. **une apparition:** Erscheinen, Auftritt. • 7 **la célébrité:** Berühmtheit. • **le physique:** Äußeres, Erscheinung, Erscheinungsbild. • **irréprochable:** tadellos, untadelig. • **tenir à qc:** von etwas herrühren, von etwas verursacht werden. • 8 **entourer qn:** jdn. umgeben. • 9f. **se résumer:** sich zusammenfassen lassen. • 12 **un échelon:** Sprosse; hier: Stufe (der gesellschaftlichen Hierarchie). • 14 **convoler avec qn:** jdn. heiraten. • 17 **les noces** (f.): Hochzeit. • 17f. **la couverture:** hier: Titelseite (einer Zeitung oder Zeitschrift). • 18 **proposer à qn:** hier: jdm. widmen. • 19 **juteux, -euse:** einträglich. • **être médiatisé, e:** von den Medien aufgegriffen werden.

nières années, divorce qui l'a transformée en une des femmes les plus argentées de la planète.

Depuis, sa vie de rentière se montre aisée: Wanda Winnipeg se contente d'engager des gens très qualifiés pour gérer ses affaires; s'ils déméritent, elle les vire sans remords.

Lorenzo entre et roucoule de sa voix chaude:

– Quel est le programme de cet après-midi, Wanda?

– Nous pourrions d'abord piquer un plongeon à la piscine et ensuite nous reposer dans la chambre. Qu'en penses-tu?

Lorenzo traduit immédiatement en son langage les deux ordres de Wanda: la contempler nager deux kilomètres, lui faire l'amour.

– Bien, Wanda, c'est une perspective qui me plaît beaucoup.

Wanda lui adresse un sourire bienveillant: Lorenzo n'a pas le choix mais il est élégant de sa part de jouer avec plaisir la soumission.

En retournant à la salle de bains, par un subtil déhanchement il lui donne à admirer sa taille élancée, sa

2 **argenté, e:** hier: reich. • 3 **le rentier / la rentière:** Privatmann, -frau. • **aisé, e:** von Wohlstand geprägt, leicht. • 5 **gérer les affaires** (f.) **de qn:** jds. Geschäfte verwalten, führen. • **démériter:** sich als unzulänglich erweisen. • 5f. **virer qn:** jdn. feuern, jdn. hinauswerfen. • 6 **sans remords** (m.): gnadenlos, skrupellos (*le remords:* Gewissenbiss). • 7 **roucouler:** gurren. • 9 **piquer un plongeon:** einen Kopfsprung machen. • 13 **un ordre:** Befehl. • **contempler qn faire qc:** jdm. dabei bewundernd, aufmerksam zuschauen, wie er/sie etwas macht. • 17 **bienveillant, e:** wohlwollend. • 19 **la soumission:** Unterwerfung, Fügsamkeit. • 20 **subtil, e:** leicht. • 20f. **le déhanchement:** Wiegen mit der Hüfte, Hüftbewegung. • 21 **élancé, e:** schmal, schlank.

cambrure de reins. Elle songe avec volupté qu'elle malaxera bientôt ses fesses d'homme à pleines mains.

C'est ce que je préfère chez eux, va savoir pourquoi!

Dans son monologue intérieur, Wanda use de phrases simples dont les formules populaires révèlent son origine. Fort heureusement, elle seule les entend.

Lorenzo revient en chemise de lin et maillot moulant, prêt à l'accompagner au bassin. Jamais Wanda n'a eu un compagnon aussi consommé: il ne regarde aucune autre femme, il ne sympathise qu'avec les amis de Wanda, il mange comme elle, se lève aux mêmes heures et se révèle d'une bonne humeur constante. Peu importe qu'il apprécie tout ou qu'il n'apprécie rien, il remplit son rôle.

Tout compte fait, il est impeccable. Cela dit, je ne suis pas mal non plus.

Par là, elle ne pense pas à son physique mais à son comportement: si Lorenzo se conduit en gigolo professionnel, Wanda sait, elle aussi, de quelle manière traiter un gigolo. Il y a quelques années encore, de-

1 **la cambrure des reins** (m.): Wölbung des Rückens (*les reins:* unterer Rücken, Kreuz). • **la volupté:** Wollust. • 2 **malaxer qc:** etwas (durch-) kneten. • **les fesses** (f.): Gesäß, Hinterteil, Hintern. • 3 f. **va savoir pourquoi!:** etwa: wer weiß, warum! • 5 **le monologue intérieur:** Selbstgespräch. • **user de:** benutzen. • 6 **populaire:** umgangssprachlich; hier: salopp. • **révéler qc:** etwas offenbaren, enthüllen; hier: etwas verraten. • 8 **le lin:** Leinen. • 8 f. **moulant:** eng anliegend, hauteng. • 9 **le bassin:** (Schwimm-)Becken. • 10 **consommé, e:** vollendet, perfekt. • 13 **se révéler de** (+ subst.): etwas an den Tag legen. • 16 **tout compte fait:** alles in allem. • **impeccable:** ohne Fehl und Tadel, untadelig. • **cela dit:** nun ja. • 19 **le gigolo** (péj.): Gigolo, Gespiele (für Damen).

vant l'attitude attentionnée, galante, irréprochable de Lorenzo, elle aurait émis des soupçons et l'aurait suspecté d'homosexualité. Aujourd'hui, il lui importe peu de découvrir si Lorenzo désire ou non les hommes; il lui suffit qu'il la baise bien et aussi souvent qu'elle le désire. Rien d'autre. Et elle ne souhaite pas non plus savoir si, comme tant d'autres, il ne va pas en cachette aux toilettes s'injecter avec une seringue un produit lui permettant de se présenter au garde-à-vous devant elle …

Nous, femmes, nous savons si bien feindre … Pourquoi ne supporterions-nous pas qu'ils trichent à leur tour?

Wanda Winnipeg a accédé à ce moment heureux dans la vie d'une ambitieuse où, enfin, le cynisme finit par produire une sagesse: libérée de l'exigence morale, elle jouit de la vie telle qu'elle est et des hommes tels qu'ils sont, sans s'indigner.

Elle consulte son agenda et vérifie l'organisation de ses vacances. Puisque Wanda déteste s'ennuyer, elle prévoit tout: soirées de bienfaisance, visites de villas, rendez-vous avec les amis, expéditions en jet-ski, mas-

1 **attentionné, e:** aufmerksam, zuvorkommend. • **galant, e:** höflich und zuvorkommend. • 2f. **suspecter qn de qc:** jdn. einer Sache verdächtigen. • 5 **baiser** (pop.): ficken, bumsen, vögeln. • 7f. **en cachette** (f.): insgeheim. • 8 **s'injecter qc:** sich etwas injizieren, sich etwas spritzen. • **la seringue:** Spritze. • 9 **le produit:** hier: Präparat. • 9f. **se présenter au garde-à-vous:** sich in »Habachtstellung« (d.h. mit erigiertem Penis) zeigen. • 11 **feindre:** simulieren, (etwas) vortäuschen. • 14 **accéder à qc:** etwas erreichen. • 15 **le cynisme:** Zynismus, beißende Ironie. • 16 **la sagesse:** Weisheit. • 17 **jouir de qc:** genießen. • 18 **s'indigner:** sich entrüsten. • 21 **la bienfaisance:** Wohltätigkeit. • 22 **une expédition:** Ausfahrt, Ausflug.

sages, ouvertures de restaurants, inaugurations de boîtes, bals costumés; il ne reste guère de place pour l'improvisation; les heures consacrées au shopping ou à la sieste ont aussi été délimitées. L'ensemble de son personnel – Lorenzo compris – détient une copie de cet agenda et devra s'opposer au raseur qui entreprendrait leur siège pour obtenir la présence de Mme Winnipeg à sa table ou sa partie.

Rassurée, elle ferme les yeux. Une odeur de mimosa vient la déranger. Elle se trouble, se redresse, inspecte avec inquiétude les alentours. Fausse alerte. Elle n'est victime que d'elle-même. Ce parfum vient de lui rappeler qu'elle a passé une partie de son enfance ici, qu'elle était pauvre en ce temps-là, et qu'elle ne s'appelait pas Wanda. Personne ne le sait ni ne le saura. Elle a totalement réinventé sa biographie et s'est arrangée pour qu'on croie qu'elle est née près d'Odessa, en Russie. L'accent qu'elle s'est forgé dans

1 **une inauguration:** Einweihung. • 2 **la boîte:** Nachtclub, Nachtlokal. • **le bal costumé:** Kostümball, Ball mit Kostümzwang. • **ne … guère:** kaum. • 3 **une improvisation:** hier: spontaner Entschluss, spontane Handlung. • **consacré, e à qc:** für etwas vorgesehen. • 4 **la sieste:** Mittagsruhe. • **délimiter qc:** etwas festsetzen, etwas festlegen, etwas begrenzen. • 5 **détenir qc:** etwas besitzen. • 6 **le raseur** (péj.): lästige Person, Nervensäge. • 6f. **entreprendre le siège de qn:** jdn. belagern (*le siège:* Belagerung). • 7 **obtenir qc:** etwas erhalten, bekommen; hier: etwas erzwingen. • 8 **la partie:** Party, Gesellschaft, Empfang. • 9f. **le mimosa:** Mimose. • 10 **se troubler:** verwirrt sein. • 10f. **inspecter qc:** etwas absuchen. • 11 **les alentours** (m.): Umgebung. • **la fausse alerte:** falscher Alarm. • 16 **réinventer qc:** etwas neu erfinden; hier: etwas umschreiben (Biografie). • 17 **s'arranger pour que …:** etwa: etwas so hindrehen, dass … • 18 **Odessa:** ukrainische Hafenstadt am Schwarzen Meer mit ungefähr einer Million Einwohnern. • **se forger un accent:** sich einen Akzent zulegen.

cinq langues – et qui met si bien en valeur son timbre rauque – accrédite ce mythe.

En se levant, elle secoue la tête et chasse ses souvenirs. Adieu, réminiscences! Wanda contrôle tout, son corps, son comportement, ses affaires, sa sexualité, son passé. Elle doit passer des vacances délicieuses. D'ailleurs, elle a payé pour cela.

La semaine se déroule à merveille.

Ils volent de dîners «exquis» en déjeuners «délicieux», sans oublier les soirées «divines». Partout d'identiques conversations attendent les convives de la jet-set et, rapidement, Wanda et Lorenzo savent discuter aussi bien que s'ils avaient passé l'été sur la Côte, des avantages du Disco Privilège, du retour du string – «quelle drôle d'idée, mais quand on peut se le permettre, n'est-ce pas …» –, de ce jeu «épatant» où l'on doit évoquer des titres de films par un mime – «si vous aviez vu Nick essayant de nous faire deviner

1 **mettre qc en valeur** (f.): etwas zur Geltung bringen. • **le timbre:** Tonfall, Klang. • 2 **rauque:** rauh. • **accréditer qc:** einer Sache Glaubwürdigkeit verleihen, etwas stützen. • **le mythe:** Mythos, Legende. • 4 **la réminiscence:** Erinnerung, Reminiszenz. • 6 **délicieux, -euse:** prächtig, entzückend. • 8 **à merveille** (f.): bestens (*la merveille:* Wunder). • 9 **exquis, e:** erlesen, köstlich. • 10 **divin, e:** göttlich. • 11 **le convive:** Gast. • 12 **la jet-set** (angl.): Schickeria, die »Reichen und Schönen«. • 14 **la Côte:** Côte d'Azur. • **le Disco Privilège:** erfundener Name für eine angesagte Nobeldisco. • 15 **le string:** String-Tanga. • 16 **épatant, e** (fam.): umwerfend, fantastisch, genial, toll. • 17 **évoquer par un mime:** pantomimisch nachahmen, nachstellen.

Autant en emporte le vent!» –, de la voiture électrique «idéale pour aller à la plage, ma chérie», de la faillite d'Aristote Paropoulos et surtout de l'avion privé écrasé de ces pauvres Sweetenson – «un monomoteur, ma chère, prend-on un monomoteur quand on a les moyens de se payer un jet privé?»

Le dernier jour, une expédition sur le yacht des Farinelli – «mais si, lui est le roi de la sandale italienne, la fine, avec un double laçage sur la cheville, on ne connaît que lui» – emporte Wanda et Lorenzo sur les eaux paisibles de la Méditerranée.

Les femmes comprennent vite le but du trajet: monter sur le pont avant afin d'exhiber, quel que soit leur âge, une plastique parfaite, poitrine solide, taille fine et jambes sans cellulite. Wanda se prête à l'exercice avec le naturel de celle qui se sait supérieurement bien faite et supérieurement bien entretenue. Lorenzo – décidément exemplaire – la couve d'un chaud regard tel un amoureux. Amusant, non? Wanda récolte quelques compliments qui la mettent de bonne humeur et dans cet état, accentué par le vin rosé de Pro-

1 **«Autant en emporte le vent»:** *Vom Winde verweht*, Verfilmung (1939) des Romans *Gone with the Wind* von Margaret Mitchell, der den Amerikanischen Bürgerkrieg (1861–65) thematisiert. • 3f. **écrasé, e:** abgestürzt, zerschellt. • 4 **le monomoteur:** einmotoriges Flugzeug. • 7 **le yacht:** Jacht. • 9 **le double laçage:** Doppelriemchen (Sandale). • 11 **paisible:** friedlich, ruhig (Gewässer). • 13 **le pont avant:** Vorderdeck. • **exhiber qc:** mit etwas protzen. • 14 **la plastique:** hier: Figur. • 15 **la cellulite:** Zellulitis. • **se prêter à l'exercice** (m.): sich der Aufgabe stellen. • 16 **le naturel:** hier: Natürlichkeit. • 17 **s'entretenir bien:** sich (altersmäßig) gut halten. • 18 **exemplaire:** vorbildlich, mustergültig. • 18f. **couver qn du regard:** jdn. begierig, begehrlich anschauen. • 19 **récolter qc:** etwas ernten. • 21 **accentué, e par qc:** durch etwas (noch) verstärkt.

vence, elle descend avec la joyeuse troupe de milliardaires sur la plage des Salins où les dépose le Zodiac.

Une table a été dressée pour eux à l'ombre des panneaux en paille sous lesquels s'étale le restaurant.

– Voulez-vous voir mes tableaux, messieurs dames? Mon atelier est au bout de la plage. Je vous y conduis dès que vous le souhaitez.

Évidemment, personne ne répond à la voix humble. Elle sort d'un vieillard qui s'est approché à distance respectueuse. On continue à rire et à parler fort, comme s'il n'existait pas. Lui-même a l'impression d'avoir échoué à se faire entendre car il recommence.

– Voulez-vous voir mes tableaux, messieurs dames? Mon atelier est au bout de la plage. Je vous y conduis dès que vous le souhaitez.

Cette fois-ci, un silence agacé marque qu'on a bien repéré le raseur. Guido Farinelli jette un œil mauvais au restaurateur qui, obéissant prestement, s'approche du vieil homme, le saisit par le bras et l'emmène en le grondant.

Les conversations reprennent. Personne ne remarque que Wanda, elle, a pâli.

2 **la plage des Salins:** sehr schöner Strand etwas außerhalb von Saint Tropez. • **le Zodiac:** meertaugliches Schlauchboot mit Außenbordmotor zum Transport von mehreren Personen. • 3 **dresser:** aufstellen (Tisch). • 3f. **le panneau**: hier: Schutzdach. • 4 **la paille:** Stroh. • **s'étaler:** sich ausbreiten. • 8 **humble:** untertänig, ehrfurchtsvoll. • 10 **respectueux, -euse:** respektvoll. • 16 **agacé, e:** gereizt, verärgert. • 17 **repérer:** bemerken, ausfindig machen, ausmachen. • **jeter un mauvais œil à qn:** jdm. einen bösen Blick zuwerfen. • 18 **prestement:** flink, behende. • 20 **gronder qn:** jdn. ausschimpfen, mit jdm. schimpfen. • 21 **reprendre:** wieder beginnen, wieder einsetzen (Gespräch). • 22 **pâlir:** erblassen, blass werden.

Elle l'a reconnu.

Malgré les années, malgré sa détérioration physique – quel âge a-t-il, maintenant, quatre-vingts ans? –, elle a tremblé en réentendant ses intonations.

Sur le coup, elle écarte, hostile, ce souvenir. Elle déteste le passé. Elle déteste surtout ce passé-là, son passé misérable; pas un instant depuis qu'elle y a mis les pieds, elle n'a songé qu'elle a fréquenté cette plage des Salins, ce sable piqueté de roches noires tant foulé il y a longtemps, un temps oublié de tous, un temps où elle n'était pas encore Wanda Winnipeg. Puis le souvenir s'impose malgré elle, contre elle, et, à sa surprise, il lui apporte un bonheur chaleureux.

Discrètement, elle pivote pour contempler le vieillard à qui le restaurateur, plus loin, a offert un pastis. Il a toujours cet air un peu égaré, cet étonnement d'enfant qui ne comprend pas bien le monde.

Oh, il n'était pas très intelligent, déjà, à l'époque. Ça n'a pas dû s'arranger. Mais qu'est-ce qu'il était beau! …

Elle se surprend à rougir. Oui, elle, Wanda Winnipeg, la femme aux milliards de dollars, elle sent des

2 **la détérioration:** Verfall. • 4 **réentendre qc:** etwas von neuem hören, etwas wieder hören. • **les intonations** (f.): Tonfall. • 5 **écarter qc:** etwas beiseiteschieben, etwas wegschieben, etwas verdrängen. • 7 **misérable:** erbärmlich, armselig, elendiglich. • 8 **fréquenter (un lieu):** (Ort) häufig aufsuchen. • 9 **piqueté, e de qc:** mit etwas gesprenkelt. • **la roche:** Fels, Felsbrocken. • **fouler:** betreten. • 12 **s'imposer:** sich durchsetzen; hier: übermächtig werden. • **malgré moi/lui/elle:** gegen meinen/seinen/ihren Willen. • 16 **le pastis:** hochprozentiger Anisschnaps. • **égaré, e:** verwirrt, verloren. • 19 **Ça n'a pas dû s'arranger:** etwa: Daran hat sich bestimmt nichts geändert.

picotements enflammer sa gorge et ses joues comme lorsqu'elle avait quinze ans …

Affolée, elle craint que ses voisins de table ne remarquent le trouble qui l'envahit, au lieu de cela les discussions, arrosées par le rosé, se déploient.

Avec un sourire, elle choisit de leur fausser compagnie et, sans bouger, protégée par ses lunettes fumées, elle retourne dans son passé.

Elle avait quinze ans alors. Selon sa biographie officielle, à cet âge-là, elle se trouvait en Roumanie, travailleuse dans une fabrique de cigarettes; curieusement, personne n'a songé à vérifier ce détail qui la transforme, de façon romanesque, en une sorte de Carmen sortie de la mouise. En réalité, elle vivait depuis quelques mois non loin d'ici, à Fréjus, placée dans une institution pour adolescents difficiles, la plupart orphelins. Si elle n'avait jamais connu son père, sa mère – la vraie – vivait encore à l'époque; cependant les médecins, à cause de ses multiples récidives,

1 **le picotement:** Prickeln. • **enflammer qc:** etwas glühend heiß werden lassen. • 3 **affolé, e:** erschrocken, in Panik. • 4 **le trouble:** Verwirrung. • **envahir qn:** von jdm. Besitz ergreifen (Gefühl). • 5 **arrosé, e par qc:** etwa: noch befeuert von etwas (*arroser qc:* etwas begießen). • **se déployer:** sich entspinnen (Diskussion, Gespräch). • 6f. **fausser compagnie:** sich (aus einer Runde) ausklinken. • 10 **la Roumanie:** Rumänien. • 13 **romanesque:** romanhaft. • 14 **Carmen:** Hauptfigur der gleichnamigen Novelle von Prosper Mérimée und der Oper von Georges Bizet. Carmen arbeitet in einer Zigarettenfabrik und wird am Ende von dem in sie verliebten und von ihr zurückgewiesenen José getötet. • **la mouise** (fam.; péj.): Elend. • 15 **Fréjus:** Stadt am Mittelmeer im südöstlichen Frankreich. • 16 **une institution:** Anstalt, Heim. • 19 **multiple:** zahlreich, häufig. • **la récidive:** Rückfall.

avaient préféré la séparer de sa fille pour la sevrer des drogues.

Wanda ne s'appelait pas Wanda mais Magali. Un prénom stupide qu'elle haïssait. Sans doute parce que personne ne l'avait prononcé avec amour. Déjà, elle se faisait désigner autrement. Comment, ces années-là? Wendy? Oui. Wendy, telle l'héroïne de *Peter Pan*. Un chemin vers Wanda, déjà …

Elle refusait son nom autant que sa famille. Les deux lui semblaient une erreur. Très jeune, elle s'était sentie victime d'une confusion d'identité, on avait dû se tromper à la maternité: elle s'estimait destinée à la richesse et à la réussite, or on l'avait reléguée dans une cage à lapins au bord d'une route nationale, chez une femme pauvre, droguée, sale, indifférente. La colère due à un sentiment d'injustice fondait son caractère. Tout ce qu'elle aurait à vivre dans le futur relèverait de la vengeance, du redressement de torts: on lui devait des dommages et intérêts pour ce démarrage cafouilleux.

1 **sevrer qn de qc:** jdn. von etwas wegbringen, jdn. einer Sache entwöhnen. • 6 **se faire désigner:** sich nennen lassen. • 7 **Peter Pan:** Hauptfigur einiger Kindergeschichten von James Matthew Barrie, die niemals erwachsen wird und in *Neverland* lebt; Wendy Darling ist eine der weiteren Figuren in diesen Geschichten. • 12 **la maternité:** Mutterschaft; hier: Entbindungsstation. • 13 **réléguer qn:** hier: jdn. verbannen • 14 **la cage à lapins:** Kaninchenkäfig; hier: Plattenbau, (péj.) Wohnsilo. • 15 **drogué, e:** drogensüchtig. • 16 **être dû, due à qc:** von einer Sache herrühren, von etwas ausgelöst werden. • 17 f. **relever de qc:** von etwas abhängig sein; hier: von etwas diktiert werden. • 18 **la vengeance:** Rache. • **le redressement d'un tort:** Wiedergutmachung eines Unrechts. • 19 **les dommages et intérêts** (m.): Schadenersatz. • **le démarrage:** Start, Beginn. • 20 **cafouilleux, -euse:** chaotisch.

Wanda avait compris qu'elle se débrouillerait seule. Elle n'imaginait pas son avenir avec précision mais elle savait qu'elle ne compterait pas sur les diplômes, ses chances étant handicapées par des études chaotiques, d'autant que, sitôt placée en maison de redressement après ses larcins dans les magasins, elle n'avait plus rencontré que des professeurs davantage soucieux d'autorité que de contenus pédagogiques, des enseignants spécialisés qui devaient éduquer leurs élèves avant de les instruire. Wanda pensait donc qu'elle ne s'en sortirait que par les hommes. Elle leur plaisait. C'était manifeste. Et ça lui plaisait de leur plaire.

Dès qu'elle pouvait, elle s'échappait de l'institut pour se rendre en vélo à la plage. Ouverte, curieuse, avide de nouer des liens, elle était parvenue à accréditer l'idée qu'elle vivait non loin de là, en compagnie de sa mère. Puisqu'elle était jolie, on l'avait crue, on la traitait en fille du pays.

Elle désirait coucher avec un homme comme d'autres, au même âge, souhaitaient réussir à un exa-

3 **compter sur qc:** sich auf etwas verlassen. • 4 **être handicapé, e par qc:** durch etwas beeinträchtigt, geschmälert werden. • **des études** (f.): hier: Schulbildung. • 5 **sitôt:** sobald. • 5 f. **la maison de redressement:** Erziehungsheim. • 6 **le larcin:** Diebstahl. • 7 f. **être soucieux, -euse de qc:** auf etwas bedacht sein. • 9 **l'enseignant spécialisé:** Sonderschullehrer. • 10 **instruire qn:** jdn. unterrichten, jdm. Kenntnisse vermitteln. • 11 **s'en sortir:** es schaffen, sich aus der Affäre zu ziehen. • 12 **manifeste:** offenkundig, klar. • 16 **avide de qc:** begierig auf etwas. • **nouer des liens** (m.): Kontakte knüpfen, Bekanntschaften schließen. • **parvenir à faire qc:** es schaffen, etwas zu tun. • 16 f. **accréditer l'idée que …:** glauben machen, weismachen, dass … • 17 f. **en compagnie de:** mit (*la compagnie*: Gesellschaft, Begleitung). • 19 **le pays:** hier: Gegend.

men compliqué: selon elle, c'était le diplôme qui clôturerait son adolescence douloureuse et lui permettrait de se lancer dans la vraie vie. Seulement, elle désirait que l'expérience se réalisât avec un homme, un vrai, pas un garçon de son âge; déjà ambitieuse, elle doutait qu'un morveux de quinze ans ait grand-chose à lui apprendre.

Elle étudia le marché des mâles avec le sérieux scrupuleux qu'elle y mettrait sa vie durant. En ce temps-là, sur un territoire de cinq kilomètres, l'un d'eux sortait du rang: Césario.

Wanda avait recueilli les confidences des femmes qui l'élisaient amant accompli. Non seulement Césario, bronzé, sportif, élancé, baladait un physique irréprochable – d'autant plus visible qu'il vivait sur la plage en maillot de bain – mais il adorait les femmes et leur faisait très bien l'amour.

– Il te fait tout, ma petite, tout, comme si tu étais une reine! Il t'embrasse de partout, il te lèche de partout, il te mordille les oreilles, les fesses, même les orteils, il te fait gémir de plaisir, il y passe des heures, il … Écoute, Wendy, des hommes aussi fous de la

1 f. **clôturer qc:** etwas beenden etwas abschließen. • 2 **douloureux, -euse:** schmerzlich, mit Schmerzen verbunden. • 3 **se lancer:** sich stürzen. • 4 **se réaliser:** vonstatten gehen. • 6 **le morveux** (fam.): Jüngelchen, Bengel. • 8 **le sérieux:** Ernst; hier: Sorgfalt. • 9 **scrupuleux, -euse:** sehr gewissenhaft, peinlich genau. • **sa vie durant:** sein/ihr ganzes Leben lang. • 11 **sortir du rang:** auffallen. • 12 **recueillir qc:** etwas einholen (Information, Meinung). • **la confidence:** vertrauliche Mitteilung. • 13 **élire qn:** jdn. auserwählen. • 14 **balader:** zur Schau stellen, offen zeigen. • 19 **lécher:** lecken. • 20 **mordiller qc:** an etwas knabbern. • 20 f. **un orteil:** Zeh. • 21 **faire gémir qn:** jdn. zum Stöhnen bringen.

femme, c'est simple, il n'y en a pas. Y a que lui. Bon, son seul défaut, c'est qu'il ne s'attache pas. Célibataire dans l'âme. Il n'y en a pas une de nous qui est arrivée à le garder. Remarque, ça nous arrange, on peut tenter notre chance, voire, de temps en temps, remettre le couvert. Même quand on est mariées … Ah, Césario …

Wanda observa Césario comme si elle avait dû sélectionner une université.

Il lui plaisait. Pas seulement parce que les autres femmes vantaient ses mérites. Il lui plaisait vraiment … Sa peau, lisse et onctueuse, du caramel fondu … Ses yeux vert et or, cerclés d'un blanc aussi pur que la nacre d'un coquillage … Ses poils blonds, dorés au contre-jour, telle une aura lumineuse exhalée par son corps … Son torse, fin, découpé … Son cul surtout, ferme, rebondi, charnu, insolent. En contemplant Césario de dos, Wanda comprit pour la première fois qu'elle était attirée par les fesses des hommes ain-

1 **y a que lui** (fam.): *il n'y a que lui.* • 2 **ne pas s'attacher:** keine feste Bindung eingehen. • 2f. **célibataire dans l'âme:** etwa: Single aus tiefster Überzeugung (*une âme:* Seele). • 4 **ça m'arrange:** das kommt mir zupass, das kommt mir gelegen. • 4f. **tenter sa chance:** sein Glück versuchen. • 5 **voire:** ja sogar. • 5f. **remettre le couvert** (fig.; fam.): ein zweites Mal mit jdm. Sex haben; hier: wieder eine Affäre haben. • 8f. **sélectionner qc:** etwas auswählen. • 12 **lisse:** glatt. • **onctueux, -euse:** weich, samtig (Haut). • 13 **cerclé, e de:** gesäumt mit. • 14 **la nacre:** Perlmutt. • **le coquillage:** Muschel(schale). • 15 **le contre-jour:** Gegenlicht. • **une aura lumineuse:** Lichtkranz, Aureole. • **exhaler qc:** etwas verströmen. • 16 **le torse:** Oberkörper. • **découpé, e:** hier: muskulös, definiert. • **le cul** (fam.): Arsch. • 17 **ferme:** fest, knackig (Hintern). • **rebondi, e:** gewölbt, gerundet. • **charnu, e:** fleischig. • **insolent, e:** unverschämt, frech; hier: aufreizend.

si que le sont les hommes par les seins des femmes: une attirance qui jaillissait de ses entrailles, qui lui brûlait le corps. Lorsque le bassin de Césario passait près d'elle, ses mains avaient du mal à se retenir de le toucher, de le palper, de le flatter.

Malheureusement, Césario lui prêtait peu attention. Wanda l'accompagnait à son bateau, plaisantait avec lui, proposait une boisson, un cornet de glace, un jeu … Il mettait toujours plusieurs secondes à lui répondre, avec une politesse teintée d'agacement.

– Tu es bien gentille, Wendy, mais je n'ai pas besoin de toi.

Wanda enrageait: s'il n'avait pas besoin d'elle, elle avait besoin de lui! Plus il opposait de résistance, plus il stimulait son désir: ce serait lui et aucun autre. Elle voulait inaugurer sa vie de femme avec le plus beau, quoiqu'il fût pauvre; plus tard viendrait le temps de coucher avec des riches au physique disgracieux.

Une nuit, elle lui écrivit une longue lettre d'amour, enflammée, dévouée, chargée d'espoir qui, à la relec-

2 **une attirance:** Anziehung. • **jaillir de:** hervorbrechen, herausschießen aus. • **les entrailles** (f.): Eingeweide, (litt.) Unterleib. • 3 **le bassin:** Becken; hier: Hüfte(n). • 5 **palper qc:** etwas betasten. • **flatter:** schmeicheln; hier: streicheln. • 6 **prêter attention à qn:** jdm. Aufmerksamkeit schenken. • 7 **plaisanter:** scherzen. • 8 **le cornet:** Waffel, Tüte (Eis). • 10 **la politesse:** Höflichkeit. • **teinté, e de:** gemischt mit. • **un agacement:** Verärgerung, Gereiztheit. • 13 **enrager:** wütend werden. • 15 **stimuler qc:** etwas reizen, etwas anfachen (Lust, Verlangen). • 16 **inaugurer qc:** hier: etwas beginnen. • 18 **disgracieux, -euse:** hässlich, unansehnlich. • 20 **enflammé, e:** glühend. • **dévoué, e:** hingebungsvoll, liebevoll. • **chargé, e d'espoir** (m.): hoffnungsvoll. • 20 f. **à la relecture:** bei erneutem Lesen.

ture, l'attendrit tant qu'elle ne douta pas d'avoir gagné. Allait-il pouvoir résister à cet obus d'amour?

Lorsqu'elle se présenta devant lui après qu'il eut reçu le message, il avait un visage sévère et lui demanda, sur un ton froid, de l'accompagner sur le ponton. Ils s'assirent face à la mer, les pieds au ras de l'eau.

– Wendy, tu es adorable de m'écrire ce que tu m'écris. Je suis très honoré. Tu m'as l'air d'une bonne personne, très passionnée …

– Je ne te plais pas? Tu me trouves moche, c'est ça!

Il éclata de rire.

– Regardez-la, cette tigresse, prête à mordre! Non, tu es très belle. Trop belle, même. C'est ça le problème. Je ne suis pas un salaud.

– Qu'est-ce que ça veut dire?

– Tu as quinze ans. Ça ne se voit pas, c'est vrai, je sais pourtant que tu n'as que quinze ans. Tu dois attendre …

– Si je ne veux pas attendre …

– Si tu ne veux pas attendre, fais ce que tu veux avec qui tu veux. Mais je te conseille d'attendre. Tu ne dois pas faire l'amour n'importe comment, ni avec n'importe qui.

– C'est pour ça que je t'ai choisi!

Étonné par l'ardeur de la jeune fille, Césario la considéra d'un œil nouveau.

1 **attendrir:** rühren. • 2 **un obus:** Granate. • 5 f. **le ponton:** Anlegesteg, Bootssteg. • 6 f. **au ras de l'eau:** dicht über dem Wasser. • 9 **honoré, e:** geehrt. • 10 **passionné, e:** leidenschaftlich. • 15 **le salaud** (fam.): Schwein, Mistkerl. • 26 **une ardeur:** Leidenschaft, Glut.

– Je suis très remué, Wendy, et tu peux être certaine que je te dirais oui si tu étais majeure, je te le jure. Ce serait oui, tout de suite. Ou plutôt tu n'aurais pas besoin de demander, c'est moi qui te courrais après. Cependant, tant que tu ne l'es pas …

Wanda fondit en larmes, le corps secoué par le chagrin. Timidement, Césario tenta de la consoler, en prenant bien garde de la repousser dès qu'elle tentait d'en tirer profit pour se plaquer sur lui.

Quelques jours plus tard, Wanda revint à la plage fortifiée par l'explication des jours précédents: elle lui plaisait, elle l'aurait!

Elle avait réfléchi à la situation et fixé de gagner sa confiance.

Jouant l'adolescente résolue à son sort, cessant de l'émoustiller ou de le harceler, elle l'étudia de nouveau, cette fois sous l'aspect psychologique.

À trente-huit ans, Césario passait pour ce qu'on appelle en Provence un «glandeur»: un beau gars qui vit de rien – du poisson qu'il pêche – et qui ne songe qu'à profiter du soleil, de l'eau, des filles, sans construire un avenir. Or c'était faux, Césario avait une passion: il peignait. Dans sa cabane de bois, entre la plage et la

1 **remué, e:** sehr gerührt, aufgewühlt. • 6 **fondre en larmes** (f.): in Tränen zerfließen. • 8 **prendre garde de faire qc:** aufpassen, etwas zu tun; darauf achten, etwas zu tun. • **repousser:** abweisen. • 9 **se plaquer sur qn:** sich fest an jdn. pressen. • 11 **fortifié, e:** gestärkt. • **précédent, e:** vorhergehend. • 13 **fixer de faire qc:** hier: es sich in den Kopf setzen, etwas zu tun. • 15 **être résolu, e à son sort:** sich in sein Schicksal fügen, sein Schicksal annehmen. • 16 **émoustiller qn:** jdn. aufmuntern, jdn. aufheitern; hier: jdn. anmachen. • **harceler qn:** jdn. bedrängen. • 19 **le glandeur / la glandeuse** (fam.): Nichtstuer(in). • 23 **la cabane:** Hütte.

route, s'entassaient des dizaines de planches – il n'avait pas les moyens de se payer des toiles enduites –, des pinceaux hors d'âge et des tubes de couleur. Quoique personne ne le considérât ainsi, à ses propres yeux Césario était peintre. S'il ne se mariait pas, s'il ne fondait pas une famille, s'il se contentait de copines successives, ce n'était pas par dilettantisme – ce que tout le monde croyait – c'était par sacrifice, pour se consacrer entièrement à sa vocation d'artiste.

Malheureusement, il suffisait d'un bref coup d'œil pour se rendre compte que le résultat ne valait pas les efforts déployés: Césario produisait croûte sur croûte, n'ayant ni imagination, ni sens des couleurs, ni trait de dessinateur. Malgré les heures passées à travailler, il ne risquait pas de s'améliorer car sa passion était accompagnée d'une absence totale de jugement: il prenait ses qualités pour des défauts et ses défauts pour des qualités. Sa maladresse, il la haussait à la hauteur d'un style; l'équilibre spontané qu'il donnait à ses

1 **s'entasser:** sich stapeln. • 2 **la toile:** (Maler-)Leinwand. • 2f. **enduit, e:** eingelassen. • 3 **hors d'âge:** uralt. • **le** (!) **tube:** Tube. • 7 **successif, -ive:** aufeinanderfolgend. • 7f. **par dilettantisme** (m.): dilettantisch, aus einer Unzulänglichkeit heraus. • 8f. **le sacrifice:** hier: Opferbereitschaft. • 9 **se consacrer à qc:** sich einer Sache widmen. • **la vocation:** Berufung. • 12 **valoir qc:** hier: einer Sache entsprechen. • 13 **déployer:** entfalten; hier: aufwenden (Mühe). • **la croûte** (péj.): schlechtes Bild, ‚Schinken'. • 14 **avoir le sens des couleurs** (f.): einen Sinn, ein Gespür für Farben haben. • 14f. **avoir un trait de dessinateur:** zeichnerisches Talent haben. • 17 **une absence de jugement** (m.): fehlende Urteilskraft, fehlendes Urteilsvermögen. • 19f. **hausser à la hauteur d'un style:** zum Stil erheben. • 20 **un équilibre:** Gleichgewicht, Ausgewogenheit.

volumes dans l'espace, il le détruisait sous prétexte que c'était «trop classique».

Personne ne prenait au sérieux les créations de Césario, ni les galeristes, ni les collectionneurs, ni les gens de la plage, encore moins ses maîtresses. Pour lui, cette indifférence garantissait son génie: il devait poursuivre sa voie jusqu'à la reconnaissance finale, fût-elle posthume.

Wanda comprit cela et décida de l'utiliser. Par la suite, elle conserva cette technique pour séduire les hommes, une méthode qui, maniée à bon escient, triomphe à coup sûr: la flatterie. Césario, il ne fallait pas le complimenter sur son physique – il se moquait d'être beau car il le savait et en profitait –, il fallait s'intéresser à son art.

Après avoir dévoré quelques livres empruntés à la bibliothèque de l'institut – histoire de l'art, encyclopédie de la peinture, biographies de peintres –, elle revint bien armée pour discuter avec lui. Rapidement, elle lui confirma ce qu'il pensait en secret: il était un

1 **le volume:** hier: räumliches Ausmaß (des gemalten Gegenstandes). • 4 **le galeriste:** Galeriebesitzer, Galerist. • 5 **la maîtresse:** Geliebte. • 6 **garantir qc:** ein Beweis für etwas sein. • 7 **la reconnaissance:** Anerkennung. • 8 **posthume:** nach dem Tod, posthum. • 9 f. **par la suite:** in der Folgezeit. • 10 **conserver qc:** etwas bewahren; hier: etwas weiterhin anwenden. • **séduire qn:** jdn. verführen. • 11 **manier qc:** etwas anwenden, etwas einsetzen (Methode). • **à bon escient:** zum richtigen Zeitpunkt; hier: geschickt, richtig. • 12 **triompher:** erfolgreich sein. • **à coup sûr:** mit Sicherheit. • **la flatterie:** Schmeichelei. • 13 **complimenter qn sur qc:** jdm. wegen etwas Komplimente machen. • 16 **dévorer:** hier: schnell durchlesen (Buch). • 17 f. **une encyclopédie:** Nachschlagewerk. • 19 **bien armé, e:** gut gerüstet, gut gewappnet. • 20 **confirmer qc:** etwas bestätigen.

artiste maudit; pareil à Van Gogh, il buterait sur les sarcasmes de ses contemporains et jouirait de la gloire ensuite; en attendant, il ne devait pas douter une seconde de son génie. Wanda prit l'habitude de lui tenir compagnie quand il barbouillait et devint experte en l'art de délirer de contentement face à ses pâtés de couleur.

Césario était ému aux larmes d'avoir rencontré Wanda. Il ne pouvait plus se passer d'elle. Elle incarnait ce qu'il n'avait osé espérer: l'âme sœur, la confidente, l'imprésario, la muse. Chaque jour, il avait davantage besoin d'elle; chaque jour, il oubliait davantage son jeune âge.

Arriva ce qui devait arriver: il tomba amoureux. Wanda s'en rendit compte avant lui et renfila des tenues provocantes.

Elle saisissait dans son regard qu'il souffrait désormais de ne pas la toucher. Par honnêteté, parce qu'il était un brave garçon, il arrivait à se retenir quoique tout son corps et toute son âme eussent envie d'embrasser Wanda.

1 **maudit, e:** verdammt; hier: verkannt. • **Van Gogh:** Vincent Willem van Gogh (1853–90); herausragender niederländischer Maler des Postimpressionismus. • **buter sur qc:** über etwas stolpern. • 2 **le sarcasme:** beißender Spott, Sarkasmus. • 3 **en attendant:** bis dahin. • 5 **barbouiller** (péj.): pinseln. • 6 **délirer de qc:** vor etwas außer sich geraten. • **le contentement:** Zufriedenheit. • 6f. **le pâté de couleur** (péj.): Farbkleckserei. • 9f. **incarner qc:** etwas verkörpern. • 10 **une âme sœur:** eine verwandte Seele. • 10f. **le confident, la confidente:** Vertrauter, Vertraute. • 11 **un imprésario:** hier: Kunstagent(in). • **la muse:** Muse. • 15 **renfiler:** wieder anziehen (Kleidung). • 15f. **la tenue:** Kleidung, Bekleidung. • 17 **saisir:** hier: erkennen. • 17f. **désormais:** von nun an; hier: nun.

Elle put donc lui porter le coup de grâce.

Pendant trois jours, elle s'abstint de venir, histoire de l'inquiéter et de lui manquer. Le quatrième soir, tard dans la nuit, elle déboula en larmes au cabanon.

– C'est horrible, Césario, je suis si malheureuse! J'ai envie de me suicider.

– Que se passe-t-il?

– Ma mère a décrété que nous repartions à Paris. Nous ne nous verrons plus.

Les choses se déroulèrent comme prévu: Césario la réconforta dans ses bras; elle ne se consola pas; lui non plus; il proposa de boire une goutte d'alcool pour se reconstituer; après quelques verres, beaucoup de larmes et autant de frôlements, alors qu'il ne pouvait plus se contrôler, ils firent l'amour.

Wanda adora chaque instant de cette nuit. Les filles du pays avaient raison: Césario vénérait le corps féminin. Elle eut le sentiment d'être une déesse posée sur un autel quand il l'emporta au lit, puis lorsqu'il lui voua un culte jusqu'au matin.

Naturellement, elle s'enfuit à l'aube et revint le soir, bouleversée, jouant un désespoir identique. Pendant

1 **porter le coup de grâce:** den Gnadenstoß versetzen. • 2 **s'abstenir de faire qc:** es unterlassen, etwas zu tun. • 2f. **histoire de …:** bloß um …, einfach nur um … • 4 **débouler:** (herein)stürmen. • **le cabanon:** Hütte. • 8 **décréter qc:** etwas beschließen, etwas anordnen. • 11 **réconforter qn:** jdn. trösten. • **ne pas se consoler:** untröstlich sein. • 12 **une goutte d'alcool:** ein Gläschen. • 13 **se reconstituer:** sich wieder fassen, wieder zu Kräften kommen. • 14 **le frôlement:** Streifen, leichte Berührung; hier: Streicheln, Liebkosung. • 15 **se contrôler:** sich beherrschen. • 17 **vénérer qc:** etwas verehren. • 18 **la déesse:** Göttin. • 19 **un autel:** Altar. • 20 **vouer un culte à qn:** jdm. huldigen. • 21 **une aube:** Morgengrauen. • 22 **bouleversé, e:** aufgewühlt, aufgelöst.

quelques semaines, chaque nuit, Césario déboussolé tentait de consoler l'adolescente qu'il aimait en la tenant à distance puis, après trop d'effleurements, d'embrassades ou de sanglots essuyés sur la paupière ou sous la lèvre, il finissait, affolé, par perdre ses principes moraux pour aimer la jeune fille avec l'énergie de sa passion.

Lorsqu'elle eut le sentiment d'avoir acquis un savoir encyclopédique sur les relations entre un homme et une femme au lit – car il finit par lui apprendre aussi ce qui plaisait au mâle –, elle disparut.

Retournée à l'institution, elle ne donna plus de nouvelles, perfectionna l'art de la volupté en compagnie de quelques hommes nouveaux, puis apprit avec bonheur que sa mère avait succombé d'une overdose.

Libre, elle s'enfuit à Paris, plongea dans le monde de la nuit et entama son ascension sociale en s'appuyant sur le sexe masculin.

– On repart au bateau ou on loue des matelas sur cette plage? Wanda … Wanda! Tu m'écoutes? On re-

1 **déboussolé, e:** hilflos, orientierungslos (*la boussole:* Kompass). • 3 **un effleurement:** leichte Berührung. • 3f. **une embrassade:** Umarmung. • 4 **le sanglot:** Schluchzen. • 5 **affolé, e:** hier: wie von Sinnen. • 9 **encyclopédique:** allumfassend. • 11 **le mâle:** Männchen, männliches Tier; hier: sehr männlicher Mann. • 12f. **ne plus donner de nouvelles** (f.): nichts mehr von sich hören lassen. • 13 **perfectionner qc:** etwas vervollkommnen. • 15 **succomber de qc:** an etwas sterben. • **une overdose** (angl.): Überdosis. • 16f. **plonger dans le monde de la nuit:** sich ins Nachtleben stürzen. • 17 **entamer qc:** etwas in Angriff nehmen. • **une ascension sociale:** sozialer Aufstieg. • 19 **le matelas:** Matratze; hier: Strandliege.

part au bateau ou tu préfères prendre des matelas sur la plage?

Wanda rouvre les yeux, toise Lorenzo déconcerté par cette absence, et claironne:

– Si nous allions voir les tableaux de l'artiste local?

– Allons, ça doit être horrible, s'exclame Guido Farinelli.

– Pourquoi pas? Ça peut être très drôle! assure aussitôt Lorenzo qui ne manque pas une occasion de prouver sa servilité à Wanda.

La troupe de milliardaires convient que ce sera une expédition amusante et suit Wanda qui aborde Césario.

– C'est vous qui nous avez proposé de visiter votre atelier?

– Oui, madame.

– Eh bien, pouvons-nous en profiter maintenant?

Le vieux Césario met quelques secondes à réagir. Habitué à être rabroué, il s'étonne qu'on s'adresse à lui avec courtoisie.

Pendant que le restaurateur tire le vieillard par le bras pour lui expliquer qui est la célèbre Wanda Winnipeg et quel honneur elle lui accorde, Wanda constate les ravages du temps sur celui qui a été le

3 **rouvrir:** wieder aufmachen (Augen). • **toiser qn:** jdn. mustern, jdn. von oben bis unten ansehen. • **déconcerté, e:** verwirrt. • 4 **une absence:** Geistesabwesenheit. • **claironner:** trompeten. • 6 **s'exclamer:** ausrufen. • 10 **la servilité:** Willfährigkeit, Ergebenheit. • 11 **convenir:** übereinkommen, sich einig werden. • 12 **une expédition:** hier: Unternehmung. • **aborder qn:** jdn. ansprechen. • 18 **rabrouer qn:** jdn. anfahren, jdn. anschnauzen, jdn. barsch zurechtweisen. • 19 **la courtoisie:** Höflichkeit. • 22 **accorder:** erweisen (Ehre). • 23 **les ravages** (m.): Verwüstung, verheerende Spuren.

plus bel homme de la plage. Le cheveu rare et gris, il souffre d'avoir trop reçu le soleil qui, d'année en année, a usé et transformé la peau ferme en un cuir flasque, taché, grené aux coudes et aux genoux. Son corps tassé, épaissi, sans taille, n'a plus aucun rapport avec l'athlète glorieux d'autrefois. Seuls ses iris ont conservé leur teinte rare d'huître verte, à cette différence qu'ils brillent moins.

Alors que Wanda n'a pas beaucoup changé, elle ne craint pas qu'il la reconnaisse. Blondie, protégée par ses lunettes, sa voix creusée dans le grave, son accent russe et surtout sa fortune, elle déjoue toute tentative d'identification.

En pénétrant la première dans le cabanon, elle s'exclame immédiatement:

– C'est magnifique!

En une minute, elle prend le groupe de vitesse: ils n'auront pas le temps de voir les croûtes avec leurs propres yeux, ils les verront à travers les siens. S'emparant de chaque peinture, elle trouve à s'étonner, à s'émerveiller. Pendant une demi-heure, la taciturne Wanda Winnipeg devient enthousiaste, bavarde, ly-

3 **user qc:** etwas abnutzen, etwas stark in Anspruch nehmen. • 4 **flasque:** schlaff. • **taché, e:** fleckig. • **grené, e:** aufgeraut (Haut). • 5 **tassé, e:** zusammengesunken, gebeugt. • **épaissi, e:** verfettet. • 6 **glorieux, -euse:** ruhmreich, strahlend. • 7 **une huître:** Auster. • 8 **briller:** glänzen. • 10 **blondi, e:** blondiert, mit blond gefärbtem Haar. • 11 **creusé, e dans le grave:** sehr tief klingend (Stimme). • 12 **déjouer qc:** etwas vereiteln. • **la tentative:** Versuch. • 17 **prendre de vitesse:** schnell unter Kontrolle bringen, überrumpeln. • 19 f. **s'emparer de qc:** sich einer Sache bemächtigen. • 21 **s'émerveiller de qc:** von einer Sache begeistert sein, über etwas in Verzückung geraten. • **taciturne:** schweigsam. • 22 **enthousiaste:** begeistert. • 22 f. **lyrique:** hier: schwärmerisch.

rique comme on ne l'a guère vue. Lorenzo n'en croit pas ses oreilles.

Le plus éberlué demeure Césario. Muet, hagard, il se demande si la scène qu'il vit se produit vraiment; il attend le rire cruel ou la réflexion sarcastique lui confirmant qu'on se moque de lui.

Les exclamations fusent désormais des richards, l'admiration de Wanda se montrant contagieuse.

– C'est vrai que c'est original …

– Ça paraît maladroit alors que c'est furieusement maîtrisé.

– Le Douanier Rousseau ou Van Gogh ou Rodin devaient donner cette impression à leurs contemporains, certifie Wanda. Allons, maintenant, ne dilapidons pas le temps de monsieur: combien?

– Pardon?

– Combien pour ce tableau? Je rêve de le mettre dans mon appartement de New York, en face de mon lit pour être exacte. Combien?

– Je ne sais pas … cent?

En prononçant ce chiffre, Césario le regrette immédiatement: il réclame trop, son espoir va s'effondrer.

3 **éberlué, e** (fam.): baff, verblüfft. • **demeurer:** bleiben. • **muet, te:** stumm. • **hagard, e:** verstört. • 7 **une exclamation:** Ausruf. • **fuser:** erschallen, ertönen. • **le richard** (fam., péj.): reicher Sack, stinkreicher Typ. • 8 **contagieux, -euse:** ansteckend. • 10f. **c'est furieusement maîtrisé:** etwa: das ist höchst meisterlich; das ist von größter Meisterschaft. • 12 **le Douanier Rousseau:** Henri Julien Félix Rousseau (1844–1910); ein der Naiven Kunst zugeordneter Maler und Wegbereiter des Surrealismus. • **Rodin:** François Auguste René Rodin (1840–1917); französischer Bildhauer und Zeichner. • 14 **certifier:** versichern. • 14f. **dilapider qc:** etwas vergeuden. • 22 **s'effondrer:** sich zerschlagen (Hoffnung).

Cent dollars pour Wanda, c'est le pourboire qu'elle glissera demain au concierge de l'hôtel. Pour lui, c'est de quoi rembourser ses dettes au marchand de couleurs.

– Cent mille dollars? reprend Wanda. Ça me paraît raisonnable. Je prends.

Césario a les oreilles qui bourdonnent; au bord de l'apoplexie, il se demande s'il a bien entendu.

– Et celui-ci, vous me le feriez au même prix? Il mettrait tant en valeur mon grand mur blanc, à Marbella … Oh, s'il vous plaît …

Machinalement, il approuve de la tête.

Le vaniteux Guido Farinelli, sachant Wanda réputée pour son génie des bonnes affaires et soucieux de ne pas demeurer en reste sur la dépense, jette son dévolu sur une autre croûte. Lorsqu'il tente d'en discuter le montant, Wanda l'arrête:

– Mon cher Guido, je vous en prie, on ne mégote pas le prix quand on est en face d'un talent pareil. C'est si facile et si vulgaire d'avoir de l'argent, alors que posséder du talent … ce talent …

1 **le pourboire:** Trinkgeld. • 2 **glisser à qn:** jdm. zustecken (Geld). • 3 **rembourser des dettes** (f.): Schulden abzahlen. • 6 **raisonnable:** vernünftig; hier: angemessen. • 7 **avoir les oreilles** (f.) **qui bourdonnent:** Ohrensausen haben/bekommen. • 7 f. **être au bord de l'apoplexie** (f.): am Rand des Schlaganfalls sein. • **approuver de la tête:** mit dem Kopf nicken. • 13 **vaniteux, -euse:** eitel, eingebildet. • 13 f. **être réputé, e pour qc:** für etwas bekannt sein. • 14 **avoir le génie des bonnes affaires:** etwa: einen Riecher für ein gutes Geschäft haben. • 15 **ne pas demeurer en reste sur la dépense:** etwa: in punkto Ausgaben nicht zurückstehen wollen. • 15 f. **jeter son dévolu sur qc:** sich einer Sache zuwenden, etwas auswählen. • 18 **mégoter qc** (fam.): bei etwas knauserig sein.

Elle se tourne vers Césario.

– C'est un destin! Une charge! Une mission. Cela justifie toutes les misères d'une vie.

Sonnant l'heure du rappel, elle dépose les chèques, précise que son chauffeur viendra chercher les toiles ce soir et laisse Césario hébété, une bave blanche au bord des lèvres. La scène dont il a rêvé sa vie durant s'est produite, et voilà qu'il ne trouve rien à répondre, il parvient juste à ne pas s'évanouir. Il a envie de pleurer, il voudrait retenir cette belle femme, lui dire combien il a été dur de traverser quatre-vingts années sans une once d'attention ou de considération, il voudrait lui avouer les heures que, seul, la nuit, il a passées à pleurer en se disant qu'au fond, il n'était peut-être qu'un minable. Grâce à elle, il est lavé de ses misères, de ses doutes, il peut croire enfin que son courage n'a pas été inutile, qu'il ne s'est pas entêté en vain.

Elle lui tend la main.

– Bravo, monsieur, je suis très fière de vous avoir connu.

2 **le destin:** Schicksal, Bestimmung. • **la charge:** Aufgabe. • **la mission:** Mission, Auftrag. • 3 **justifier qc:** etwas rechtfertigen. • 4 **sonner l'heure du rappel:** zum Aufbruch mahnen. • **déposer:** hinlegen. • 6 **hébété, e:** sprachlos, verdattert. • **la bave:** Schaum. • 11 **traverser:** hier: erleben, durchleben. • 12 **une once:** Unze; hier Spur, Hauch, Jota. • **la considération:** Beachtung, Wertschätzung. • 14 **au fond:** im Grunde. • 15 **le minable:** armseliger Wicht, Niete, Null. • **être lavé, e de qc:** von etwas befreit sein/werden. • 17 **s'entêter:** hier: beharrlich weiter machen, sich reinhängen. • **en vain:** vergebens, umsonst

C'est un beau jour de pluie

Maussade, elle regardait la pluie s'abattre sur la forêt landaise.

– Quel sale temps!

– Tu te trompes, ma chérie.

– Quoi? Viens mettre le nez dehors. Tu verras à quel point le ciel dégouline!

– Justement.

Il s'avança sur la terrasse, approcha du jardin à la limite des gouttes et, narines gonflées, oreilles dressées, nuque renversée pour mieux sentir le souffle humide sur sa figure, il murmura les yeux mi-clos en reniflant le ciel mercure:

– C'est un beau jour de pluie.

Il semblait sincère.

Ce jour-là, elle acquit deux certitudes définitives: il l'agaçait profondément et, si elle le pouvait, elle ne le quitterait jamais.

2 **maussade:** mürrisch. • **s'abattre:** niedergehen (Regen). • 3 **landais, e:** in den *Landes* (f.), einem Waldgebiet in Aquitanien, entlang der südwestfranzösischen Küste. • 7 **le ciel dégouline:** etwa: es schüttet vom Himmel (*dégouliner:* herabrieseln, herabtropfen). • 10 **la narine:** Nasenloch. • **gonflé, e:** gebläht; hier: weit offen. • **les oreilles dressées:** mit gespitzten Ohren. • 11 **la nuque:** Nacken. • **renversé, e:** nach hinten geworfen. • **le souffle:** Hauch. • 12 **murmurer:** murmeln. • **les yeux mi-clos:** mit halb geschlossenen Augen. • **renifler:** schnuppern. • 13 **mercure:** quecksilbergrau (*le mercure:* Quecksilber). • 17 **agacer qn:** jdn. verärgern.

Hélène ne se souvenait pas d'avoir vécu un moment parfait. Petite, elle interloquait déjà ses parents par son attitude, rangeant sans cesse sa chambre, changeant de vêtements à la moindre tache, tressant ses nattes jusqu'à obtenir une impeccable symétrie; elle frémit d'horreur lorsqu'on l'emmena applaudir le ballet *Le Lac des cygnes* car elle seule remarqua que les alignements des danseuses manquaient de rigueur, que les tutus ne retombaient pas ensemble et qu'à chaque fois une ballerine – jamais la même! – brisait les mouvements collectifs; à l'école, elle prenait grand soin de ses affaires et le maladroit qui lui rendait un livre corné provoquait ses larmes, lui retirant, dans le secret de sa conscience, une couche de la mince confiance qu'elle plaçait en l'humanité. Adolescente, elle conclut que la nature ne valait pas mieux que les

2 **interloquer qn:** jdn. verblüffen, jdn. in Erstaunen versetzen. • 3 **une attitude:** Einstellung, Haltung; hier: Verhalten. • **sans cesse:** ständig, unablässig. • 4 **tresser:** flechten (Zopf). • 5 **la natte:** Zopf. • **impeccable:** tadellos, perfekt. • 6 **frémir de qc:** wegen, vor etwas zittern. • **une horreur:** Entsetzen, Abscheu. • 7 **«Le Lac des cygnes»** (m.): *Schwanensee*; Titel eines der berühmtesten Ballette zur Musik von Pjotr Iljitsch Tschaikowski (1840–93). • 8 **un alignement:** Ausrichtung. • **la rigueur:** Strenge; hier: Exaktheit, Genauigkeit. • 9 **le tutu:** Röckchen (der Tänzerinnen), Tutu. • 10 **la ballerine:** Tänzerin. • 10 f. **briser les mouvements collectifs:** etwa: patzen, aus der Reihe tanzen (*briser:* zerbrechen, zerstören). • 11 f. **prendre grand soin de qc:** peinlich genau auf etwas aufpassen. • 12 **le maladroit:** Tollpatsch, Tölpel, ungeschickter Kerl. • 13 **corné, e:** mit Eselsohren versehen (Buch). • **provoquer les larmes** (f.) **de qn:** jdn. zum Weinen bringen. • **retirer qc à qn:** jdm. etwas entziehen, jdm. etwas wegnehmen. • 13 f. **dans le secret de sa conscience:** etwa: im Innersten. • 14 **la couche:** Schicht. • **mince:** hier: gering, schwach ausgeprägt. • 15 **une humanité:** Menschheit. • 16 **valoir mieux:** mehr wert sein, besser sein.

hommes quand elle constata que ses deux seins – ravissants, de l'avis général – n'avaient pas exactement une forme identique, qu'un de ses pieds s'obstinait à faire du trente-huit et l'autre du trente-huit et demi, et que sa taille ne dépasserait pas, malgré ses efforts, un mètre soixante et onze – un mètre soixante et onze – est-ce un chiffre, ça? Adulte, elle survola des études de droit et fréquenta surtout les bancs de l'université pour se fournir en fiancés.

Peu de jeunes filles accumulèrent autant d'aventures qu'Hélène. Celles qui frôlèrent sa performance collectionnaient les amants par voracité sexuelle ou instabilité mentale; Hélène, elle, collectionnait par idéalisme. Chaque nouveau garçon lui semblait, enfin, le bon; dans l'étonnement de la rencontre, dans le charme des premiers échanges, elle parvenait à lui prêter les qualités dont elle rêvait; quelques jours et nuits plus tard, lorsque l'illusion tombait et qu'il lui apparaissait tel qu'il était, elle l'abandonnait avec autant de fermeté qu'elle l'avait attiré.

1f. **ravissant, e:** entzückend. • 3f. **s'obstiner à faire qc:** sich darauf versteifen, etwas zu tun, etwas hartnäckig tun. • 4 **faire du trente-huit:** Größe 38 haben/aufweisen. • 5 **dépasser qc:** etwas übersteigen, etwas übertreffen. • 7 **survoler:** im Schnelldurchgang absolvieren, mit links machen. • 8 **fréquenter qc:** etwas aufsuchen. • 9 **se fournir en qc:** sich mit etwas eindecken, etwas abgreifen. • 10 **accumuler**: ansammeln. • 10f. **une aventure:** hier: Liebesabenteuer. • 11 **frôler:** hier: annähernd erreichen, nahe kommen. • **la performance:** Leistung. • 12 **la voracité:** Gier. • 13 **une instabilité:** Labilität. • **mental, e:** geistig. • 16 **parvenir à faire qc:** es schaffen, etwas zu tun. • 17 **prêter des qualités à qn:** jdm. Eigenschaften verleihen. • 18 **tomber:** hier: zerbrechen (Illusion). • 19 **apparaître:** erscheinen. • 20 **la fermeté:** Entschiedenheit, Entschlossenheit.

Hélène souffrait de vouloir faire coexister deux exigences qui se répugnent: l'idéalisme et la lucidité.

À raison d'un prince charmant par semaine, elle finit par se dégoûter d'elle et des hommes. En dix ans, la jeune fille enthousiaste et naïve devint une trentenaire cynique, désabusée. Heureusement, son physique n'en portait aucune trace car sa blondeur lui procurait de l'éclat, sa vivacité sportive passait pour de l'enjouement, et sa peau lumineuse gardait ce velours pâle qui donnait à toute lèvre l'envie de l'embrasser.

Quand Antoine l'aperçut lors d'une conciliation d'avocats, c'est lui qui tomba amoureux. Elle lui permit d'entreprendre une cour ardente car il lui était indifférent. Trente-cinq ans, ni beau ni laid, sympathique, beige de peau, de cheveu et d'œil, il n'avait de remarquable que sa taille; perché à deux mètres, il

1 **faire coexister:** nebeneinander existieren lassen, vereinbaren. • 2 **se répugner:** hier: unvereinbar sein, sich ausschließen. • **la lucidité:** Scharfblick. • 3 **à raison de:** bei. • **le prince charmant:** Märchenprinz. • 4 **se dégoûter de soi:** seiner selbst überdrüssig werden, sich selbst verabscheuen. • 5 **enthousiaste:** hier: begeisterungsfähig. • **naïf, ve:** unbefangen. • 5f. **le/la trentenaire:** Dreißigjährige(r). • 6 **cynique:** zynisch. • **désabusé, e:** ernüchtert. • 6f. **le physique:** Äußeres, Erscheinung(sbild). • 7 **porter la trace de qc:** unter etwas zu leiden haben, von etwas beeinträchtigt sein (*la trace:* Spur). • **la blondeur:** Blond. • 8 **procurer qc à qn:** jdm. etwas verleihen. • **un éclat:** Glanz. • **la vivacité:** Lebhaftigkeit, Quirligkeit. • **passer pour qc:** als etwas gelten, als etwas aufgefasst werden. • 9 **un enjouement:** Heiterkeit. • **lumineux, -euse:** schimmernd. • 9f. **le velours:** samtene Zartheit (Haut). • 12 **la conciliation** (jur.): Schlichtungsverfahren. • 14 **entreprendre une cour ardente:** (jdm.) leidenschaftlich den Hof machen. • 16 **beige:** hier: blass, hell. • 17 **perché, e à deux mètres:** etwa: zwei Meter hoch aufgeschossen.

s'excusait de dépasser ses contemporains par un sourire constant et une légère voussure des épaules. On s'accordait à juger son cerveau supérieurement équipé mais aucune intelligence n'impressionnait Hélène qui ne s'en estimait pas dépourvue. L'inondant d'appels, de lettres spirituelles, de bouquets, d'invitations à des soirées originales, il se montra si drôle, si constant et si vif qu'Hélène, un peu par désœuvrement et beaucoup parce qu'elle n'avait épinglé aucun spécimen aussi gigantesque dans son herbier d'amants, l'autorisa à croire qu'il l'avait séduite.

Ils couchèrent ensemble. Le bonheur que cela apporta à Antoine fut sans rapport avec le plaisir qu'en retira Hélène. Elle toléra néanmoins qu'il continue.

Leur liaison durait depuis plusieurs mois.

À l'entendre, il vivait le grand amour. Dès qu'il

1 **dépasser qn:** jdn. überragen. • **le contemporain, la contemporaine:** Zeitgenosse, Zeitgenossin. • 2 **la voussure:** Beugung, Gebeugtheit. • 3 **s'accorder à faire qc:** sich darin einig sein, etwas zu tun. • **le cerveau:** Gehirn. • **supérieurement:** hier: überdurchschnittlich. • **équipé, e:** ausgestattet. • 4 **impressionner qn:** jdn. beeindrucken. • 4f. **… qui ne n'en estimait pas dépourvue:** etwa: … die sich nicht für eine Person hielt, die nicht darüber verfügte. • 5 **inonder qn de qc:** jdn. mit etwas eindecken, jdn. mit etwas überschütten. • 6 **spirituel, le:** geistreich. • **le bouquet:** Blumenstrauß. • 7 **constant, e:** beständig; hier: ausdauernd. • 8 **par désœuvrement:** etwa: da sie nichts (Besseres) zu tun hatte (*le désœuvrement:* Müßiggang, Untätigkeit). • 9 **épingler qc:** etwas mit einer Nadel festpinnen. • **le spécimen:** Exemplar. • 9f. **gigantesque:** riesenhaft, riesig. • 10 **un herbier** (bot.): Herbarium. • 11 **séduire qn:** jdn. verführen. • 13 **être sans rapport** (m.) **avec qc:** zu etwas in keinem Verhältnis stehen. • 14 **néanmoins:** dennoch, trotzdem. • 17 **à l'entendre:** nach seinen/ihren Worten. • **vivre qc:** etwas erleben.

l'emmenait au restaurant, il ne pouvait s'empêcher de l'inclure dans ses plans d'avenir: cet avocat recherché par tout Paris la voulait pour épouse et pour mère de ses enfants. Hélène, elle, se taisait en souriant. Par respect ou par peur, il n'osait la forcer à répondre. Que pensait-elle?

En fait, elle n'aurait su le formuler. Certes, l'aventure s'attardait plus qu'à l'ordinaire mais elle évitait de s'en rendre compte et d'en tirer des conclusions. Elle le trouvait … comment dire? … «agréable», oui, elle n'aurait pas choisi de mot plus fort ou plus chaleureux pour définir la sensation qui la retenait, pour l'instant, de rompre. Puisqu'elle allait bientôt le repousser, pourquoi se presser?

Afin de se rassurer, elle avait dressé l'inventaire des défauts d'Antoine. Physiquement, il était un faux maigre; déshabillé, son long corps laissait apparaître un petit ventre de bébé qui, à n'en pas douter, allait prospérer dans les années à venir. Sexuellement, il faisait durer les choses au lieu de les répéter. Intellectuellement, quoique brillant ainsi que le prouvaient sa carrière et ses diplômes, il parlait les langues étran-

1 **ne pouvoir s'empêcher de faire qc:** nicht umhin können, etwas zu tun. • 2 **inclure qc, qn:** etwas, jdn. einschließen. • **recherché, e:** gefragt, begehrt. • 7 **formuler:** formulieren, ausdrücken • **certes:** gewiss, zwar. • 8 **s'attarder:** hier: sich hinziehen. • 12 **la sensation:** Gefühl. • 14 **se presser:** sich beeilen. • 15 **se rassurer:** sich beruhigen. • **dresser l'inventaire** (m.) **de qc:** eine Bestandsaufnahme von etwas machen. • 16f. **être un faux maigre:** schlanker wirken, als man in Wirklichkeit ist. • 18 **à n'en pas douter:** zweifellos, unzweifelhaft. • 19 **prospérer:** gedeihen; hier: dicker werden (Bauch). • 19f. **faire durer:** hinziehen, hinauszögern (sexueller Höhepunkt). • 22f. **la langue étrangère:** Fremdsprache.

gères beaucoup moins bien qu'elle. Moralement, il se révélait confiant, naïf à la frontière de l'ingénuité …

Cependant, aucune de ces tares ne justifiait une suspension immédiate de leur relation; ces imperfections émouvaient Hélène. Ce minime coussin de graisse entre le sexe et le nombril offrait une oasis rassurante sur ce grand corps osseux de mâle; elle appréciait d'y poser sa tête. Un lent moment de plaisir suivi d'un intense sommeil lui convenait mieux désormais qu'une nuit incohérente avec un étalon, courtes siestes découpées en brefs plaisirs. Les précautions avec lesquelles il s'aventurait dans les langues étrangères étaient à la mesure de l'absolue perfection avec laquelle il maniait sa langue natale. Quant à sa candeur, elle la reposait; en société, Hélène apercevait d'abord la médiocrité des individus, leur étroitesse,

1f. **se révéler:** sich erweisen als. • 2 **confiant, e:** vertrauensselig, gutgläubig. • **une ingénuité:** Arglosigkeit, Treuherzigkeit. • 3 **la tare:** Makel, Mangel. • **justifier qc:** etwas rechtfertigen. • 3f. **la suspension:** Abbruch, Beendigung. • 4 **une imperfection:** Unzulänglichkeit, Unvollkommenheit. • 5 **émouvoir qn:** jdn. rühren. • **minime:** winzig. • **le coussin de graisse** (f.): Fettpolster. • 6 **le sexe:** Geschlecht, Glied, Penis. • **le nombril:** Nabel. • **une oasis:** Oase. • **rassurant, e:** beruhigend. • 7 **osseux, -euse:** knochig. • 8f. **intense:** intensiv; hier: tief (Schlaf). • 9 **convenir à qn:** jdm. zusagen. • **désormais:** nun. • 10 **incohérent, e:** zusammenhanglos; hier: wild, unruhig, stürmisch. • **un étalon:** Hengst; hier: unbegrenzt potenter Mann. • **la sieste:** Schläfchen. • 10f. **découpé, e en:** hier: unterbrochen von (*découper:* zerlegen). • 12 **s'aventurer dans qc:** sich in etwas hineinwagen. • 13 **être à la mesure de qc:** einer Sache entsprechen. • 14 **manier une langue:** eine Sprache gebrauchen, mit einer Sprache umgehen. • **la langue natale:** Muttersprache. • 14f. **la candeur:** Arglosigkeit, Gutgläubigkeit. • 15 **reposer qn:** auf jdn. beruhigend wirken. • 16 **la médiocrité:** Mittelmaß, Mittelmäßigkeit. • **une étroitesse:** geistige Beschränktheit.

leur lâcheté, leur jalousie, leur insécurité, leur peur; sans doute parce que ces sentiments étaient présents en elle, elle les reconnaissait vivement chez les autres; Antoine, lui, prêtait de nobles intentions aux gens, des mobiles valeureux, idéaux, comme s'il n'avait jamais soulevé le couvercle d'un esprit pour découvrir à quel point ça puait, ça grouillait.

Puisqu'elle repoussait les tentatives de présentation aux parents, ils consacraient le samedi et le dimanche à des loisirs de citadins: cinéma, théâtre, restaurant, flâneries dans les librairies et les expositions.

En mai, la possibilité de traverser quatre jours sans travail les avait incités à partir: Antoine l'avait invitée dans une villa-hôtel des Landes qui bordait la forêt de pins et les plages de sable blanc. Habituée à d'interminables vacances familiales au bord de la Méditerranée, Hélène s'était réjouie de découvrir l'océan et ses vagues tonitruantes, d'admirer les surfeurs; elle avait même projeté d'aller bronzer dans les dunes naturistes …

1 **la lâcheté:** Feigheit. • **une insécurité:** Unsicherheit. • 3 **vivement:** stark, intensiv. • 4 **prêter qc à qn:** jdm. etwas zugestehen. • 5 **le mobile:** Motiv, Beweggrund. • **valeureux, -euse:** couragiert, mutig. • 6 **soulever le couvercle:** den Deckel anheben. • 6f. **à quel point:** wie sehr, wie stark. • 7 **puer:** stinken. • **grouiller:** hier: (vor Ungeziefer) wimmeln. • 8 **la tentative:** Versuch. • **la présentation:** Vorstellung. • 9 **consacrer qc à qc:** etwas einer Sache widmen, etwas für eine Sache nutzen. • 10 **le citadin, la citadine:** Städter, Städterin. • 11 **la flânerie:** Bummel, Streifzug. • 12 **traverser:** hier: verbringen. • 13 **inciter qn à faire qc:** jdn. dazu bringen, etwas zu tun. • 14 **border qc:** am Rande von etwas liegen. • 15 **le pin:** Kiefer, Pinie. • **être habitué, e à qc:** etwas gewohnt sein. • 15f. **interminable:** endlos. • 16 **familial, e:** Familien… • 18 **tonitruant, e:** tosend, donnernd. • 19f. **naturiste:** für Nacktbaden und Freikörperkultur vorgesehen/reserviert.

Hélas, le petit déjeuner à peine fini, l'orage qui menaçait se déclencha.

– C'est un beau jour de pluie, avait-il dit, appuyé contre la balustrade donnant sur le parc.

Alors qu'elle avait l'impression de se trouver soudain en prison derrière des barreaux de pluie, obligée de subir des heures chargées d'ennui, il abordait la journée avec un appétit égal à celui qu'il aurait éprouvé sous un ciel resplendissant.

– C'est un beau jour de pluie.

Elle lui demanda en quoi un jour de pluie pouvait être beau: il lui énuméra les nuances de couleurs que prendraient le ciel, les arbres et les toits lorsqu'ils se promèneraient tantôt, de la puissance sauvage avec laquelle leur apparaîtrait l'océan, du parapluie qui les rapprocherait pendant la marche, de la joie qu'ils auraient à se réfugier ici pour un thé chaud, des vêtements qui sécheraient auprès du feu, de la langueur qui en découlerait, de l'opportunité qu'ils auraient de faire plusieurs fois l'amour, du temps qu'ils prendraient à se raconter leur vie sous les draps du lit, enfants protégés par une tente de la nature déchaînée …

Elle l'écoutait. Ce bonheur qu'il éprouvait lui pa-

2 **se déclencher:** losbrechen. • 4 **la balustrade:** Brüstung. • **donner sur le parc:** zum Park hin gehen, dem Park zugewandt sein. • 6 **le barreau** (pl.: -x): Stab. • 7 **chargé, e de:** voller. • 7 f. **aborder (la journée):** (den Tag) beginnen, angehen. • 8 **un appétit:** hier: Lust. • 9 **resplendissant, e:** strahlend. • 14 **tantôt:** demnächst, bald. • 16 **rapprocher qn:** jdn. näher zusammenrücken lassen. • 18 **la langueur:** Wehmut. • 19 **découler de qc:** mit etwas einhergehen, sich aus etwas ergeben. • **une opportunité:** Gelegenheit. • 22 f. **déchaîné, e:** entfesselt.

raissait abstrait. Elle ne le ressentait pas. Cependant une abstraction de bonheur vaut mieux que pas de bonheur. Elle décida de le croire.

Ce jour-là, elle tenta d'entrer dans la vision d'Antoine.

Lors de la promenade au village, elle s'efforça de remarquer les mêmes détails que lui, le vieux mur de pierres plutôt que la gouttière percée, le charme des pavés plutôt que leur inconfort, l'aspect kitsch des vitrines plutôt que leur ridicule. Elle avait certes du mal à s'extasier devant le travail d'un potier – tripoter de la boue en plein XXIe siècle alors qu'on trouve partout des saladiers en plastique – ou à s'esbaudir au tressage d'un panier d'osier – ça lui rappelait ces épouvantables séances de travaux manuels au collège au cours desquelles on la contraignait à fabriquer des cadeaux ringards que fêtes des pères et fêtes des mères ne lui permettaient pas d'écouler. Surprise, elle constata que les magasins d'antiquités ne filaient pas le ca-

1 **abstrait, e:** wirklichkeitsfern, abstrakt. • 4 **entrer dans la vision de qn:** sich jds. Sichtweise zu eigen machen, die Welt mit jds. Augen sehen. • 8 **la gouttière:** Dachrinne. • **percé, e:** löchrig, leckend, undicht • 9 **les pavés** (m.): Straßenpflaster, Kopfsteinpflaster. • **un inconfort:** Unbequemlichkeit, Holprigkeit. • **kitsch:** kitschig. • 11 **s'extasier devant qc:** über etwas in Verzückung geraten. • **le potier:** Töpfer. • 11 f. **tripoter de la boue** (péj.): mit Ton(erde) herummatschen. • 13 **s'esbaudir à qc** (vx.): sich mit etwas ergötzen, sich an etwas erfreuen. • 14 **le tressage:** Flechten. • **le panier d'osier** (m.): Weidenkorb. • 15 **la séance de travaux manuels:** Werkunterricht. • 17 **ringard, e** (fam.): altbacken, verzopft, altmodisch. • **la fête des pères:** Vatertag. • **la fête des mères:** Muttertag. • 18 **écouler qc:** etwas loswerden. • 19 **le magasin d'antiquités** (f.): Antiquitätenladen. • 19 f. **filer le cafard à qn** (fam.): jdn. trübsinnig machen, jdn. trübselig stimmen.

fard à Antoine; il y appréciait la valeur des objets tandis qu'elle y reniflait la mort.

En cheminant sur la plage que le vent n'avait pas le temps de sécher entre deux averses, parce qu'elle s'enfonçait dans un sable aussi lourd qu'un ciment en train de prendre, elle ne put s'empêcher de pester:

– La mer un jour de pluie, merci!

– Enfin, qu'aimes-tu? La mer ou le soleil? L'eau est là, l'horizon est là, l'immensité aussi!

Elle avoua qu'auparavant elle n'avait guère regardé la mer ni la côte, qu'elle se contentait de profiter du soleil.

– C'est pauvre, ta perception: réduire les paysages au soleil.

Elle concéda qu'il avait raison. Non sans dépit, elle se rendait compte, à son bras, que le monde était beaucoup plus riche pour lui que pour elle car il y cherchait des occasions d'étonnement et il les trouvait.

Lors du déjeuner, ils s'attablèrent dans une auberge qui, quoique chic, avait été conçue selon un style folklorique.

2 **renifler qc:** etwas wittern. • 3 **cheminer:** dahingehen. • 4 **une averse:** Regenguss, Sturzregen, Platzregen. • 5 **s'enfoncer:** einsinken. • 6 **prendre:** abbinden, hart werden (Zement, Beton). • **pester:** schimpfen. • 9 **une immensité:** unermessliche Weite, Unermesslichkeit. • 11 **se contenter de faire qc:** sich damit begnügen, etwas zu tun. • 13 **la perception:** Wahrnehmung. • **réduire:** reduzieren, beschränken. • 15 **concéder qc:** etwas einräumen. • **le dépit:** Verstimmung. • 18 **une occasion:** Anlass, Gelegenheit. • 20 **s'attabler:** sich an den Tisch setzen. • **une auberge:** Gasthof, Gasthaus. • 21 **concevoir:** hier: einrichten. • 21 f. **folklorique:** volkstümlich.

– Et ça ne te gêne pas?

– Quoi?

– Que ça ne soit pas vrai, cette auberge, ces meubles, ce service? Que le décor n'ait été conçu que pour des clients comme toi, pour des pigeons comme toi. Du tourisme haut de gamme mais du tourisme quand même!

– Cet endroit est réel, sa cuisine est réelle, et je m'y tiens réellement avec toi.

Sa sincérité la désarmait. Elle insista néanmoins:

– Ainsi, ici, il n'y a rien qui te choque?

Il jeta un œil discret alentour.

– Je trouve l'atmosphère agréable et les gens charmants.

– Les gens sont horribles!

– Que dis-tu? Ils sont normaux.

– Tiens, la serveuse, là. Elle est terrifiante.

– Allons, elle a vingt ans, elle …

– Si. Elle a les yeux rapprochés. Tout petits et très rapprochés.

– Et alors? Je ne l'avais pas remarqué. Elle non plus, à mon avis, car elle m'a l'air assez sûre de son charme.

– Heureusement, sinon elle aurait de quoi se suicider! Et tiens, celui-là, le sommelier: il lui manque une

4 **le décor:** hier: Inneneinrichtung. • 5 **le pigeon** (fam.; péj.): schlichtes Gemüt, gutgläubiger Mensch. • 6 **haut de gamme:** vom Feinsten, auf hohem Niveau. • 10 **désarmer qn:** jdn. entwaffnen. • 11 **choquer qn:** jdn. schockieren. • 12 **jeter un œil discret alentour:** sich unauffällig umsehen. • 17 **terrifiant, e:** entsetzlich. • 19 **rapproché, e:** engstehend (Augen). • 24 **avoir de quoi faire qc:** Grund haben, etwas zu tun. • 25 **le sommelier:** Weinkellner, Sommelier.

dent sur le côté. Tu n'as pas noté que je n'arrivais pas à le fixer quand il s'adressait à nous?

– Enfin, Hélène, tu ne vas pas t'empêcher de communiquer avec quelqu'un sous prétexte qu'il lui manque une dent?

– Si.

– Allons, il ne devient pas un sous-homme indigne de ton respect. Tu me taquines: l'humanité ne tient pas à une dentition parfaite.

Lorsqu'il résumait ses remarques à de grandes assertions théoriques comme celle-là, elle se sentait balourde d'insister.

– Quoi d'autre? demanda-t-il.

– Par exemple, les convives de la table voisine.

– Eh bien?

– Ils sont vieux.

– C'est un défaut?

– Tu voudrais que je sois pareille? La peau flasque, le ventre gonflé, les seins qui tombent?

– Si tu m'y autorises, je crois que je t'aimerai lorsque tu seras vieille.

– Ne dis pas n'importe quoi. Et la gamine, là-bas?

1 **noter qc:** hier: etwas bemerken. • 2 **fixer qn:** fest anschauen. • 3 **s'empêcher de faire qc:** sich weigern, etwas zu tun. • 7 **le sous-homme:** Untermensch, minderwertiger Mensch. • 7f. **indigne de qc:** einer Sache nicht würdig, nicht wert. • 8 **taquiner qn:** jdn. necken. • 9 **la dentition:** Gebiss. • 10f. **une assertion:** Behauptung. • 11f. **balourd, e:** unbeholfen, plump, schwerfällig. • 14 **le convive:** Gast. • 18 **flasque:** schlaff, welk (Haut). • 19 **gonflé, e:** (auf)gebläht; hier: dick (Bauch). • **avoir les seins** (m.) **qui tombent:** einen Hängebusen haben. • 22 **la gamine** (fam.): Göre.

– Quoi? Qu'est-ce qu'elle peut avoir, cette pauvre gamine?

– Elle a l'air d'une chipie. Et elle n'a pas de cou. Remarque, il faudrait plutôt la plaindre … quand on voit ses parents!

– Quoi, ses parents?

– Le père porte une perruque et la mère a un goitre!

Il éclata de rire. Il ne la croyait pas, il pensait qu'elle piquait ces détails dans l'intention d'improviser un sketch amusant. Or Hélène était réellement indisposée par ce qui lui sautait aux yeux.

Lorsqu'un garçon de dix-huit ans aux cheveux flottants vint leur apporter le café, Antoine se pencha vers elle.

– Et lui? Il est beau gosse. Je ne vois pas ce que tu pourrais lui reprocher.

– Tu ne vois pas? Il a la peau grasse et des points noirs sur le nez. Ses pores sont énormes … dilatés!

– J'imagine pourtant que toutes les filles du coin lui courent après.

3 **la chipie** (fam.): Hexe, ‚Drachen'; hier: (kleines) Luder. • 4 **plaindre qn:** jdn. bedauern, bemitleiden. • 4 f. **quand on voit ses parents!:** etwa: wenn man ihre Eltern betrachtet, wenn man sich ihre Eltern anschaut! • 7 **la perruque:** Toupet, Perücke. • **le goitre** (méd.): Kropf. • 8 **éclater de rire:** auflachen, loslachen. • 9 **piquer:** herauspicken. • 10 f. **être indisposé, e par qc:** wegen etwas aufgebracht sein, durch etwas gestört sein, sich an etwas stören. • 11 **sauter aux yeux:** ins Auge springen. • 12 f. **flottant, e:** wallend, wehend (Haar). • 13 f. **se pencher vers qn:** sich zu jdm. hin beugen. • 15 **être beau gosse** (fam.): ein hübscher Kerl sein, gut aussehen. • 16 **reprocher qc à qn:** hier: an jdm. etwas auszusetzen haben. • 17 f. **le point noir** (méd.) Mitesser. • 18 **le pore:** Pore. • **dilaté, e:** geweitet. • 19 **le coin** (fam.): Gegend, Umland.

– En plus, il a le genre «propre en apparence». Attention! Hygiène douteuse! Panaris sur l'orteil. Avec lui, tu peux craindre des surprises au déballage.

– Là, tu fabules! J'ai remarqué qu'il sentait l'eau de toilette.

– Justement, très mauvais signe, ça! Ce ne sont pas les garçons les plus propres qui s'inondent de parfum.

Elle faillit ajouter «crois-moi, je sais de quoi je parle» mais elle retint cette allusion à son passé de collectionneuse d'hommes; après tout, elle ignorait ce qu'Antoine en savait, lui qui, par chance, venait d'une autre université.

Il riait tant qu'elle se tut.

Les heures qui suivirent, elle eut l'impression de marcher sur un fil au-dessus du vide: un seul moment d'inattention et elle tombait dans le gouffre de l'ennui. Plusieurs fois elle en perçut bien l'épaisseur – de l'ennui –, il l'attirait, il lui enjoignait de sauter, de le rejoindre; elle subissait le vertige, cette tentation de plonger. Elle se cramponna donc à l'optimisme d'An-

1 **être propre en apparence** (f.): nur scheinbar sauber sein. • 2 **douteux, -euse:** zweifelhaft. • **le panaris** (méd.): Nagelgeschwür. • **un orteil:** Zeh. • 3 **le déballage:** Auspacken; hier: Ausziehen. • 4 **fabuler:** phantasieren, Dinge erfinden. • 7 **s'inonder de qc:** sich mit etwas überschütten. • 8 **faillir faire qc:** beinahe etwas tun. • 9 **retenir qc:** sich etwas verkneifen. • 11 **par chance** (f.): zum Glück. • 15 **le fil:** Faden; hier: Seil. • 16 **une inattention:** Unaufmerksamkeit. • **le gouffre:** Abgrund, Schlund. • 17 **percevoir:** wahrnehmen, erkennen. • **une épaisseur:** Dicke; hier: Dichte, Tiefe. • 18 **enjoindre à qn de faire qc:** jdn. gebieten, etwas zu tun, es jdm. nahelegen, etwas zu tun. • 19 **rejoindre qn:** sich zu jdm. gesellen (*rejoindre qc:* mit etwas eins werden). • **le vertige:** Schwindel(gefühl). • **la tentation:** Versuchung. • 20 **se cramponner à qc:** sich an etwas klammern.

toine qui, intarissable, le sourire aux lèvres, lui décrivait le monde tel qu'il le ressentait. Elle s'accrochait à sa foi rayonnante.

En fin d'après-midi, de retour à la villa, ils firent longuement l'amour et il s'ingénia tant à lui donner du plaisir que, refoulant son agacement, elle ferma les yeux sur les détails qui l'accablaient et lutta pour se prêter au jeu.

Elle parvint épuisée au crépuscule. Lui ne soupçonnait même pas l'ampleur du combat qu'elle avait livré au cours de la journée.

Dehors, le vent voulait rompre les pins comme des mâts.

Le soir, au-dessus des bougies, sous les poutres peintes d'un plafond plusieurs fois centenaire, alors qu'ils buvaient un vin capiteux dont le nom seul l'avait fait saliver, il lui demanda:

– Quitte à devenir l'homme le plus malheureux de la terre, je voudrais que tu me répondes: veux-tu bien être la femme de ma vie?

1 **intarissable:** unermüdlich, unerschöpflich. • 2 **s'accrocher à qc:** sich an etwas klammern. • 3 **rayonnant, e:** strahlend. • 5 **s'ingénier à faire qc:** mit allen Mitteln versuchen, etwas zu tun. • 6 **refouler qc:** etwas verdrängen. • **un agacement:** Verärgerung, Gereiztheit. • 6f. **fermer les yeux sur qc:** etwas nicht beachten, gegenüber etwas die Augen verschließen. • 7 **accabler qn:** jdn. bedrücken. • 7f. **se prêter au jeu:** sich auf das Spiel einlassen. • 9 **le crépuscule:** Abenddämmerung. • 9f. **ne pas soupçonner qc:** hier: von etwas keine Ahnung haben. • 10 **une ampleur:** Ausmaß. • **livrer:** liefern (Kampf). • 13 **le mât:** Mast (Schiff). • 14 **la poutre:** Balken. • 15 **plusieurs fois centenaire:** mehrere Jahrhunderte alt. • 16 **capiteux, -euse:** berauschend. • 17 **faire saliver qn:** jdm. den Mund wässern, jdm. das Wasser im Mund zusammenlaufen lassen. • 18 **quitte à …:** selbst auf die Gefahr hin …

Elle était à bout de nerfs.

– Malheureux, toi? Tu n'en es pas capable. Tu prends tout bien.

– Je t'assure que si ta réponse est négative, je serai très mal. Je mets mon espoir en toi. Toi seule as le pouvoir de me rendre heureux ou malheureux.

Somme toute, c'était banal, ce qu'il lui débitait, le flafla habituel de la demande en mariage … Mais venant de lui, ces deux mètres d'énergie positive, ces quatre-vingt-dix kilos de chair prête à jouir, ça la flattait.

Elle se demanda si le bonheur ne pouvait pas être contagieux … Aimait-elle Antoine? Non. Il la valorisait, il l'amusait. Il l'agaçait aussi, avec son optimisme indécrottable. Elle suspecta qu'au fond elle ne le supportait pas tant il se révélait différent. Epouse-t-on son ennemi intime? Sans doute pas. En même temps, de quoi avait-elle besoin, elle qui se levait de mauvaise humeur, qui trouvait tout laid, imparfait, inutile? De son contraire. Or son contraire, Antoine, indéniablement, l'était. Si elle n'aimait pas Antoine, il était

1 **être à bout de nerfs** (m.): mit den Nerven am Ende sein, äußerst gereizt sein. • 3 **prendre bien:** hier: von der positiven Seite sehen. • 7 **somme toute:** alles in allem; hier: eigentlich. • **débiter qc à qn** (pej.): jdm. etwas erzählen, herbeten, auftischen. • 8 **le flafla** (fam.): Getue, Pipapo. • **habituel, le:** üblich. • **la demande en mariage** (m.): Heiratsantrag. • 10 **la chair:** (menschliches) Fleisch. • 10f. **flatter qn:** jdm. schmeicheln. • 13 **contagieux, -euse:** ansteckend. • 13f. **valoriser qn:** jdn. aufwerten, jdm. einen größeren Wert verleihen. • 15 **indécrottable** (fam.): unverbesserlich, unheilbar, wovon man nicht loskommen kann. • **suspecter:** den Verdacht haben. • 16 **se révéler:** sich erweisen als. • 19 **imparfait, e:** unvollkommen. • 20f. **indéniablement:** unbestreitbar.

cependant clair qu'elle avait besoin d'Antoine. Ou de quelqu'un semblable à Antoine. En connaissait-elle d'autres? Oui. Sûrement. À l'instant, ça ne lui revenait pas mais elle pouvait encore attendre, elle ferait mieux d'attendre. Combien de temps? Les autres seraient-ils aussi patients qu'il l'avait été? Et elle, aurait-elle la patience d'attendre davantage? Attendre quoi, en outre? Elle se foutait des hommes, elle ne comptait pas se marier, il n'était pas dans son intention de pondre ni d'élever des enfants. En plus, demain le ciel ne s'améliorerait pas et il serait encore plus difficile d'échapper à l'ennui.

Pour toutes ces raisons, elle répondit rapidement:

– Oui.

De retour à Paris, ils annoncèrent leurs fiançailles et leur prochain mariage. Les proches d'Hélène s'exclamaient avec admiration:

– Comme tu as changé!

Au début, Hélène ne répondait pas; puis, afin de savoir jusqu'où ils pouvaient aller, elle leur glissait pour les encourager:

– Ah oui? Tu trouves? Vraiment?

3f. **revenir à qn:** jdm. einfallen. • 8 **en outre:** im übrigen. • **se foutre de qn/qc** (fam.): auf jdn./etwas pfeifen. • 9 **compter faire qc:** etwas vorhaben. • 10 **pondre** (fam., péj.): gebären, bekommen (Kind). • 11 **s'améliorer:** besser werden; hier: sich aufhellen (Himmel). • 15 **les fiançailles** (f.): Verlobung. • 16 **les proches** (m.): Familienangehörige. • 16f. **s'exclamer:** ausrufen. • 20 **glisser qc à qn:** jdm. etwas zuflüstern.

Ils tombaient alors dans le piège et se mettaient à développer:

– Oui, on n'aurait jamais cru qu'un homme te calmerait. Avant, personne ne trouvait grâce à tes yeux, rien n'était assez bien pour toi. Même toi. Tu étais sans pitié. On était persuadés que ni homme, ni femme, ni chien, ni chat, ni poisson rouge n'arriveraient à t'intéresser plus de quelques minutes.

– Antoine y est arrivé.

– Quel est son secret?

– Je ne le dirai pas.

– C'est peut-être ça, l'amour! Comme quoi il ne faut pas désespérer.

Elle ne démentait pas.

En réalité, elle seule savait qu'elle n'avait pas changé. Elle se taisait, rien d'autre. Dans sa conscience, la vie continuait à lui apparaître moche, idiote, imparfaite, décevante, frustrante, insatisfaisante; mais ses jugements ne franchissaient plus la porte de sa bouche.

Que lui avait apporté Antoine? Une muselière. Elle montrait moins les dents, elle retenait ses pensées.

Elle se savait toujours incapable de perceptions positives, elle continuait à voir sur un visage, sur une

1 **tomber dans le piège:** in die Falle tappen, in die Falle gehen. • 2 **développer:** ausführlicher werden, genauer auf etwas eingehen. • 4 **trouver grâce aux yeux de qn:** Gnade in jds. Augen finden. • 7 **le poisson rouge:** Goldfisch. • 12 **comme quoi:** was zeigt, dass, was beweist, dass. • 14 **démentir:** widersprechen. • 18 **décevant, e:** enttäuschend. • **frustrant, e:** frustrierend. • **insatisfaisant, e:** unbefriedigend. • 19f. **ne pas franchir la porte de la bouche:** nicht über die Lippen kommen. • 21 **la muselière:** Maulkorb.

table, dans un appartement, dans un spectacle, l'impardonnable faute qui l'empêchait d'apprécier. Son imagination continuait à remodeler les faces, à rectifier les maquillages, à corriger la position des nappes, des serviettes, des couverts, à descendre des cloisons et en remonter d'autres, à balancer des meubles à la décharge, à arracher les rideaux, à remplacer la jeune première sur scène, à couper le deuxième acte, à supprimer le dénouement du film; lorsqu'elle rencontrait de nouveaux individus, elle détectait autant qu'avant leur sottise ou leurs faiblesses mais elle ne formulait plus ces déceptions.

Un an après son mariage qu'elle décrivit comme «le plus beau jour de sa vie», elle mit au monde un enfant qu'elle trouva laid et mou lorsqu'on le lui tendit. Antoine cependant le surnomma «Maxime» et «mon amour»; elle s'astreignit à l'imiter; dès lors, l'insupportable bout de chair pisseur, chieur et criard qui lui

1 f. **impardonnable:** unverzeihlich. • 3 **remodeler qc:** etwas umgestalten, etwas ummodeln. • 3 f. **rectifier qc:** etwas berichtigen, etwas korrigieren. • 5 **descendre qc:** etwas abreißen, etwas niederreißen • **la cloison:** Zwischenwand. • 6 **remonter (un mur):** (Wand) einziehen, hochziehen. • **balancer qc** (fam.): etwas werfen, schmeißen. • 7 **la décharge:** Müllkippe. • 7 f. **la jeune première:** Jungstar, junge Hauptdarstellerin. • 8 **couper qc:** etwas beschneiden, etwas kürzen. • 8 f. **supprimer qc:** etwas streichen. • 9 **le dénouement:** Auflösung; hier: Schluss, Ende (Film, Theaterstück). • 10 **détecter qc:** etwas erkennen, etwas entdecken. • 11 **la sottise:** Dummheit. • **formuler qc:** hier: etwas zum Ausdruck bringen. • 15 **mou, molle:** schlaff, kraftlos. • 16 **surnommer qn:** jdm. einen Namen geben. • 17 **s'astreindre à faire qc:** sich dazu zwingen, etwas zu tun. • 17 f. **insupportable:** unerträglich. • 18 **pisseur, -euse** (pop.): hier: pinkelnd. • **chieur, -euse** (pop.): hier: scheißend. • **criard, e:** brüllend.

avait d'abord déchiré les entrailles devint pendant quelques années l'objet de toutes ses attentions. Une petite «Bérénice» le suivit, dont elle détesta d'emblée l'indécente touffe de cheveux, pour qui elle adopta pourtant le même comportement de mère modèle.

Hélène se supportait si peu qu'elle avait décidé d'enfouir son jugement afin de ne garder, en chaque circonstance, que le regard d'Antoine. Elle ne vivait qu'à sa surface, retenant prisonnière à l'intérieur une femme qui continuait à mépriser, critiquer, vitupérer, qui frappait à la porte de sa cellule et criait en vain à travers le vasistas. Pour se garantir la comédie du bonheur, elle s'était transformée en gardienne de prison.

Antoine la contemplait toujours avec un amour débordant; il murmurait «la femme de ma vie» en lui flattant la croupe ou en lui déposant des baisers dans le cou.

– La femme de sa vie? Au fond, ce n'est pas grand-chose, disait la prisonnière.

– C'est déjà ça, répondait la gardienne.

Voilà. Ce n'était pas le bonheur, c'en était l'appa-

1 **déchirer les entrailles** (f.) **à qn:** jdm. (bei der Geburt) den Unterleib zerreißen. • 3 **d'emblée:** auf Anhieb, sofort. • 4 **indécent, e:** hier: anstößig, störend. • **la touffe de cheveux** (m.): Haarbusch. • 7 **enfouir qc:** etwas begraben; hier: sich mit etwas zurückhalten (Meinung). • 8 **la circonstance:** Umstand; hier: Anlass, Gelegenheit. • 10 **vitupérer contre qn:** auf/über jdn. schimpfen. • 11 **la cellule:** Zelle. • **en vain:** vergeblich, umsonst. • 12 **le vasistas:** Guckloch. • **se garantir qc:** sich etwas sichern. • 14 **contempler qn:** jdn. (lange und intensiv) anschauen. • 14f. **débordant, e:** überschwänglich. • 16 **flatter la croupe à qn:** jdm. den Hintern streicheln. • 16f. **déposer à qn un baiser dans le cou:** jdm. den Hals küssen. • 20 **c'est déjà ça:** etwa: das ist schon mal was; das ist besser als gar nichts.

rence. Le bonheur par procuration, le bonheur par influence.

– Une illusion, disait la prisonnière.

– Ta gueule, répondait la gardienne.

Aussi Hélène hurla-t-elle quand on lui apprit qu'Antoine venait de s'écrouler dans une allée.

Si elle courut si vite à travers le jardin, c'était pour nier ce qu'on tentait de lui annoncer. Non, Antoine n'était pas mort. Non, Antoine n'avait pas pu s'effondrer au soleil. Non, Antoine, quoique fragile du cœur, ne pouvait pas s'arrêter de vivre comme ça. Rupture d'anévrisme? Ridicule … Rien ne pouvait mettre à bas une grande carcasse pareille. Quarante-cinq ans, ce n'est pas un âge pour mourir. Bande d'idiots! Troupe de menteurs!

Pourtant, en se jetant sur le sol, elle remarqua vite que ce n'était plus Antoine mais un cadavre qui gisait près de la fontaine. Un autre. Un mannequin de chair et d'os. La ressemblance d'Antoine. Elle ne ressentait plus cette énergie qu'il émettait, cette centrale élec-

1 **le bonheur par procuration:** etwa: das Glück durch das Glück eines anderen (*par procuration* f.: durch andere; durch einen Stellvertreter). • 4 **ta gueule!** (fam.): Schnauze! • 5 **hurler:** laut aufschreien. • 6 **s'écrouler:** zusammenbrechen. • 8 **tenter de faire qc:** versuchen, etwas zu tun. • 9 f. **s'effondrer:** zusammenbrechen. • 10 **être fragile du cœur:** ein schwaches Herz haben. • 11 **la rupture:** Bruch; hier: Platzen. • 12 **un anévrisme** (méd.): Aneurysma; örtlich begrenzte Erweiterung einer Schlagader mit gefährlichen Folgen. • 12 f. **mettre à bas:** zur Strecke bringen, niederstrecken, umwerfen. • 13 **la carcasse:** Gerippe; hier: (fam.) Gestalt, Körper. • 17 **le cadavre:** Leichnam, Leiche. • **gésir** (litt.): liegen. • 18 **le mannequin:** Puppe. • 19 **la ressemblance:** Ähnlichkeit; hier: Abbild. • 20 **émettre qc:** etwas ausstrahlen, etwas verströmen. • 20 f. **la centrale électrique:** Kraftwerk.

trique à laquelle elle avait tant besoin de s'alimenter. Un double pâle et froid.

Elle pleura, recroquevillée, incapable de dire quelque chose, tenant entre ses doigts les mains déjà glaciales qui lui avaient tant donné. Le médecin et les infirmiers durent séparer les époux de force.

– Nous comprenons, madame, nous comprenons. Croyez que nous comprenons bien.

Non, ils ne comprenaient rien. Elle qui ne se serait sentie ni épouse ni mère si Antoine n'avait pas été là, comment allait-elle devenir veuve? Veuve sans lui? S'il disparaissait, comment parviendrait-elle à se comporter?

À l'enterrement, elle ne respecta aucune des bienséances et médusa la foule par la violence de son chagrin. Au-dessus de la fosse, avant qu'on ne descende le corps en terre, elle s'allongea sur le cercueil et s'y agrippa pour le retenir.

Seule l'insistance de ses parents, puis de ses enfants – quinze et seize ans – parvint à lui faire lâcher prise.

La boîte s'enfonça.

Hélène se mura dans le silence.

---

1 **s'alimenter:** hier: seine/ihre Energie beziehen, Kraft auftanken. • 2 **le double:** Doppelgänger. • 3 **recroquevillé, e:** zusammengekauert. • 5 **glacial, e:** eiskalt. • 6 **de force** (f.): mit Gewalt. • 14 f. **la bienséance:** Schicklichkeit, Anstandsregel. • 15 **méduser qn:** jdn. völlig verblüffen. • 16 **la fosse:** Grab, Grube. • 18 **s'agripper à qc:** sich an etwas klammern. • 19 **une insistance:** inständige Bitte, Beharrlichkeit. • 20 **lâcher prise:** loslassen. • 21 **la boîte:** Kiste; hier: Sarg. • **s'enfoncer:** versinken. • 22 **se murer dans le silence:** sich hinter eine Mauer des Schweigens zurückziehen.

Son entourage appela cet état «sa dépression». En vérité, c'était beaucoup plus grave.

Elle surveillait maintenant deux recluses en elle. Aucune n'avait plus droit à la parole. Le mutisme déclinait une volonté de ne plus penser. Ne plus penser comme Hélène avant Antoine. Ne plus penser comme l'Hélène d'Antoine. Les deux ayant achevé leur temps, elle n'avait plus la force d'en inventer une troisième.

Conversant peu, se cantonnant aux rituels bonjour-merci-bonsoir, elle se tenait propre, portait sans cesse les mêmes affaires, et attendait la nuit comme une délivrance, quoique à ce moment-là, parce que le sommeil la fuyait, elle se contentât d'effectuer un ouvrage de crochet devant la télé allumée, sans prêter attention aux images ni aux sons, uniquement préoccupée par la succession de ses points. Puisque Antoine l'avait mise à l'abri du besoin – argent placé, rentes,

1 **un entourage:** (gesellschaftliches) Umfeld. • 3 **le reclus / la recluse:** Einsiedler, zurückgezogen lebende(r) Mann/Frau. • 4 **le mutisme:** Schweigen. • 4 f. **décliner qc:** hier: etwas ausdrücken. • 7 f. **il/elle a achevé son temps:** seine/ihre Zeit ist abgelaufen. • 10 **converser:** sich unterhalten. • **se cantonner à qc:** sich auf etwas beschränken. • **le rituel:** Ritual. • 11 **se tenir propre:** sich pflegen; dafür sorgen, dass man sauber und gepflegt bleibt. • **sans cesse:** ständig. • 12 f. **la délivrance:** Befreiung, Erlösung. • 13 f. **le sommeil me fuit:** ich finde keinen Schlaf (*fuir qn:* vor jdm. fliehen, jdn. meiden). • 14 f. **effectuer un ouvrage de crochet:** sich eine Häkelarbeit vornehmen. • 15 **allumé, e:** laufend (Fernseher). • 15 f. **prêter attention à qc:** einer Sache Aufmerksamkeit schenken. • 16 f. **être préoccupé, e par qc:** um etwas besorgt sein. • 17 **la succession:** Abfolge. • **le point:** hier: Masche (Stricken, Häkeln). • 18 **mettre qc à l'abri** (m.) **du besoin:** jdm. die materiellen Sorgen abnehmen. • **placer de l'argent** (m.): Geld anlegen. • **la rente:** regelmäßiges Einkommen aus Kapitalanlage oder Immobilie.

maisons –, elle se contentait, une fois par mois, de feindre d'écouter le comptable familial. Ses enfants, lorsqu'ils eurent enfin cessé d'espérer qu'ils pouvaient soigner ou aider leur mère, empruntèrent les traces de leur père et se consacrèrent à leurs brillantes études.

Quelques années s'écoulèrent.

En apparence, Hélène vieillissait bien. Elle prenait soin de son corps – poids, peau, muscles, souplesse – ainsi qu'on nettoie une collection de figurines en porcelaine dans une vitrine. Quand elle se surprenait au miroir, elle apercevait un objet de musée, la mère digne, triste et bien conservée qu'on sort de temps en temps pour une réunion de famille, un mariage, un baptême, ces cérémonies bruyantes, bavardes, voire inquisitoriales, qui lui coûtaient. Pour le silence, elle n'avait pas relâché sa vigilance. Elle ne pensait rien, n'exprimait rien. Jamais.

Un jour, malgré elle, elle fut traversée par une idée.

Si je voyageais? Antoine adorait voyager. Ou plutôt, Antoine n'avait qu'un désir en dehors du travail,

1 **se contenter de:** hier: lediglich tun. • 2 **feindre de faire qc:** vorgeben, etwas zu tun. • **le comptable:** Vermögensverwalter. • 4 **emprunter les traces** (f.) **de qn:** in jds. Fußstapfen treten (*la trace:* Spur). • 5 **se consacrer à qc:** sich einer Sache widmen. • 6 **s'écouler:** vergehen, verstreichen. • 7 **vieillir bien:** mit dem Alter gut zurechtkommen. • 7 f. **prendre soin de qc:** sich um etwas kümmern, etwas pflegen. • 8 **la souplesse:** Geschmeidigkeit, Gelenkigkeit. • 9 **la figurine:** Figürchen. • 12 **digne:** würdevoll, würdig. • **bien/mal conservé, e:** gut/schlecht erhalten. • **sortir qn:** jdn. ausführen. • 14 **voire:** ja sogar. • 15 **inquisitorial, e:** inquisitorisch, aufdringlich. • **coûter à qn:** jdm. schwer fallen, jdn. Überwindung kosten. • 16 **relâcher sa vigilance:** in seiner/ihrer Wachsamkeit nachlassen. • 18 **j'ai été traversé par une idée:** mir ging ein Gedanke durch den Kopf.

celui de voyager. Puisqu'il n'a pas eu le temps de réaliser son rêve, je pourrais l'accomplir à sa place …

Elle s'aveugla sur sa motivation: pas une seconde elle n'y soupçonna un retour à la vie ni un acte amoureux. Si elle avait conçu qu'elle allait, en préparant ses bagages, tenter de retrouver le regard bienveillant d'Antoine sur l'univers, elle se serait interdit de continuer.

Après de brefs adieux à Maxime et Bérénice, elle commença son périple. Pour elle, voyager consistait à aller de grand hôtel en grand hôtel autour du globe. Ainsi séjourna-t-elle dans de luxueuses suites en Inde, en Russie, en Amérique et au Moyen-Orient. Chaque fois, elle dormait et tricotait devant un écran éclairé qui débitait une autre langue. Chaque fois, elle s'obligeait à s'inscrire à quelques excursions parce que Antoine lui aurait reproché de ne pas les entreprendre, mais ses yeux ne s'écarquillaient pas devant ce qu'elle découvrait: elle vérifiait en trois dimensions la justesse des cartes postales exposées dans le hall de l'hôtel, guère davantage … Avec ses sept valises en maroquin bleu pâle, elle transportait son incapacité à vivre.

2 **accomplir qc:** hier: etwas verwirklichen, etwas vollziehen. • 3 **s'aveugler sur qc:** vor etwas die Augen verschließen. • 4 **soupçonner qc:** etwas ahnen, vermuten. • 10 **le périple:** Reise, Rundreise. • 12 **séjourner:** absteigen, Station machen. • **luxueux, euse:** luxuriös, prunkvoll, Luxus… • **la suite:** Suite (Hotel). • 13 **le Moyen-Orient:** Mittlerer Osten. • 14 **éclairé, e:** beleuchtet; hier: laufend (Fernseher). • 15 **débiter:** von sich geben. • 15 f. **s'obliger à faire qc:** sich dazu zwingen, etwas zu tun. • 17 **entreprendre qc:** etwas unternehmen, etwas machen. • 18 **écarquiller les yeux:** (staunend) die Augen aufreißen (hier reflexiv verwendet). • 19 f. **la justesse:** Genauigkeit. • 21 f. **le maroquin:** Saffianleder.

Seuls le départ d'un lieu pour un autre, le transit dans les aéroports, les difficultés des correspondances la passionnaient furtivement: elle avait alors la sensation qu'il allait se passer quelque chose … Sitôt parvenue à destination, elle retrouvait le monde des taxis, des porteurs, des portiers, des liftiers, des femmes de chambre et tout rentrait dans l'ordre.

Si elle n'avait pas davantage de vie intérieure, elle avait gagné une vie extérieure. Déplacements, arrivées en de nouveaux lieux, départs, nécessité de parler, découverte de différentes monnaies, choix des plats au restaurant. Cela s'agitait beaucoup autour d'elle. Au fond d'elle, tout demeurait apathique; ses tribulations avaient eu pour résultat de tuer les deux recluses; plus personne ne songeait dans sa conscience, ni la maussade, ni l'épouse d'Antoine; et c'était presque plus confortable, cette espèce de mort totale.

Dans cet état, elle arriva au Cap.

Pourquoi ne put-elle s'empêcher d'être impressionnée? A cause du nom, Le Cap, promesse qu'on était arrivé au bout de la Terre? … Parce qu'elle s'était in-

2 **la correspondance:** hier: Flugverbindung, Anschlussflug. • 3 **passionner qn:** jdn. begeistern. • **furtivement:** heimlich, insgeheim; hier eher: für einen kurzen Moment. • **la sensation:** Gefühl. • 4 **sitôt:** sobald. • 4 f. **parvenu, e à destination** (f.): am Zielort angekommen. • 6 **le portier:** Portier, Türsteher. • **le liftier:** Liftboy. • 7 **rentrer dans l'ordre** (m.): wieder den gewohnten Gang nehmen. • 9 **le déplacement:** Ortswechsel. • 10 **la nécessité:** Notwendigkeit. • 12 **s'agiter:** lebhaft zugehen. • 13 **apathique:** teilnahmslos, apathisch. • 14 **les tribulations** (f.): Unbill, Missgeschick. • 16 **la conscience:** Bewusstsein. • **la maussade:** mürrisches Weib. • 19 **le Cap:** Kapstadt. • 20 f. **impressionné, e:** beeindruckt.

téressée, lors de ses études de droit, aux drames de l'Afrique du Sud et qu'elle avait signé des pétitions pour l'égalité entre Noirs et Blancs? Parce que Antoine avait émis l'idée d'y acheter un jour un domaine pour s'y retirer à leurs vieux jours? Elle n'arriva pas à le démêler … En tout cas, lorsqu'elle déboula sur la terrasse de l'hôtel qui dominait l'océan, elle remarqua que son cœur battait vite.

– Un bloody mary, s'il vous plaît.

Là encore, elle s'étonna: elle ne commandait guère de bloody mary! D'ailleurs, elle ne se souvenait pas d'aimer ça.

Elle fixa le ciel d'un gris intense et remarqua que les nuages, noirs d'être si lourds, allaient bientôt crever. L'orage menaçait.

Non loin d'elle, un homme observait lui aussi le spectacle des éléments.

Hélène ressentit un picotement dans le gras des joues. Que se passait-il? Le sang lui montait à la face; une pulsation brutale agitait les veines de son cou; son

1 **des études** (f.) **de droit** (m.): Jurastudium. • 2 **la pétition:** Bittschrift, Gesuch, Petition. • 4 **émettre qc:** etwas äußern, etwas zum Ausdruck bringen. • **le domaine:** großes Grundstück, Landgut. • 5 **se retirer:** sich zurückziehen. • 6 **démêler qc:** hier: den eigentlichen Grund für etwas herausfinden. • **débouler:** unvermittelt betreten. • 7 **dominer l'océan:** hoch über dem Ozean liegen. • 9 **le bloody mary** (angl.): »Bloody Mary«; Cocktail, der ursprünglich zu gleichen Teilen aus Wodka und Tomatensaft bestand und später noch mit Salz, Pfeffer, Worcestersauce oder Tabasco verfeinert wurde. • 14 **noir d'être si lourd:** schwarz vor lauter Schwere (Wolke). • 14 f. **crever:** platzen; hier: sich entladen (Wolke). • 18 **le picotement:** Prickeln. • **le gras:** Fett, Fettschicht. • 19 **la face:** Gesicht. • 20 **la pulsation:** Pochen. • **agiter qc:** hier: in etwas pulsieren (Ader).

cœur accélérait. Elle chercha son air. Allait-elle subir une attaque cardiaque?

Pourquoi pas? Il faut bien mourir. Allons, c'est l'heure. Autant que ce soit là. Devant un paysage grandiose. Ça devait s'arrêter ici. Voilà donc pourquoi elle avait eu, en gravissant les marches, le pressentiment d'un événement d'importance.

Pendant quelques secondes, Hélène ouvrit ses mains, apaisa son souffle et se prépara à s'éteindre. Fermant ses paupières, rejetant sa tête en arrière, elle se considéra prête: elle consentait à la mort.

Rien ne se passa.

Non seulement elle ne perdit pas conscience mais, quand elle rouvrit les yeux, elle fut obligée de constater qu'elle allait mieux. Quoi? On ne pouvait pas commander à son corps de mourir! On ne pouvait pas expirer, comme ça, aussi facilement que l'on éteint la lumière?

Elle se tourna vers l'homme sur la terrasse.

En short, il laissait échapper de belles jambes puissantes, à la fois musculeuses et élancées. Hélène fixa ses pieds. Depuis combien de temps n'avait-elle pas

1 **accéler:** hier: schneller schlagen (Herz). • **chercher son air:** nach Luft ringen. • 2 **une attaque cardiaque:** Herzanfall. • 4 **Autant que ce soit là:** etwa: Dann doch gleich jetzt. • 5 **grandiose:** großartig, grandios. • 6 **gravir:** hinaufsteigen, erklimmen. • 6f. **le pressentiment:** Vorahnung. • 9 **apaiser son souffle:** den Atemrhythmus verlangsamen. • **se préparer à s'éteindre:** sich aufs Sterben vorbereiten (*s'éteindre:* verlöschen; sterben [Person]). • 10 **rejeter sa tête en arrière:** den Kopf in den Nacken werfen. • 11 **consentir à qc:** mit etwas einverstanden sein. • 13 **perdre conscience** (f.): das Bewusstsein verlieren, ohnmächtig werden. • 14 **rouvrir:** wieder aufmachen, wieder öffnen (Augen). • 15f. **commander qc:** etwas befehlen. • 16 **expirer:** sein Leben aushauchen. • 20 **musculeux, -euse:** muskulös. • **élancé, e:** schlank.

regardé des pieds d'homme? Elle ne se souvenait plus qu'elle appréciait ça, les pieds d'homme, ces membres larges qui offrent des qualités si contradictoires: durs aux talons, tendres aux orteils, lisses dessus, râpeux dessous, solides au point de supporter de grands corps, fragiles au point de craindre les caresses. Elle remonta des mollets jusqu'aux cuisses, suivant la tension et la force tapies sous cette peau, et se surprit à avoir envie d'effleurer ces poils blonds, mousse légère douce à sa paume.

Alors qu'elle venait de parcourir le monde et de voir mille sortes d'habillements, elle trouva son voisin audacieux. Comment osait-il exhiber ses jambes ainsi? Son short n'était-il pas indécent?

Elle l'examina et constata qu'elle avait tort. Son short était tout à fait normal, elle avait déjà vu des centaines d'hommes avec un short équivalent. Alors c'était lui qui …

Sentant qu'on l'observait, il pivota vers elle. Il sourit. Un visage en basane dorée, marqué de rides

2 **le membre:** Glied. • 3 **contradictoire:** widersprüchlich. • 4 **lisse:** glatt. • **râpeux, -euse:** rauh, aufgerauht. • 5 **supporter:** hier: tragen. • 6 **la caresse:** Liebkosung, Streicheln. • 7 **remonter:** hier: den Blick schweifen lassen. • **le mollet:** Wade. • 8 **tapi, e:** hier: verborgen, versteckt. • 9 **effleurer qc:** etwas (leicht) berühren. • **la mousse:** Moos; hier: Flaum. • 10 **la paume:** Handfläche, Innenhand. • 11 **parcourir le monde:** durch die Welt reisen. • 12 **un habillement:** Kleidung, Bekleidung. • 13 **audacieux, -euse:** kühn. • **exhiber qc:** etwas offen zeigen, etwas zur Schau stellen. • 14 **indécent, e:** unschicklich, unanständig. • 15 **avoir tort:** Unrecht haben. • 17 **équivalent, e:** entsprechend. • 19 **pivoter vers qn:** sich zu jdm. umdrehen. • 20 **en basane dorée:** hier: (sonnen)gebräunt, sonnengegerbt, mit dunkler, bräunlicher Haut (*la basane:* Schafleder). • **la ride:** Runzel.

franches. Quelque chose d'inquiet dans le vert de l'iris.

Confuse, elle sourit à son tour puis s'accrocha au spectacle de l'océan. Qu'allait-il croire? Qu'elle le draguait. Quelle horreur! Elle appréciait son expression. Il arborait une figure honnête, sincère, nette, quoique ses traits révélassent une tendance à la tristesse. Quel âge? Le mien. Eh oui, quelque chose d'approchant, quarante-huit … Peut-être moins car hâlé, sportif, avec de jolies petites rides, il ne doit pas être le genre à se tartiner de crèmes au soleil.

Soudain, il y eut une sorte de silence; l'air cessa de bourdonner d'insectes; puis, après quatre secondes, de lourdes gouttes commencèrent à tomber. Des roulements de tonnerre retentirent, confirmant solennellement le début de l'orage. La lumière accentua les contrastes, satura les couleurs et l'humidité s'empara d'eux, telle une vague de vapeur déferlant sur la côte en raz-de-marée.

1 **franc, franche:** offen, freimütig; hier: deutlich erkennbar. • 3 **confus, e:** hier: verlegen. • **s'accrocher à qc:** sich an etwas festklammern; hier: sich (voll) auf etwas konzentrieren. • 5 **draguer qn** (fam.): jdn. anmachen. • 6 **arborer qc:** etwas zeigen, etwas aufweisen. • 7 **le trait:** Gesichtszug. • **révéler qc:** etwas zeigen, erkennen lassen, verraten. • 8 f. **quelque chose d'approchant:** so ungefähr. • 9 **hâlé, e:** gebräunt. • 11 **le genre:** hier: Typ. • **se tartiner de qc** (péj.): sich mit etwas einsalben. • 13 **bourdonner:** summen, brummen. • 14 f. **le roulement de tonnerre:** Donnergrollen. • 15 **retentir:** erschallen. • **confirmer qc:** etwas bestätigen. • 16 **accentuer qc:** etwas betonen, etwas hervorheben, etwas verstärken. • 17 **saturer:** sättigen (Farbe). • 17 f. **s'emparer de qn:** jdn. packen, auf jdn. übergreifen, sich einer Person bemächtigen. • 18 **la vapeur:** (Wasser-)Dampf. • **déferler sur:** sich brechen an. • 19 **le raz-de-marée:** Flutwelle.

– Ah, quel sale temps! s'exclama l'homme à côté.

Elle se surprit elle-même en s'entendant articuler:

– Non, vous vous trompez. Il ne faut pas dire «Quel sale temps» mais «C'est un beau jour de pluie».

L'homme se tourna vers Hélène et la scruta.

Elle semblait sincère.

Cette seconde-là, il acquit deux certitudes définitives: il désirait profondément cette femme et, s'il le pouvait, il ne la quitterait jamais.

2 **articuler:** artikulieren; hier: sagen. • 5 **scruter qn:** jdn. prüfend anschauen, jdn. mustern.

L'intruse

Cette fois, elle l'avait bien vue! La femme était passée au fond du salon, l'avait fixée d'un air étonné avant de disparaître dans l'ombre de la cuisine.

Odile Versini hésita: devait-elle la poursuivre ou quitter l'appartement à toutes jambes?

Qui était cette intruse? C'était la troisième fois, au moins … Les précédentes irruptions avaient été si fugitives qu'Odile avait cru à un tour de son imagination, mais là, elles deux avaient eu le temps d'échanger un regard; il lui semblait même que l'autre, la surprise enfuie, avait grimacé de peur en filant.

Sans réfléchir davantage, Odile partit sur ses traces en l'apostrophant:

– Arrêtez, je vous ai vue! Inutile de vous cacher, il n'y a pas d'issue.

Odile déboula dans chaque pièce, la chambre, la cuisine, les toilettes, la salle de bains: personne.

1 **un intrus / une intruse:** Eindringling. • 3 **fixer qn:** jdn. (lange und fest) ansehen, jdn. fixieren. • 4 **une ombre:** Schatten. • 6 **à toutes jambes** (f.): eilends, schnellstens. • 8 **précédent, e:** vorhergehend. • **une irruption:** Eindringen, plötzliches Auftauchen. • 8f. **fugitif, -ive:** flüchtig. • 9 **le tour:** hier: Streich.• 11f. **la surprise:** hier: die Überraschte, Ertappte. • 12 **grimacer:** das Gesicht verziehen, eine Grimasse machen. • **filer:** davonhuschen, sich schnell davonmachen. • 13 **partir sur les traces** (f.) **de qn:** sich an jds. Fersen heften, jdn. verfolgen (*la trace:* Spur). • 14 **apostropher qn:** jdm. zurufen. • 16 **une issue:** Ausweg. • 17 **débouler:** (hinein)stürzen. • **la chambre:** hier: Schlafzimmer.

Il ne restait donc que la penderie au bout du couloir.

– Sortez! Sortez sinon j'appelle la police.

Pas un bruit ne résonna dans la penderie.

– Que faites-vous chez moi? Comment êtes-vous entrée?

Silence épais.

– Très bien, je vous aurai prévenue.

Odile éprouva soudain une peur panique: que voulait l'inconnue? Fébrile, elle recula vers l'entrée, saisit le téléphone, composa, non sans le rater, le numéro de la police. «Vite, vite, pensa-t-elle, l'autre va bondir du placard et m'attaquer.» Enfin, lorsqu'elle eut passé les barrières des messages d'attente, la voix bien timbrée d'un fonctionnaire lui répondit:

– Police de Paris, seizième arrondissement, j'écoute.

– Venez vite chez moi. Une femme s'est introduite. Elle se cache dans le placard du couloir et refuse d'en sortir. Vite. Je vous en supplie, c'est peut-être une folle, ou un assassin. Dépêchez-vous, j'ai très peur.

1 **la penderie:** Kleiderschrank. • 4 **résonner:** ertönen. • 7 **épais, se:** dick, dicht; hier (litt.): tief (Schweigen, Stille). • 8 **prévenir qn:** jdn. benachrichtigen, informieren; hier: jdn. warnen. • 9 **éprouver qc:** etwas empfinden. • **panique:** panisch. • 10 **fébrile:** hektisch, übernervös. • 11 **composer (un numéro de téléphone):** (Telefonnummer) wählen. • **rater (un numéro de téléphone):** sich verwählen. • 12 **bondir de qc:** aus etwas herausspringen. • 13 f. **passer les barrières** (f.) **des messages** (m.) **d'attente** (f.): etwa: die Hürden der »Bitte-warten«-Ansage überwinden. • 14 **bien timbré, e:** wohlklingend, klangvoll (Stimme). • 17 **s'introduire:** eindringen. • 19 **Je vous en supplie:** Ich flehe Sie an; ich bitte Sie inständig. • 20 **le fou, la folle:** Verrückter, Verrückte.

Le policier nota son nom et son adresse puis lui assura que dans les cinq minutes une patrouille arrivait.

– Allô? Allô? Vous êtes encore là?

– Mm …

– Comment vous sentez-vous, madame?

– …

– Restez au bout du fil sans raccrocher. Voilà. Ainsi, vous pourrez me signaler s’il se passe quelque chose. Répétez ce que je viens de vous dire très fort pour que cette personne l’entende et sache que vous n’êtes pas sans secours. Allez-y. Maintenant.

– Oui, vous avez raison, monsieur l’agent, je reste au bout du fil avec vous, ainsi cette personne ne pourra rien entreprendre sans que vous ne le sachiez.

Elle avait tant hurlé qu’elle ne s’était pas entendue. Était-ce distinct? Pourvu que l’intruse, malgré la distance, la porte et les manteaux, ait capté ses paroles et se décourage.

Rien ne bougeait dans les recoins sombres de l’appartement. Cette quiétude se révélait plus angoissante que n’importe quel bruit.

Odile murmura au policier:

2 **la patrouille:** Streife. • 7 **rester au bout du fil:** am Telefon bleiben. • **raccrocher:** auflegen (Telefonhörer). • 11 **le secours:** Hilfe. • 12 **un agent (de police):** Polizeibeamter. • 14 **entreprendre qc:** etwas unternehmen. • 15 **hurler:** brüllen, laut schreien. • 16 **distinct, e:** deutlich. • **pourvu que:** vorausgesetzt dass, sofern; hier: hoffentlich. • 17 **capter qc:** etwas mitbekommen, etwas mithören. • 18 **se décourager:** den Mut verlieren, mutlos werden; hier: aufgeben. • 19 **le recoin:** hinterste Ecke. • 20 **la quiétude:** Stille. • **se révéler:** sich erweisen, sich herausstellen als. • **angoissant, e:** beängstigend, angstmachend. • 21 **n’importe quel, le:** jeglicher, jegliche. • 22 **murmurer:** murmeln.

– Êtes-vous là?

– Oui, madame, je ne vous quitte pas.

– Je … je … je panique un peu …

– Avez-vous quelque chose pour vous défendre?

– Non, rien.

– N'y a-t-il pas un objet que vous pourriez brandir, avec lequel vous pourriez effrayer cette personne si elle avait la mauvaise idée de se montrer agressive?

– Non.

– Une canne? Un marteau? Une statuette? Regardez autour de vous.

– Ah oui, il y a bien mon petit bronze …

– Saisissez-le et prétendez que c'est une arme.

– Pardon?

– Déclarez que maintenant vous tenez le pistolet de votre mari, que vous ne craignez donc plus rien. Fort.

Odile prit sa respiration et brailla d'un ton peu assuré:

– Non, monsieur le commissaire, je n'ai pas peur parce que je tiens le pistolet de mon mari.

Elle soupira, retenant une envie de se pisser dessus: elle avait débité cela si mal que l'intruse ne pourrait jamais la croire.

3 **paniquer:** in Panik sein. • 6 **brandir:** (drohend) schwingen (Stock, Keule, Schwert). • 7 **effrayer qn:** jdn. in Schrecken versetzen, jdn. abschrecken. • 10 **la canne:** Stock, Spazierstock, Rohrstock. • **la statuette:** kleine Statue. • 12 **le bronze:** Bronzefigur. • 13 **saisir qc:** nach etwas greifen. • 15 **le pistolet:** Pistole. • 17 **prendre sa respiration:** tief durchatmen. • **brailler:** brüllen. • 17 f. **peu assuré, e:** nicht sehr selbstbewusst, nicht sehr sicher. • 21 **soupirer:** seufzen. • **retenir qc:** hier: gegen etwas ankämpfen. • **une envie:** Lust, Verlangen; hier: Drang. • **se pisser dessus** (fam.): in die Hose pinkeln.

La voix reprit dans le téléphone:
– Alors quelle réaction?
– Rien.
– Très bien. Elle est effrayée. Elle ne bougera pas avant que nos hommes arrivent.

Quelques secondes plus tard, Odile répondit aux policiers qui sonnaient à l'interphone puis ouvrit sa porte en attendant que l'ascenseur les hisse au dixième étage. Trois gaillards en jaillirent.
– Là bas, dit-elle, elle s'est cachée dans le placard.

Odile frémit lorsqu'ils sortirent leurs armes et enfilèrent le couloir. Pour ne pas assister à un spectacle que ses nerfs ne supporteraient pas, elle préféra se réfugier au salon d'où elle entendait confusément les menaces et les sommations.

Par réflexe, elle alluma une cigarette et s'approcha de la fenêtre. Dehors, bien que juillet débutât, les pelouses jaunissaient, les arbres perdaient des feuilles roussies. La canicule avait frappé la place du Trocadéro. Elle avait frappé la France entière. Chaque jour, elle perfectionnait son œuvre de mort; chaque jour,

7 **un interphone:** Sprechanlage. • 8 **hisser (au deuxième étage):** (in den zweiten Stock) hinaufbefördern. • 9 **le gaillard:** strammer Bursche. • **jaillir de qc:** schnell (aus etwas) heraustreten, herausspringen. • 11 **frémir:** zittern, beben. • **sortir (une arme):** (eine Waffe) ziehen. • 11 f. **enfiler:** hier: betreten, sich begeben auf. • 13 f. **se réfugier:** sich flüchten. • 14 **confusément:** undeutlich, wirr. • 15 **la sommation:** Aufforderung. • 16 **par réflexe** (m.): automatisch. • 17 **juillet débute:** es ist Anfang Juli. • 17 f. **la pelouse:** Rasenfläche. • 18 **jaunir:** vergilben, einen Gelbstich bekommen. • 19 **roussi, e:** rostrot. • **la canicule:** Gluthitze, Hitzewelle. • **frapper:** hier: treffen, heimsuchen. • 19 f. **la place du Trocadéro:** im 16. Arrondissement am rechten Seineufer gelegener Platz in Paris mit Blick auf Eiffelturm und die *École militaire*.

le journal télévisé énumérait ses nouvelles victimes: les sans-abri gisant sur le goudron brûlant, les vieillards des hospices tombant autant que les mouches, les bébés crevant de déshydratation. Et encore, on ne comptait pas les animaux, les fleurs, les légumes, les arbres … D'ailleurs n'apercevait-elle pas un merle mort, là, juste en bas, sur la pelouse du square? Raide comme un dessin à l'encre, les pattes cassées. Dommage, c'est si joli, le sifflement du merle …

Du coup, elle se versa un grand verre d'eau et l'avala par précaution. Certes, elle se trouvait bien égoïste de penser à elle alors que tant de gens succombaient, mais comment agir autrement?

– Madame, excusez-nous … Madame!

Les policiers, à l'entrée du salon, eurent du mal à la tirer de sa méditation sur les désastres de la chaleur. Elle se retourna et les interrogea:

– Alors, qui est-ce?

– Il n'y a personne, madame.

– Comment ça, personne?

– Venez voir.

Elle suivit les trois hommes jusqu'au placard. S'il

1 **le journal télévisé:** Fernsehnachrichten. • 2 **le sans-abri:** Obdachloser. • **brûlant, e:** glühend heiß. • 3 **un hospice:** Pflegeheim. • **tomber autant que les mouches** (f.): wie die Fliegen dahinsterben. • 4 **crever** (pop.): krepieren. • **la déshydratation:** Austrocknung, Flüssigkeitsmangel, Dehydrierung. • 6 **le merle:** Amsel. • 7 **raide:** starr, steif. • 8 **une encre:** Tinte; hier: Tusche. • 9 **le sifflement:** Pfeifen, Singen (eines Vogels). • 10f. **avaler qc:** etwas hinunterschlucken; hier: (aus)trinken. • 11 **par précaution** (f.): vorsichtshalber. • 12 **succomber:** sterben, zugrunde gehen. • 16 **la méditation:** Nachsinnen, Meditation; hier: Grübelei. • **les désastres** (m.): verheerende Auswirkungen, katastrophale Folgen.

était plein de vêtements et de boîtes à chaussures, il était vide de l'intruse.

– Où est-elle?

– Voulez-vous que nous cherchions avec vous?

– Bien sûr.

Les cent vingt mètres carrés de l'appartement furent passés au peigne fin par les gestes précautionneux des policiers: aucune femme ne s'y dissimulait.

– Enfin, vous avouerez que c'est étrange, protesta Odile en rallumant une cigarette. Elle est passée par le couloir, elle m'a vue, elle a été surprise puis elle s'est enfuie au fond de l'appartement. Par où seraitelle partie?

– La porte de service?

– Toujours fermée à clé.

– Allons voir.

Ils se rendirent à la cuisine, constatèrent que la porte donnant sur l'escalier de service était verrouillée.

– Vous voyez, conclut Odile, elle ne peut pas être passée par ici.

– A moins qu'elle ne possède un jeu de clés. Sinon, comment serait-elle rentrée?

Odile chancela. Pour l'aider à s'asseoir, les policiers

7 **passer au peigne fin:** durchkämmen, genauestens durchsuchen. • 7 f. **précautionneux, -euse:** sorgfältig. • 8 **se dissimuler:** sich verstecken, sich verbergen. • 10 **rallumer une cigarette:** hier: sich eine weitere Zigarette anzünden. • 14 **la porte de service:** Dienstboteneingang. • 18 **donner sur:** hinausgehen auf. • 18 f. **verrouillé, e:** verschlossen, verriegelt (*le verrou:* Riegel). • 22 **à moins que … ne …:** es sei denn …; außer … • **le jeu de clés** (f.): Satz Schlüssel. • 23 **rentrer:** hier: reinkommen. • 24 **chanceler:** schwanken, wanken.

la soutinrent par les bras. Elle se rendait compte qu'ils avaient raison: celle qui avait fait irruption chez elle avait besoin des clés pour entrer ou pour sortir.

– C'est horrible …

– Pouvez-vous nous décrire cette personne?

– Une vieille.

– Pardon?

– Oui, une vieille femme. Avec des cheveux blancs.

– Comment était-elle habillée?

– Je ne sais plus. De façon banale.

– En robe ou en pantalon?

– En robe, je crois.

– Ça ne correspond guère aux portraits habituels des voleurs et autres monte-en-l'air. Êtes-vous sûre que cette personne ne serait pas quelqu'un de votre entourage que vous n'auriez pas reconnu?

Odile les toisa avec un certain mépris.

– Je comprends très bien votre remarque, c'est logique, vu votre métier, mais notez qu'à trente-cinq ans, je ne suis encore ni vieille ni gâteuse. J'ai sans doute plus de diplômes que vous, je travaille en tant que journaliste indépendante, spécialiste des questions géopolitiques au Moyen-Orient, je parle six langues, et malgré la chaleur je me sens en pleine forme.

2 **faire irruption chez qn:** bei jdm. eindringen. • 10 **banal, e:** unauffällig. • 13 **le portrait:** hier: Profil. • **habituel, le:** üblich. • 14 **le monte-en-l'air:** Fassadenkletterer. • 16 **un entourage:** Umfeld, Bekanntenkreis, Bekanntschaft. • 17 **toiser qn:** jdn. mustern. • 19 **vu** (+ subst.): angesichts. • **noter qc:** etwas bedenken. • 20 **gâteux, -euse:** vertrottelt, verkalkt, tattrig. • 23 **géopolitique:** geopolitisch. • **le Moyen-Orient:** Mittlerer Osten. • 24 **en pleine forme:** hier: geistig und körperlich voll auf der Höhe, in bester Verfassung.

Vous me ferez donc le plaisir de croire que je n'ai pas l'habitude d'oublier à qui je confie mes clés.

Étonnés, craignant sa colère, ils hochèrent la tête avec respect.

– Excusez-nous, madame, nous devons envisager toutes les hypothèses. Nous avons parfois affaire à des personnes fragiles qui …

– Certes, tout à l'heure, j'ai perdu mon sang-froid …

– Vous vivez seule, ici?

– Non, je suis mariée.

– Où est votre mari?

Elle regarda le policier avec une surprise amusée: elle découvrait qu'on ne lui avait pas posé cette question toute simple – où est votre mari? – depuis longtemps.

Elle sourit:

– En voyage au Moyen-Orient. Il est grand reporter.

Les policiers marquèrent leur considération pour le métier de Charles par des yeux épatés et un silence concerné. Le plus âgé continua néanmoins son enquête:

– Est-ce que votre mari, justement, n'aurait pas pu prêter son trousseau à quelqu'un qui …

1 **vous me ferez le plaisir de croire:** etwa: Sie können mir wirklich glauben. • 2 **confier qc à qn:** jdm. etwas anvertrauen. • 3 **hocher la tête:** mit dem Kopf nicken. • 6 **avoir affaire à qn:** es mit jdm. zu tun haben. • 7 **fragile:** labil, nicht sehr belastbar. • 8 **le sang-froid:** Fassung, Beherrschung. • 18 **marquer qc:** etwas bekunden, etwas zum Ausdruck bringen. • **la considération:** Achtung. • 19 **épaté, e:** staunend, beeindruckt, verblüfft. • 20 **concerné, e:** betreten, betroffen (Schweigen). • **néanmoins:** dennoch, trotzdem. • 23 **le trousseau (de clés):** Schlüsselbund.

– Qu'allez-vous imaginer? Il m'aurait prévenue.

– Je ne sais pas.

– Non, il m'aurait prévenue.

– Pouvez-vous l'appeler afin d'en être sûre?

Odile refusa de la tête.

– Il n'aime pas qu'on le joigne quand il est au bout du monde. Surtout pour une histoire de clés. C'est ridicule.

– Est-ce la première fois qu'une telle chose arrive?

– La vieille? Non. C'est au moins la troisième fois.

– Expliquez-nous.

– Les fois précédentes, je me suis dit que j'avais mal vu, que ce n'était pas possible. Exactement ce que vous vous pensez en ce moment. Or ce coup-ci, je sais bien que je n'ai pas rêvé: elle m'a tellement fait peur. Remarquez, je lui ai fait peur aussi!

– Alors je n'ai qu'un seul conseil, madame Versini: changez immédiatement vos clés et vos serrures. Ainsi, vous pourrez dormir tranquille. Un jour ou l'autre, peut-être quand votre mari reviendra, vous aurez l'élucidation de cette intrusion. D'ici là, vous pourrez dormir tranquille.

Odile approuva, remercia les policiers et les raccompagna.

Par réflexe, elle ouvrit un nouveau paquet de cigarettes, brancha la télévision sur sa chaîne préférée,

5 **refuser de la tête:** ablehnend den Kopf schütteln. • 6 **joindre qn:** mit jdm. Verbindung aufnehmen. • 14 **ce coup-ci:** diesmal. • 21 **une élucidation:** Aufklärung. • **une intrusion:** Eindringen. • **d'ici là:** bis dahin. • 23 f. **raccompagner qn:** jdn. zur Tür begleiten. • 26 **brancher:** einstellen (Fernseher). • 26 f. **la chaîne de l'information continue:** Nachrichtensender.

celle de l'information continue, puis se mit à réfléchir en prenant le problème par plusieurs bouts.

Après une heure, constatant que ses hypothèses n'aboutissaient à rien, elle décrocha son téléphone et prit rendez-vous avec un serrurier pour le lendemain.

– Deux mille deux cents morts, annonçait le journaliste en fixant les téléspectateurs. L'été se révèle meurtrier.

Ses clés dans la poche de sa jupe, rassurée sur son propre sort depuis qu'elle se savait fraîchement cadenassée chez elle, Odile s'abandonnait à sa fascination pour les effets pervers du climat. Rivières asséchées. Poissons échoués. Troupeaux accablés. Agriculteurs en colère. Restrictions d'eau et d'électricité. Hôpitaux surchargés. Jeunes internes promus médecins. Pompes

2 **prendre le problème par plusieurs bouts** (m.): das Problem von verschiedenen Seiten betrachten. • 4 **n'aboutir à rien:** zu nichts führen, nichts bringen. • **décrocher le téléphone:** hier: zum Telefon greifen, das Telefon abnehmen. • 5 **le serrurier:** Schlosser. • 6 **annoncer:** verkünden. • 7 **le téléspectateur / la téléspectatrice:** Fernsehzuschauer(in). • 7f. **meurtrier, -ière:** mörderisch. • 10 **le sort:** Schicksal. • 10f. **fraîchement cadenassé, e:** mit neuen Schlössern versorgt (*le cadenas:* Vorhängeschloss). • 11 **s'abandonner à qc:** sich einer Sache hingeben. • **la fascination:** gebanntes Interesse, Faszination. • 12 **pervers, e:** höchst ungewöhnlich, widernatürlich, abartig. • **asséché, e:** ausgetrocknet. • 13 **échouer:** scheitern; hier: stranden, auf dem Trockenen liegen. • **accablé, e:** hier: matt, kraftlos. • 14 **la restriction:** Beschränkung, Rationierung. • 15 **surchargé, e:** überlastet. • **un/une interne:** Assistenzarzt, -ärztin. • **promu, e:** aufgerückt zu; hier: in der Funktion als, tätig als. • 15f. **les pompes funèbres** (f.): Bestattungsinstitut.

funèbres dépassées. Fossoyeurs obligés d'interrompre leurs vacances à la plage. Écologistes fulminant contre le réchauffement de la planète. Elle suivait chaque bulletin comme le nouvel épisode d'un feuilleton palpitant, avide de péripéties, désireuse de nouvelles catastrophes, presque déçue lorsque la situation n'empirait pas. De façon à peine consciente, elle tenait avec volupté la comptabilité des morts. La canicule était un spectacle qui ne la concernait pas mais qui régalait son attention de l'été en la distrayant de son ennui.

Sur son bureau traînaient un livre et plusieurs articles en souffrance. Elle ne se sentait pas l'énergie de s'y consacrer tant qu'éditeurs et rédacteurs en chef ne la matraquaient pas de coups de téléphone pour l'engueuler. Curieux mutisme, du reste … Peut-être

1 **dépassé, e:** überfordert, überlastet. • **le fossoyeur:** Totengräber. • **être obligé, e de faire qc:** gezwungen sein, etwas zu tun. • 2 **un/une écologiste:** Umweltschützer(in). • **fulminer:** toben, wettern, lautstark schimpfen. • 3 **le réchauffement:** Erwärmung. • 4 **le bulletin:** Ausgabe einer Nachrichtensendung, Meldung. • **le feuilleton:** hier: Fernsehserie. • 4f. **palpitant, e:** spannend. • 5 **être avide de qc:** scharf auf etwas sein. • **la péripétie:** überraschende Neuentwicklung, unerwartete Wendung. • **être désireux, -euse de qc:** sich etwas wünschen. • 6f. **empirer:** sich verschlimmern. • 7 **de façon à peine consciente:** fast unbewusst. • 7f. **tenir la comptabilité de qc:** über etwas Buch führen. • **avec volupté** (f.): lustvoll, genussvoll, genüsslich. • 9f. **régaler qn** (vx.): jdn. verwöhnen, jdm. Vergnügen bereiten. • 10 **distraire qn de qc:** jdn. von etwas ablenken. • 12 **traîner:** herumliegen. • 13 **en souffrance** (f.): unerledigt, nicht zu Ende geschrieben. • 14 **se consacrer à qc:** sich einer Sache widmen. • 15 **matraquer qn de qc:** jdn. mit etwas bombardieren, jdm. mit etwas die Hölle heiß machen (*la matraque:* Polizeiknüppel). • 15f. **engueuler qn** (fam.): jdn. anfahren, anschnauzen. • 16 **le mutisme:** Schweigen.

étaient-ils, eux aussi, écrasés de chaleur? Ou morts? Dès qu'elle aurait le temps – ou l'envie –, elle leur donnerait un coup de fil.

Elle zappa sur les chaînes arabes, froissée que ces dernières s'intéressent si peu à la situation européenne. Il faut dire que, pour eux, la chaleur …

Par acquit de conscience, elle décida de boire un verre d'eau et c'est en se dirigeant vers la cuisine qu'elle eut de nouveau un sentiment étrange: l'intruse était là!

Elle revint sur ses pas, regarda rapidement alentour. Rien. Pourtant, il lui semblait … Un quart de seconde le visage de la vieille lui était apparu, sans doute réfléchi sur une lampe, l'angle d'un miroir ou le vernis d'une commode. L'image avait frappé son cerveau.

Pendant l'heure qui suivit, elle ausculta son appartement de fond en comble. Ensuite elle vérifia au moins à dix reprises que les anciennes clés ne pouvaient en aucun cas permettre d'ouvrir les nouvelles serrures. Rassurée enfin, elle conclut qu'elle avait imaginé voir la vieille femme.

1 **être écrasé, e de chaleur** (f.): etwa: wie gelähmt vor Hitze sein. • 3 **donner un coup de fil à qn** (fam.): jdn. anrufen. • 4 **zapper** (angl.): von Programm zu Programm schalten, zappen. • **froissé, e:** gekränkt; hier: enttäuscht. • 7 **par acquit** (m.) **de conscience** (f.): zur Gewissensberuhigung. • 11 **revenir sur ses pas** (m.): umkehren, kehrtmachen. • 11 f. **regarder alentour:** sich umschauen. • 12 f. **un quart de seconde** (f.): etwa: für den Bruchteil einer Sekunde. • 14 **réfléchi, e:** widergespiegelt, reflektiert. • 15 **le vernis:** Firnis, (glänzender) Lack. • 15 f. **frapper le cerveau de qn:** sich jdm. einprägen. • 17 **ausculter qc:** etwas abhören; hier: (fig.) etwas durchsuchen. • 18 **de fond en comble** (m.): gründlich. • 19 **à dix reprises** (f.): zehnmal.

Elle regagna le salon, alluma la télévision et c'est là, en marchant vers son canapé, qu'elle l'aperçut distinctement dans le couloir. Comme la dernière fois, la vieille femme se figea, paniqua et s'enfuit.

Odile se jeta sur le canapé et saisit le téléphone le plus proche. La police promit son intervention rapide.

En l'attendant, Odile n'éprouvait plus les sentiments de la veille. Auparavant, sa peur avait quelque chose de précis, elle visait l'inconnue du placard à balais et ses motivations. Dorénavant, la peur avait cédé la place à la terreur. Odile se trouvait confrontée à un mystère: comment était-elle revenue aujourd'hui alors que le système de fermeture avait été entièrement renouvelé?

Les policiers la découvrirent en état de choc. Puisqu'ils étaient venus la veille, ils comprirent ce qu'ils devaient chercher dans l'appartement.

Elle ne fut pas surprise lorsqu'ils la rejoignirent au salon après leur fouille pour lui annoncer qu'ils n'avaient vu personne.

– C'est épouvantable, expliqua-t-elle. On a changé les serrures ce matin, personne d'autre que moi ne possède le nouveau jeu de clés et cette femme a quand même trouvé le moyen d'entrer et de sortir.

1 **regagner (un lieu):** (an einen Ort) zurückkehren. • 4 **se figer:** erstarren. • 6 **une intervention:** Eingreifen, Zugriff. • 8 **auparavant:** vorher, früher. • 9 **viser qc:** auf etwas zielen, sich auf etwas konzentrieren. • 10 **dorénavant:** künftig; hier: jetzt, nun. • 10f. **céder la place à qc:** einer Sache weichen. • 11 **se trouver confronté, e à qc:** mit etwas konfrontiert sein, sich einer Sache gegenübersehen. • **le mystère:** Rätsel. • 12 **alors que:** obwohl, wo doch • 12f. **le système de fermeture** (f.): Schließanlage, sämtliche Schlösser. • 17 **rejoindre qn:** jdn aufsuchen. • 18 **la fouille:** Durchsuchung.

Ils s'assirent en face d'elle pour prendre des notes.

– Madame, excusez-nous d'insister: êtes-vous vraiment certaine d'avoir revu cette vieille femme?

– Je savais que vous alliez dire cela. Vous ne me croyez pas … Moi non plus je ne me croirais pas si je ne l'avais pas vécu. Je ne peux pas vous blâmer de me prendre pour une folle … je comprends … je comprends trop bien … Vous allez sans doute me conseiller d'aller voir un psychiatre, non, ne protestez pas, c'est ce que j'ajouterais à votre place.

– Non, madame. Nous nous en tenons aux faits. Cette vieille femme, est-ce bien celle d'hier?

– Habillée différemment.

– Ressemble-t-elle à quelqu'un?

La question confirma à Odile que les policiers étaient en train de penser qu'elle relevait de la psychiatrie. Pouvait-elle les blâmer?

– Si vous deviez la décrire, à qui vous ferait-elle penser?

Odile songea: si je leur avoue qu'elle me rappelle vaguement ma mère, ils vont me considérer définitivement comme une démente.

– À personne. Je ne la connais pas.

– Et que veut-elle, à votre avis?

1 **prendre des notes** (f.): sich Notizen machen. • 2 **insister:** hier: (noch einmal) nachfragen, nachstoßen. • 6 **blâmer qn de faire qc:** jdm. vorwerfen, etwas zu tun; jdn. wegen etwas zurechtweisen. • 15 **confirmer:** ein Beweis sein für, unter Beweis stellen, bestätigen. • 16 **être en train de faire qc:** hier: drauf und dran sein, etwas zu tun. • 16f. **relever de la psychiatrie:** reif für die Psychiatrie sein. • 20 **songer:** hier: nachdenken, überlegen. • 22 **le dément / la démente:** Verrückte(r).

– Je n'en sais rien, je vous dis que je ne la connais pas.

– Que craignez-vous d'elle?

– Écoutez, cher monsieur, ne tentez pas une psychanalyse sauvage avec moi! Vous n'êtes pas thérapeute et je ne suis pas malade. Cette personne n'est pas une projection de mes craintes ou de mes fantasmes mais une intruse qui pénètre chez moi pour je ne sais quelle raison.

Parce que Odile s'emportait, les policiers marmonnèrent de vagues excuses et c'est alors qu'Odile eut une révélation.

– Mes bagues! Où sont mes bagues?

Elle se précipita vers la commode qui jouxtait le téléviseur, ouvrit le tiroir et brandit une coupelle vide.

– Mes bagues ne sont plus là!

L'attitude des policiers changea immédiatement. Ils ne la prenaient plus pour une dérangée, le cas entrait de nouveau dans leur routine rationnelle.

Elle énuméra et décrivit ses bagues, chiffra leur valeur, ne put s'empêcher de préciser à quelle occasion

3 **tenter qc:** etwas ausprobieren. • 3f. **une psychanalyse sauvage:** spontane, unfachmännische Deutung (*la psychanalyse:* Psychoanalyse). • 6 **la projection:** Abbild, Projektion. • **le fantasme:** Phantasievorstellung. • 7 **pénétrer chez qn:** bei jdm. eindringen. • 9 **s'emporter:** sich aufregen, zornig werden. • 9f. **marmonner qc:** etwas murmeln. • 10 **vague:** undeutlich. • 11 **la révélation:** Erleuchtung, Offenbarung. • 13 **se précipiter vers qc:** auf etwas zustürzen. • **jouxter qc:** neben etwas stehen, neben etwas platziert sein. • 14 **la coupelle:** kleine Schale. • 17 **le dérangé / la dérangée:** Geistesgestörte(r). • **entrer:** hier: gehören zu. • 18 **la routine:** Berufsalltag, Routine. • **rationnel, le:** rational fassbar. • 19 **chiffrer qc:** etwas beziffern. • 20 **ne pouvoir s'empêcher de faire qc:** sich nicht verkneifen können, etwas zu tun; es nicht lassen können, etwas zu tun.

son mari les lui avait offertes, et signa le procès-verbal.

– Quand rentre votre mari?

– Je ne sais pas. Il ne me prévient pas.

– Ça ira, madame?

– Oui, ne vous tourmentez pas, ça ira.

Quand ils la quittèrent, tout était redevenu banal, l'intruse s'étant réduite à une vulgaire voleuse qui opérait avec une discrétion déconcertante; mais cette banalité brisa les nerfs d'Odile qui céda à une crise de larmes.

– Deux mille sept cents morts de la canicule. On soupçonne le gouvernement de cacher les vrais chiffres.

Odile, elle aussi, en était persuadée. D'après ses propres calculs, le nombre aurait dû se montrer plus élevé. N'avait-elle pas aperçu, ce matin encore, dans les gouttières de la cour, deux cadavres de moineaux?

La sonnette retentit.

Puisque l'interphone extérieur n'avait pas sonné,

1 f. **le procès-verbal:** Polizeibericht, Protokoll. • 6 **se tourmenter:** sich große Sorgen machen. • 8 **se réduire à …:** sich lediglich als … entpuppen. • **vulgaire:** hier: gewöhnlich. • 9 **opérer:** vorgehen, zu Werke gehen. • **la discrétion:** Unauffälligkeit. • **déconcertant, e:** verwirrend, beunruhigend. • 10 **briser les nerfs** (m.) **de qn:** jdn. entnerven. • 10 f. **céder à une crise de larmes** (f.): in einen Weinkrampf verfallen (*céder à qn, qc:* jdm., einer Sache nachgeben). • 12 f. **soupçonner qn de faire qc:** jdn. im Verdacht haben, etwas zu tun. • 13 **cacher qc:** hier: etwas vertuschen. • 15 **se montrer:** hier: ausfallen. • 17 **la gouttière:** Dachrinne. • **le cadavre:** Leiche. • **le moineau:** Spatz. • 18 **retentir:** ertönen.

c'était soit un voisin, soit son mari. Celui-ci, bien que possédant les clés, avait l'habitude de rester dans le couloir et de sonner pour annoncer qu'il rentrait de mission afin de ne pas trop surprendre Odile.

– Mon Dieu, si ça pouvait être lui!

Lorsqu'elle ouvrit la porte, elle vacilla de joie.

– Oh mon chéri, quel plaisir de te voir. Tu ne pouvais arriver à un meilleur moment.

Elle se jeta contre lui et voulut l'embrasser sur la bouche, cependant lui, sans la repousser, se contenta de la serrer dans ses bras. «Il a raison, pensa Odile, je suis dingue de m'exciter comme ça.»

– Comment vas-tu? Comment s'est passé ton voyage? Où étais-tu déjà?

Il répondait à ses questions, or elle avait du mal à écouter ses réponses; elle peinait aussi à poser les bonnes questions. À deux ou trois regards noirs qu'il lui adressa, suivis de soupirs appuyés, elle sentit qu'elle l'agaçait un peu. Mais elle n'arrivait pas à se concentrer tant elle le trouvait beau. Effet de l'absence? Plus elle le contemplait, plus elle l'estimait irrésistible. Trente ans, brun, pas un cheveu blanc, la

2 **une habitude:** Gewohnheit. • 3 f. **rentrer de mission** (f.): von einer Dienstreise zurückkehren. • 6 **vaciller:** schwanken. • 9 **se jeter contre qn:** sich jdm. an die Brust werfen. • 10 **se contenter de faire qc:** sich damit begnügen, etwas zu tun. • 12 **dingue** (fam.): verrückt. • **s'exciter:** sich aufregen. • 15 **avoir du mal à faire qc:** Mühe haben, etwas zu tun, etwas nur mit Mühe tun können. • 16 **elle peinait ...:** es fiel ihr schwer ... • 17 **noir, e:** finster (Blick). • 18 **adresser à qn:** jdm. zuwerfen (Blick). • **le soupir:** Seufzer. • **appuyé, e:** hier: tief. • 19 **agacer qn:** jdm. auf die Nerven gehen. • 21 **contempler qn:** hier: jdn. mit Bewunderung betrachten. • **estimer:** halten für, empfinden als. • 21 f **irrésistible:** unwiderstehlich.

peau tannée et saine, des mains précises et longues, un dos puissant terminé par une taille étroite … Quelle chance elle avait!

Elle décida de se délester d'emblée de la mauvaise nouvelle.

– Nous avons été cambriolés.

– Quoi?

– Oui. On a volé mes bagues.

Elle raconta l'histoire. Il l'écouta patiemment sans poser de questions ni rien remettre en doute. Odile nota avec satisfaction la différence de réaction entre son époux et les policiers. «Lui, au moins, il me croit.»

Lorsqu'elle eut achevé, il se dirigea vers leur chambre.

– Tu veux prendre une douche? demanda-t-elle.

Il ressortit immédiatement de la chambre avec une boîte contenant les bagues.

– Les voilà, tes bagues.

– Quoi?

– Oui, il m'a suffi d'examiner dans les trois ou quatre endroits où tu as l'habitude de les ranger. Tu n'avais pas vérifié?

– Il me semblait … enfin j'étais sûre … la dernière fois, c'était la commode du salon … à côté de la télévision … comment aurais-je pu oublier?

1 **tanné, e:** gegerbt; hier: sonnengebräunt. • **précis, e:** sorgfältig; hier: ebenmäßig, feingliedrig. • 4 **se délester de qc:** etwas loswerden. • **d'emblée:** sofort. • 6 **cambrioler qn:** bei jdm. einbrechen. • 10 **remettre qc en doute:** etwas anzweifeln, etwas bezweifeln. • 16 **ressortir:** wieder herauskommen. • 20 **suffire à qn de faire qc:** nur etwas machen müssen. • **examiner:** genau nachsehen.

– Allons, ne te fâche pas. Cela arrive à tout le monde d'oublier.

Il s'approcha d'elle et l'embrassa sur la joue. Odile demeura surprise: surprise d'avoir été si niaise, surprise que sa niaiserie provoque la gentillesse de Charles.

Elle se précipita à la cuisine pour lui préparer à boire puis revint avec un plateau. Elle remarqua alors qu'il n'avait déposé aucun sac dans le hall d'entrée.

– Où sont tes bagages?

– Pourquoi veux-tu que j'aie des bagages?

– Tu reviens de voyage.

– Je ne loge plus ici.

– Pardon?

– Il y a longtemps que je n'habite plus ici, tu n'avais pas remarqué?

Odile posa le plateau et s'appuya sur le mur pour reprendre son souffle. Pourquoi lui parlait-il si durement? Oui, bien sûr, elle avait plus ou moins remarqué qu'ils ne se voyaient pas souvent mais de là à clamer qu'ils ne vivaient plus ensemble. Qu'est-ce que …

Elle se laissa glisser sur le sol et se mit à sangloter. Il s'approcha, la prit dans ses bras et redevint gentil:

– Allons, ne pleure pas. Ça ne sert à rien de pleurer. Et je n'aime pas te voir comme ça.

– Qu'ai-je fait? Qu'ai-je fait de mal? Pourquoi tu ne m'aimes plus?

4 **niais, e:** albern, dumm. • 5 **la niaiserie:** Albernheit. • 18 **reprendre son souffle** (m.): nach Luft ringen. • 20f. **clamer:** laut hinausschreien, mit Vehemenz beteuern. • 22 **se laisser glisser:** sich sinken lassen. • **sangloter:** schluchzen.

– Arrête tes bêtises. Tu n'as rien fait de mal. Et je t'aime beaucoup.

– C'est vrai?

– C'est vrai.

– Autant qu'avant?

Il prit le temps de répondre car ses yeux s'embuèrent de larmes tandis qu'il lui caressait les cheveux.

– Peut-être plus qu'avant …

Odile resta un ample moment, rassurée, contre sa poitrine puissante.

– Je vais partir, dit-il en la relevant.

– Quand reviens-tu?

– Demain. Ou dans deux jours. S'il te plaît: ne t'inquiète pas.

– Je ne m'inquiète pas.

Charles s'en alla. Odile avait le cœur serré: où allait-il? Et pourquoi avait-il un masque si triste?

En revenant au salon, elle saisit sa coupe de bagues et choisit de la ranger dans la commode de sa chambre. Cette fois-ci, elle n'oublierait pas.

– Quatre mille morts de la canicule.

Décidément, l'été se révélait passionnant. Depuis

6f. **s'embuer de larmes** (f.): tränenfeucht werden (Augen). • 10 **ample:** lang, lang andauernd. • 17 **elle avait le cœur serré:** ihr war schwer ums Herz. • 18 **le masque:** Maske; hier: Gesicht. • 20 **choisir de faire qc:** sich entscheiden, etwas zu tun. • 23 **passionnant, e:** begeisternd, spannend. • **depuis:** von … aus.

son appartement où fonctionnait en permanence l'air conditionné – quand Charles l'avait-il installé, déjà? –, Odile suivait le roman journalistique en enchaînant les cigarettes blondes.

Depuis bien longtemps, elle s'était entendue avec la concierge pour que celle-ci lui fasse ses courses. De temps en temps, moyennant quelques billets, elle lui préparait des repas, Odile n'ayant jamais été une grande cuisinière. Charles prenait-il ses distances à cause de ça? Ridicule …

C'était la première fois qu'il lui infligeait cette punition: revenir à Paris et loger ailleurs. Elle s'escrimait à chercher dans leur passé récent ce qui pouvait justifier ce comportement et elle ne trouvait rien.

Mais ce n'était pas sa seule préoccupation: la vieille dame était revenue.

À plusieurs reprises.

Toujours la même chose: elle surgissait et disparaissait.

Odile n'osait plus appeler la police à cause de l'histoire des bagues: il aurait fallu avouer qu'elle les avait retrouvées. Certes, elle aurait pu la contacter car, si

1 **en permanence** (f.): ständig. • 1 f. **un air conditionné:** Klimaanlage. • 3 f. **enchaîner les cigarettes** (f.): eine Zigarette nach der anderen rauchen. • 4 **blond, e:** hier: hell (Zigarettentabak). • 5 **s'entendre avec qn:** sich mit jdm. abstimmen, sich mit jdm. absprechen. • 7 **moyennant:** mittels; hier: für. • 9 **prendre ses distances** (f.): auf Distanz gehen. • 11 **infliger qc à qn:** jdm. etwas auferlegen, jdn. mit etwas belegen (Strafe). • 12 **s'escrimer à faire qc:** sich abmühen, etwas zu tun. • 13 **justifier qc:** etwas rechtfertigen. • 15 **la préoccupation:** Sorge. • 18 **surgir:** plötzlich auftauchen. • 22 **contacter qn:** mit jdm. in Verbindung treten, mit jdm. Kontakt aufnehmen.

elle s'était trompée, elle n'escroquait personne: après la visite de Charles, elle avait jeté à la poubelle la déclaration de vol destinée à l'assurance …

Elle sentait néanmoins que les policiers ne la croiraient plus.

D'autant qu'elle avait enfin découvert la raison qui attirait l'intruse – et ça aussi, les policiers auraient du mal à le croire! L'intruse n'était pas dangereuse, ce n'était ni une voleuse, ni une criminelle, cependant elle avait récidivé suffisamment souvent pour que son manège fût clair: la vieille dame entrait ici pour changer les objets de place.

Oui. Aussi bizarre que cela paraisse, c'était l'unique but de ses visites surprises.

Non seulement les bagues qu'à chaque fois Odile croyait volées étaient retrouvées quelques heures plus tard dans une autre pièce, mais la vieille dame les cachait en des endroits de plus en plus aberrants, le dernier étant la glacière du réfrigérateur.

«Des diamants au fond d'une glacière! Que lui passe-t-il par la tête?»

Odile était arrivée à conclure que la vieille dame, si elle n'était pas criminelle, était méchante.

«Ou folle! Complètement folle! Pourquoi prendre tant de risques pour des blagues aussi absurdes! Un jour, je vais la coincer et je finirai par comprendre.»

1 **escroquer qn:** jdn. betrügen. • 2 f. **la déclaration de vol** (m.): Diebstahlsanzeige. • 6 **d'autant que:** zumal. • 10 **récidiver:** rückfällig werden. • 11 **le manège** (fig.): Spielchen, Machenschaft(en). • 11 f. **changer qc de place:** etwas verräumen. • 18 **aberrant, e:** abwegig. • 19 **la glacière:** Eisfach (Kühlschrank). • 25 **la blague:** Scherz. • 26 **coincer qn:** jdn. erwischen, jdn. festnageln.

La sonnette retentit.

– Charles!

Elle ouvrit la porte et découvrit Charles sur le palier.

– Ah quel bonheur! Enfin!

– Oui, excuse-moi, je n'ai pas pu revenir aussi vite que je te l'avais promis.

– Ce n'est pas grave, tu es pardonné.

En entrant dans l'appartement, il fit surgir une jeune femme derrière lui.

– Tu reconnais Yasmine?

Odile n'osa pas le contrarier en avouant qu'elle ne se souvenait pas de la jolie brune élancée qui le suivait. Ah, cette infirmité de n'avoir aucune mémoire des physionomies … «Pas de panique. Ça va me revenir», pensa-t-elle.

– Bien sûr. Entrez.

Yasmine avança, embrassa Odile sur les joues et, pendant cette étreinte, Odile, si elle n'arriva pas à l'identifier, sentit en tout cas qu'elle la détestait.

On passa au salon où l'on se mit à parler de la canicule. Odile se prêtait vaillamment à la conversation quoique son esprit ne pût s'empêcher de vagabonder en dehors des phrases échangées. «C'est absurde,

3f. **le palier:** Treppenabsatz. • 9 **faire surgir qn:** etwa: den Blick auf jdn. freimachen. • 12 **contrarier qn:** jdn. verärgern, jdn. verstimmen. • 13 **élancé, e:** schlank. • 14 **une infirmité:** Schwäche, Gebrechen. • 14f. **avoir la mémoire des physionomies** (f.): ein Gedächtnis für Gesichter haben. • 15f. **revenir à qn:** jdm. wieder einfallen. • 19 **une étreinte:** Umarmung. • 20 **identifier qn:** jdn. identifizieren. • 22 **vaillamment:** tapfer. • 23 **vagabonder:** abschweifen.

nous devisons à propos du temps sur un ton mondain en présence d'une inconnue alors que nous avons, Charles et moi, tant de choses à nous dire.» Soudain, elle interrompit la discussion et fixa Charles.

– Dis-moi, ce qui te manque, ce sont des enfants?

– Quoi?

– Oui. Je me demandais ces jours-ci ce qui clochait entre nous et il m'est venu à l'esprit que tu voulais sans doute des enfants. D'ordinaire, les hommes en désirent moins facilement que les femmes … Veux-tu des enfants?

– J'en ai.

Odile crut avoir mal entendu.

– Quoi?

– J'ai des enfants. Deux. Jérôme et Hugo.

– Pardon?

– Jérôme et Hugo.

– Quel âge ont-ils?

– Deux et quatre ans.

– Avec qui les as-tu eus?

– Avec Yasmine.

Odile se tourna vers Yasmine qui lui sourit. «Odile, réveille-toi, tu cauchemardes, là, ce n'est pas la réalité.»

– Vous … vous … vous avez eu deux enfants ensemble?

1 **deviser sur un ton mondain:** etwa: in gepflegtem Ton plaudern (*deviser,* litt.: sich unterhalten; *mondain, e:* die angesehenen Gesellschaftsschichten betreffend). • **à propos de:** über. • 7 **clocher:** haken, nicht klappen. • 8 **venir à l'esprit de qn:** jdm. in den Sinn kommen. • 9 **d'ordinaire:** meistens, üblicherweise. • 23 **cauchemarder:** einen bösen Traum haben.

– Oui, confirma l'intrigante en croisant élégamment ses jambes, comme si de rien n'était.

– Et vous venez chez moi, sans gêne, avec un sourire, pour me le dire? Vous êtes des monstres!

La suite se montra confuse. Odile était tellement secouée par le chagrin qu'entre ses cris et ses larmes elle ne comprenait plus rien de ce qu'on proférait autour d'elle. Plusieurs fois, Charles tenta de la prendre dans ses bras; chaque fois, elle le repoussa avec virulence.

– Traître! Traître! C'est fini, tu m'entends, c'est fini! Pars! Mais pars donc!

Plus elle tentait de l'éloigner, plus il s'accrochait à elle.

On dut appeler un médecin, allonger Odile sur son lit et lui administrer de force un sédatif.

– Douze mille morts de la canicule.

– Bien fait! jubila Odile devant son poste de télévision.

1 **un intrigant / une intrigante:** Intrigant(in); hinterhältige Person. • 1 f. **croiser (les jambes):** (die Beine) übereinanderschlagen. • 2 **comme si de rien n'était:** so als wäre nichts geschehen. • 3 **sans gêne** (f.): ganz einfach so. • 4 **le monstre:** Ungeheuer, Monster. • 5 **La suite se montra confuse:** Was folgte, erwies sich als chaotisch. • 7 **proférer:** etwas sagen, etwas äußern. • 9 f. **avec virulence** (f.): heftig. • 13 **éloigner qn:** jdn. wegstoßen. • **s'accrocher à qn:** sich an jdn. klammern. • 15 **allonger qn:** jdn. hinlegen. • 16 **administrer qc à qn:** jdm. etwas verabreichen. • **de force** (f.): mit Gewalt. • **le sédatif:** Beruhigungsmittel, Sedativum. • 18 **jubiler:** jubeln.

En quelques jours, les choses avaient empiré: Charles, laissant apparaître la laideur de son caractère, lui demandait de quitter l'appartement.

– Jamais, tu m'entends, lui avait-elle répondu au téléphone, jamais tu ne vivras ici avec ta pouffiasse! Selon la loi, ces murs sont à moi. Et ne te montre plus, je ne t'ouvrirai pas. De toute façon, tu n'as plus les bonnes clés.

Au moins, l'intruse aurait servi à ça! Une providence, cette vieille dame.

Plusieurs fois, Charles avait donc sonné à la porte en tentant de parlementer. Elle avait refusé de l'entendre. Tenace, il lui avait envoyé le médecin.

– Odile, déclara le Dr Malandier, vous êtes épuisée. Ne pensez-vous pas qu'un séjour en maison de repos vous soulagerait? On pourrait mieux s'occuper de vous.

– Je me débrouille seule, merci. Certes, à cause de ces problèmes, je suis en retard dans la livraison de mes articles, cependant je me connais: en quelques nuits, dès que j'irai mieux, je rédigerai tout d'un bloc.

– Justement, pour aller mieux, ne pensez-vous pas qu'une maison de repos …

– A l'heure actuelle, docteur, on meurt dans les maisons de repos. Parce qu'elles ne sont pas climatisées. Ici, c'est climatisé. Vous ne suivez pas les actuali-

5 **la pouffiasse** (vulg., péj.): Flittchen, Schlampe. • 9f. **la providence:** Vorsehung; hier: rettender Engel. • 12 **parlementer:** verhandeln. • 13 **tenace:** zäh, hartnäckig. • 15 **la maison de repos:** Erholungsheim. • 16 **soulager qn:** jdn. erleichtern; hier: jdm. gut tun. • 19 **être en retard** (m.): hier: in Verzug sein. • 21 **d'un bloc:** in einem Zug. • 25f. **être climatisé, e:** klimatisiert sein, eine Klimaanlage haben.

tés? Il y a une canicule. Plus dévastatrice qu'un cyclone. Maison de repos? Maison de souffrance, oui. Mouroir. Maison de morts. C'est lui qui vous envoie pour me tuer?

– Allons, Odile, ne dites pas de sornettes. Si l'on vous trouvait une maison de repos bien climatisée ...

– Oui, on me drogue, on me transforme en légume et mon mari en profite pour récupérer cet appartement afin d'y vivre avec sa grognasse! Jamais! L'Arabe et ses enfants? Jamais. Parce que vous saviez, vous, qu'il a eu deux enfants avec elle?

– Vous êtes tellement à bout, Odile, qu'il va arriver un moment où on ne vous demandera plus votre avis, on vous emmènera de force.

– Eh bien, voilà, vous avez compris: il faudra m'emmener de force. Rien ne se produira avant. Maintenant partez et ne revenez plus. A partir d'aujourd'hui, je change de médecin.

Ce soir-là, de colère, Odile songea à mettre fin à ses jours et ne fut retenue que par l'idée que ça arrangerait trop bien son mari et cette horrible Yasmine.

Non, Odile, remets-toi. Après tout, tu es jeune ...

1 **dévastateur, -trice:** verheerend. • 1 f. **le cyclone:** Wirbelsturm • 3 **le mouroir** (péj.): Sterbeheim. • 5 **des sornettes** (f.): dummes Zeug. • 7 **droguer qn:** hier: jdn. mit Medikamenten vollpumpen. • **transformer qn en légume** (m.): jdn. gaga, apathisch machen. • 8 **récupérer qc:** etwas übernehmen, etwas in Besitz nehmen. • 9 **la grognasse** (fam.): Schlampe. • 12 **être à bout:** am Ende sein. • 16 **se produire:** hier: stattfinden, geschehen. • 19 f. **mettre fin à ses jours:** seinem/ihrem Leben ein Ende machen. • 20 f. **bien arranger qn:** jdm. gut in den Kram passen, jdm. voll reinlaufen. • 22 **remets-toi:** etwa: komm zu dir, reiß dich zusammen.

quel âge? … Trente-deux ou trente-trois … ah, j'oublie toujours, tu as encore la vie devant toi, tu rencontreras un autre homme et tu fonderas une famille avec des enfants. Ce Charles ne te méritait pas, mieux valait le découvrir vite. Imagine que tu te sois obstinée jusqu'à la ménopause …

Elle éprouva soudain le besoin d'en bavarder avec Fanny, sa meilleure amie. Depuis combien de temps ne l'avait-elle pas appelée? Avec cet été de canicule, elle avait un peu perdu le sens du temps. A l'unisson de la nation, sans doute souffrait-elle davantage de la torpeur qu'elle ne le croyait malgré le repli dans son appartement ombragé? Elle saisit son carnet de téléphone puis le rejeta au loin.

– Pas besoin de vérifier le numéro de Fanny. S'il y en a un que je sais par cœur, c'est bien celui-là.

Elle le forma sur le cadran et une voix qui sortait du sommeil lui répondit.

– Oui?

– Excusez-moi de vous déranger, je voudrais parler à Fanny.

– Fanny?

– Fanny Desprées. Me serais-je trompée de numéro?

– Fanny est morte, madame.

– Fanny! Quand?

4 **mériter:** verdienen. • 5 **s'obstiner:** hier: sich (in etwas) verrennen. • 6 **la ménopause:** Wechseljahre. • 10 **le sens du temps:** Zeitgefühl. • 10f. **à l'unisson de:** auf die gleiche Weise wie, im Einklang mit. • 12 **la torpeur:** Starre, Lethargie, Benommenheit. • **le repli:** Rückzug, Abkapselung. • 13 **ombragé, e:** schattig. • 17 **le cadran:** Wählscheibe (Telefon). • 17f. **qui sortait du sommeil:** verschlafen klingend (Stimme).

– Il y a dix jours. Déshydratée.

La canicule! Alors qu'Odile comptabilisait sottement les morts devant son poste de télévision, elle n'avait pas songé une seconde que son amie se trouvait victime du carnage. Elle raccrocha sans pouvoir ajouter un mot ni demander un détail.

Fanny, sa douce Fanny, compagne de lycée, Fanny qui avait déjà, elle, deux enfants ... Deux nourrissons ... Quelle tragédie! Et si jeune, née la même année qu'elle ... Ainsi, il n'y avait pas que les vieillards et les bébés qui succombaient, mais aussi des adultes dans leur maturité ... Qui lui avait répondu au téléphone? Elle n'identifiait pas ce timbre éraillé ... un vieil oncle de la famille, sans doute.

Traumatisée, Odile ingurgita une bouteille d'eau avant de se retirer dans sa chambre pour pleurer.

– Quinze mille morts, annonça le présentateur avec le visage carré d'une porte en fer.

– Bientôt quinze mille et une, soupira Odile en avalant la fumée de sa cigarette, car je ne sais pas si j'ai envie de rester dans un monde aussi laid.

1 **déshydraté, e:** ausgetrocknet, dehydriert. • 2 **comptabiliser:** über etwas Buch führen. • 2f. **sottement:** töricht, dumm. • 5 **le carnage:** Gemetzel; hier: Massensterben. • 8f. **le nourrisson:** Säugling. • 12 **la maturité:** Reife; hier: mittleres Alter, die besten Jahre. • 13 **éraillé, e:** heiser, rauh. • 15 **traumatisé, e:** erschüttert. • **ingurgiter qc:** etwas gierig verschlingen, hinunterschütten. • 16 **se retirer:** sich zurückziehen. • 17 **le présentateur / la présentatrice:** Nachrichtensprecher(in). • 19f. **avaler qc:** etwas hinunterschlucken; hier: etwas inhalieren (Tabakrauch).

Aucun espoir de refroidissement, nul orage à l'horizon, ajoutait le journaliste. La terre craquait de douleur.

Pour Odile non plus, aucune issue ne se profilait. Maintenant, l'intruse venait plusieurs fois par jour et mélangeait malignement les affaires d'Odile qui ne retrouvait plus rien.

Après le départ de sa concierge au Portugal – c'est inimaginable, le nombre de concierges qu'il doit y avoir en août au Portugal –, ses courses et ses plats cuisinés lui étaient montés par la nièce de celle-ci, une insolente à la démarche molle qui mâchait des chewing-gums et changeait de ceinture du matin au soir, une bêtasse avec qui on ne parvenait pas à échanger trois phrases cohérentes.

Charles ne s'était plus montré. Sans doute était-ce lui qui téléphonait et à qui Odile répondait juste «Non» avant de raccrocher. En outre, il la préoccupait moins. Assez peu même. C'était de l'histoire ancienne. Ou plutôt, c'était comme s'il n'avait jamais existé. Le souci présent d'Odile était de renouveler son inscription à l'université et, sans doute à cause du

1 **le refroidissement:** Abkühlung. • 2 **craquer:** knirschen, krachen, knarren; aufreißen, Risse bekommen (Erde). • 4 **se profiler:** sich abzeichnen. • 6 **malignement:** hinterhältig, böswillig. • 9 **inimaginable:** unvorstellbar. • 11 **cuisiné, e:** (fertig) gekocht, zubereitet. • 12 **un insolent / une insolente:** freche Person. • **à la démarche molle:** mit schlaffem, schlurfendem Gang. • 12f. **le chewing-gum** (angl.): Kaugummi. • 14 **le bêta, la bêtasse** (fam.): Dussel, doofe Person. • 15 **cohérent, e:** zusammenhängend. • 18 **en outre:** im übrigen, außerdem. • **préoccuper qn:** jdn. beschäftigen. • 21 **renouveler qc:** etwas erneuern. • 22 **une inscription à l'université:** Immatrikulation.

personnel remplaçant de l'été, elle n'arrivait pas à joindre la bonne personne pour sa réinscription. Cela l'irritait beaucoup.

Elle avait très envie de se consacrer à ses études maintenant. Lorsqu'elle ne se reposait pas devant la chaîne d'informations permanentes, elle consacrait des heures au travail, lisant des livres sur le Moyen-Orient, travaillant ses langues et songeant vraiment à achever sa thèse dont elle avait entamé l'introduction.

Son professeur de thèse se révélait injoignable. Il semblait que cette catastrophe climatique avait annihilé le pays. Plus rien n'allait normalement. Ses parents non plus ne répondaient pas au téléphone. Chacun avait dû fuir pour se mettre au frais quelque part.

Profitons-en pour nous consacrer à nos tâches essentielles, se disait Odile en s'appliquant à perfectionner pendant des heures la structure de ses paragraphes ou la fluidité de sa phrase. Je me donne une semaine pour boucler mon introduction.

Ça la passionnait tellement qu'elle négligeait de boire suffisamment. De plus, sa climatisation se détra-

1 **le personnel remplaçant:** Vertretungspersonal. • 2 **la réinscription:** erneute Einschreibung. • 3 **irriter qn:** jdn. ärgern, jdn. verärgern. • 6 **se consacrer à qc:** sich einer Sache widmen. • 8 **travailler ses langues** (f.): an seinen/ihren Fremdsprachenkenntnissen arbeiten. • 9 **la thèse:** Doktorarbeit. • **entamer qc:** etwas in Angriff nehmen, etwas beginnen. • 10 **le professeur de thèse:** Doktorvater. • **injoignable:** telefonisch nicht erreichbar. • 11 f. **annihiler qc:** etwas vernichten. • 14 **se mettre au frais:** Kühlung finden. • 16 **s'appliquer à faire qc:** eifrig etwas tun. • 18 **la fluidité:** Fließen, Flüssigkeit. • **la phrase:** Satz; hier: Stil, Ausdrucksweise. • 19 **boucler qc:** etwas abschließen. • 21 **suffisamment:** genug. • 21 f. **se détraquer:** streiken, kaputtgehen, nicht mehr gut funktionieren.

quait: alors qu'elle calait le variateur sur vingt degrés, elle le retrouvait, après avoir souffert plusieurs heures, sur trente degrés, trente-deux degrés, voire sur quinze! Après une recherche malaisée, elle retrouva le mode d'emploi, la garantie, et convoqua l'installateur pour qu'il la lui répare. Celui-ci passa une demi-journée à y travailler et conclut qu'il ne comprenait pas, peut-être y avait-il eu un faux contact, en tout cas chaque appareil avait été vérifié et l'ensemble marcherait dorénavant impeccablement. Or, dès le lendemain, le compteur de chaque pièce annonçait les températures les plus variées et souvent les plus aberrantes.

Odile n'éprouva pas le besoin de rappeler l'artisan car elle avait saisi l'origine de ces dysfonctionnements: l'intruse. Nul doute que la vieillarde devait trouver amusant de modifier dans son dos les instructions.

Puisque Odile commençait à se sentir moulue – le travail, la chaleur, l'oubli de boire –, elle décida de guetter l'intruse, de la surprendre la main dans le sac et de lui régler son compte une fois pour toutes.

1 **caler:** (fest) einstellen. • **le variateur:** Thermostat. • 4 **malaisé, e:** mühsam. • 5 **le mode d'emploi** (m.): Gebrauchsanweisung. • **convoquer qn:** jdn. kommen lassen, jdn. einbestellen. • 8 **le faux contact:** Wackelkontakt. • 10 **dorénavant:** künftig, von nun an. • **impeccablement:** tadellos, fehlerfrei. • 11 **le compteur:** Zähler; hier: Thermostat mit Temperaturanzeige. • 12f. **aberrant, e:** aberwitzig, abwegig. • 15 **saisir l'origine** (f.) **de qc:** den Grund für etwas erkennen. • **le dysfonctionnement:** Fehlerhaftigkeit. • 17 **une instruction:** hier: Einstellung (eines Geräts). • 18 **moulu, e:** gemahlen; hier: todmüde, gerädert. • 20 **guetter qn:** jdm. auflauern. • **surprendre qn la main dans le sac:** jdn. auf frischer Tat ertappen. • 21 **régler son compte à qn:** es jdm. heimzahlen.

Lorsqu'elle fut certaine d'être seule, elle s'embusqua dans le placard à balais, éteignit et attendit.

Combien de temps demeura-t-elle en faction? Elle n'aurait su le dire. À croire que la vieille dame avait deviné qu'on l'attendait ... Après quelques heures, taraudée par la soif, Odile sortit du placard et regagna le salon. Là, Dieu seul sait pourquoi, elle éprouva l'envie subite d'un pastis, ouvrit le bar, se servit un verre, et, après une gorgée, fut attirée par une chose très étrange. Un livre, dans la bibliothèque, portait son nom, Odile Versini, inscrit sur la tranche. Après l'avoir extrait de l'étagère, elle resta confondue par la couverture: il s'agissait de sa thèse, la thèse qu'elle était en train d'écrire. Elle la découvrait complète, terminée, imprimée sur quatre cents pages, publiée par un éditeur prestigieux dont elle n'aurait pas osé rêver.

Qui lui avait fait ce canular?

Elle parcourut les premières pages et pâlit davantage. Elle retrouvait la teneur de son introduction – celle sur laquelle elle planchait depuis des jours – mais aboutie, mieux écrite, davantage maîtrisée.

Que se passait-il?

1 f. **s'embusquer:** sich verstecken, sich verschanzen. • 2 **éteindre:** das Licht ausmachen. • 3 **en faction** (f.): auf der Lauer. • 5 f. **être taraudé, e par qc:** von etwas gequält werden. • 8 **subit, e:** plötzlich, unvermittelt. • **le pastis:** Anisschnaps. • 9 **la gorgée:** Schluck. • 11 **la tranche:** Buchrücken. • 12 **confondu, e:** verwirrt. • 16 **prestigieux, -euse:** namhaft, renommiert. • 17 **le canular** (fam.): Streich, Scherz. • 18 **parcourir:** überfliegen, schnell durchlesen. • **pâlir:** blass werden. • 19 **la** (!) **teneur:** Tenor; hier: Wortlaut, Inhalt. • 20 **plancher sur qc:** über etwas brüten. • 21 **abouti, e:** abgeschlossen, gelungen, stimmig. • **maîtrisé, e:** gelungen, gekonnt.

En relevant la tête, elle aperçut l'intruse. La vieille dame, tranquillement, la toisait.

Non, ce coup-ci, c'est trop.

Rebroussant chemin, elle se précipita dans le placard, saisit la canne de golf qu'elle avait choisie comme arme et revint pour s'expliquer définitivement avec l'intruse.

Devant la fenêtre donnant sur les jardins du Trocadéro, Yasmine contemplait la pluie qui venait réconcilier la terre avec le ciel et suspendre l'épidémie de mort.

Derrière elle, la pièce n'avait pas changé, toujours chargée de livres, contenant des collections précieuses pour quiconque s'intéresse au Moyen-Orient. Ni son mari ni elle n'avaient le temps de changer le décor ou les meubles. Ils entreprendraient les travaux plus tard; en revanche, ils n'avaient pas hésité à quitter le minuscule appartement situé sur le périphérique où ils s'entassaient avec leurs deux enfants pour emménager ici.

Justement, derrière elle, Jérôme et Hugo découm-

4 **rebrousser chemin:** kehrtmachen. • 5 **la canne de golf:** Golfschläger. • 6 **s'expliquer avec qn:** mit jdm. abrechnen. • 9f. **réconcilier qn avec qn:** jdn. mit jdm. versöhnen. • 10 **suspendre qc:** etwas beenden, einer Sache ein Ende bereiten. • 13 **chargé, e de:** hier: voller, voll mit. • 14 **pour quiconque …:** für jeden, der … • 15 **le décor:** Ausstattung. • 16 **entreprendre qc:** etwas vornehmen, etwas ausführen, etwas erledigen. • 17 **en revanche:** dagegen. • 17f. **minuscule:** winzig. • 18 **le périphérique:** Pariser Ringautobahn. • 18f. **s'entasser:** hier: beengt zusammenleben. • 19 **emménager:** einziehen.

vraient les plaisirs d'une télévision alimentée par satellite et ne cessaient de zapper.

– C'est génial, maman, il y a des chaînes arabes!

Ne s'attardant sur aucune émission, ils étaient plus enivrés d'avoir autant de programmes qu'attirés par l'idée d'en suivre un.

De retour, son mari se glissa dans son dos et l'embrassa à la naissance du cou. Yasmine pivota, plaqua sa poitrine contre la sienne. Ils s'enlacèrent.

– Sais-tu que j'ai feuilleté l'album de famille: c'est fou ce que tu ressembles à ton père!

– Ne dis pas ça.

– Pourquoi? Ça te peine parce qu'il est mort en Égypte lorsque tu avais six ans …

– Non, ça me chagrine parce que cela me fait penser à maman. Souvent, elle me prenait pour lui, elle m'appelait Charles.

– N'y songe plus. Pense à ta mère lorsqu'elle était en forme, une intellectuelle brillante, pleine d'esprit et de repartie, qui m'a toujours beaucoup impressionnée. Oublie les deux dernières années.

– Tu as raison. Seule ici, à cause de cette maladie

1 f. **la télévision alimentée par satellite** (m.): satellitengestütztes Fernsehen, Satellitenfernsehen. • 3 **génial, e** (fam.): toll, klasse, geil, cool. • 4 **s'attarder sur qc:** sich bei etwas aufhalten, bei etwas verweilen. • 5 **enivré, e:** total begeistert. • 8 **à la naissance du cou:** am Halsansatz. • **pivoter:** sich umdrehen. • **plaquer:** pressen. • 9 **s'enlacer:** sich umarmen. • 10 **feuilleter qc:** etwas durchblättern. • 13 **peiner qn:** jdm. wehtun, jdn. schmerzen, jdn. traurig machen. • 15 **chagriner qn:** jdm. Kummer machen. • 19 f. **être plein, e de repartie:** sehr wortgewandt sein. • 20 f. **impressionner qn:** jdn. beeindrucken. • 22 f. **la maladie d'Alzheimer:** neurodegenerative Demenzerkrankung, die nach dem deutschen Arzt Alois Alzheimer benannt ist, der sie 1901 erstmals diagnostizierte.

d'Alzheimer, elle ne se reconnaissait plus elle-même … Puisque, à cause de sa mémoire qui s'effaçait, elle rajeunissait, elle prenait pour une intruse la vieille femme qu'elle rencontrait dans les miroirs. Si on l'a retrouvée étendue avec sa canne de golf devant la glace brisée, c'est sans doute parce qu'elle avait voulu menacer l'intruse puis s'en défendre lorsqu'elle a cru que l'autre allait la frapper.

– Nous irons la voir dimanche.

Yasmine caressa les joues de François et ajouta en approchant ses lèvres:

– C'est moins pénible, maintenant, depuis qu'elle est remontée à l'époque d'avant ton père. Elle ne nous confond plus. Quel âge a-t-elle, selon elle?

Il abandonna sa tête contre l'épaule de Yasmine.

– Parfois, j'en viens à souhaiter qu'arrive très vite le jour où ma mère sera redevenue un nouveau-né pour que je la serre dans mes bras. Je lui dirai enfin combien je l'aime. Un baiser d'adieu pour moi. Pour elle, un baiser de bienvenue …

2f. **s'effacer:** dahinschwinden, verlorengehen. • 3 **rajeunir:** jünger werden. • 6 **brisé, e:** zerbrochen. • 16 **j'en viens à souhaiter …:** etwa: ich wünsche mir fast … • 17 **le nouveau-né:** Neugeborenes.

Le faux

On peut dire qu'il y eut deux Aimée Favart. Une Aimée avant la séparation. Une Aimée après.

Lorsque Georges lui annonça qu'il la quittait, Aimée mit plusieurs minutes à s'assurer qu'il ne s'agissait pas d'un cauchemar ou d'une plaisanterie. Était-ce bien lui qui parlait? Était-ce bien à elle qu'il s'adressait? Une fois admis que la réalité lui assénait ce mauvais coup, elle prit encore la peine de vérifier qu'elle demeurait en vie. Ce diagnostic-là fut plus long à établir: son cœur s'était arrêté de battre, son sang de circuler, un froid silence de marbre avait pétrifié ses organes, une raideur empêchait ses yeux de ciller … Mais Georges continuait à se faire entendre d'elle – «tu comprends, ma chérie, je ne peux plus continuer, tout a une fin» –, à se faire voir d'elle – des

1 **le faux:** Fälschung. • 4 **annoncer:** verkünden. • 5 **mettre plusieurs minutes à faire qc:** mehrere Minuten brauchen, um etwas zu tun. • 6 **le cauchemar:** Albtraum. • **la plaisanterie:** Scherz. • 8 **admettre qc:** sich etwas eingestehen. • 8 f. **asséner (un coup):** (einen Schlag) versetzen. • 10 **demeurer en vie** (f.): noch am Leben sein, am Leben bleiben. • **le diagnostic:** Diagnose. • 11 **établir qc:** stellen, erstellen (Diagnose). • **s'arrêter de faire qc:** damit aufhören, etwas zu tun. • 12 **circuler:** zirkulieren, (in den Adern) fließen (Blut). • 12 f. **pétrifier qc:** etwas zu Stein werden lassen, etwas versteinern. • 13 **la raideur:** Starre. • 14 **ciller:** blinzeln. • **continuer à se faire entendre:** weiterhin hörbar, vernehmbar sein.

auréoles de sueur mouillaient sa chemise aux aisselles –, à se faire sentir d'elle – ce chavirant fumet: odeurs de mâle, de savon et de linge rafraîchi à la lavande … Avec surprise, presque avec déception, elle conclut qu'elle survivait.

Doux, empressé, cordial, Georges multipliait des phrases qui répondaient à deux exigences contradictoires: annoncer qu'il partait et prétendre que ce n'était pas si grave.

– Nous avons été heureux ensemble. Mes plus grands bonheurs, je te les dois. Je suis certain que je mourrai en pensant à toi. Cependant je suis chef de famille. M'aurais-tu aimé si j'avais été un homme comme ça, un homme qui se défile, un homme qui néglige ses engagements, femme, maison, enfants, petits-enfants, sur un claquement de doigts?

Elle avait envie de hurler «oui, je t'aurais aimé comme ça, c'est même ce que j'attends de toi depuis le premier jour», pourtant, comme à son habitude, elle ne prononça pas un mot. Ne pas le blesser. Surtout ne pas le blesser. Le bonheur de Georges apparaissait à

1 **une auréole de sueur** (f.): kreisrunder Schweißfleck (*une auréole:* Halo, Hof, Heiligenschein). • **mouiller:** nass machen. • 1 f. **une aisselle:** Achsel. • 2 **chavirant, e:** betörend, aufwühlend. • **le fumet:** Duft(note), Geruch. • 3 **rafraîchir:** auffrischen. • 3 f. **la lavande:** Lavendel. • 6 **empressé, e:** beflissen, eifrig bemüht. • **multiplier qc:** etwas aneinanderreihen. • 7 **répondre à une exigence:** eine Voraussetzung erfüllen (*l'exigence:* Anforderung, Forderung). • 7 f. **contradictoire:** widersprüchlich, einander widerstrebend. • 14 **se défiler** (fam.): sich davonmachen. • 15 **un engagement:** Verpflichtung, Pflicht. • 16 **sur un claquement de doigts** (m.): auf ein Fingerschnippen hin, im Handumdrehen, mir nichts, dir nichts. • 17 **hurler:** laut schreien. • 20 **prononcer qc:** hier: etwas sagen.

Aimée plus important que le sien: ainsi l'avait-elle aimé pendant vingt-cinq ans en s'oubliant.

Georges continua:

– Ma femme a toujours envisagé que nous finirions notre vie dans le sud de la France. Puisque d'ici deux mois je prends ma retraite, nous avons acheté une villa à Cannes. Nous déménagerons cet été.

Plutôt que le départ, c'est l'expression «finir notre vie» qui choqua Aimée. Alors qu'à sa maîtresse il avait peint son existence familiale semblable à une prison, elle découvrait avec ce «finir notre vie» que Georges, dans un autre monde auquel il ne lui avait pas donné accès, avait continué à se sentir le mari de sa femme, le père de ses enfants.

«Notre vie»! Aimée n'avait été qu'une parenthèse. «Notre vie»! S'il lui avait glissé à l'oreille des mots d'amour, si son corps avait sans cesse eu besoin du sien, elle demeurait une passade. «Notre vie»! Finalement l'autre – la rivale, la crainte, la détestée – avait gagné! Le savait-elle seulement? Avait-elle conscience, en s'installant avec son mari à Cannes, qu'elle laissait derrière elle, sonnée, exsangue, une

4 **envisager:** den Plan haben. • 6 **prendre sa retraite:** in den Ruhestand treten. • 7 **Cannes:** mondäne Festspielstadt an der französischen Riviera. • 8 **plutôt que:** mehr noch als. • 9 **choquer qn:** jdn. schockieren. • **la maîtresse:** Geliebte. • 10 **peindre** (fig.): beschreiben. • **familial, e:** Familien… • 13 **donner accès à qn:** jdm. Zutritt gewähren. • 15 **la parenthèse:** hier: Episode, Nebensächlichkeit. • 16 **glisser qc à l'oreille** (f.) **de qn:** jdm. etwas ins Ohr flüstern. • 17 **sans cesse:** ständig, ununterbrochen. • 18 **la passade:** Affäre, flüchtiges Liebesabenteuer. • 19 **le rival / la rivale:** Rivale/Rivalin; Nebenbuhler(in). • 21 **avoir conscience** (f.) **de qc:** sich einer Sache bewusst sein. • 22 **sonné, e** (fam.): arg mitgenommen, völlig durcheinander. • **exsangue** (fig.): kraftlos, apathisch.

femme qui avait souhaité pendant vingt-cinq ans prendre sa place et l'espérait encore quelques minutes auparavant?

– Réponds-moi, ma chérie, dis-moi quelque chose, enfin …

Elle le fixa et ses yeux s'agrandirent. Quoi? Il se met à genoux? Il me malaxe la main? Que prépare-t-il? Nul doute qu'il va pleurer bientôt … Il sanglote toujours avant moi … c'est agaçant, je n'ai jamais pu l'attendrir car il fallait d'abord que je le console. Pratique, cela, se comporter en homme quand ça l'arrange, en femme quand ça lui convient.

Elle dévisagea le sexagénaire à ses pieds et eut soudain l'impression qu'il lui était totalement étranger. Si la partie raisonnable de son esprit n'avait soufflé qu'il s'agissait de Georges, l'homme qu'elle adorait depuis vingt-cinq ans, elle se serait levée en criant: «Qui êtes-vous? Que faites-vous chez moi? Et qui vous autorise à me toucher?»

Ce fut à cet instant – cet instant où elle crut qu'il avait changé – qu'elle changea. Au-dessus de cet asticot aux cheveux teints qui pleurnichait en lui bavant sur les genoux et les mains, Aimée Favart se méta-

6 **fixer qn:** jdn. anstarren. • **s'agrandir:** sich weiten (Augen). • 7 **se mettre à genoux** (m.): auf die Knie fallen. • **malaxer qc:** etwas kneten. • 8 **sangloter:** schluchzen. • 9 **agaçant, e:** ärgerlich, nervig. • 10 **attendrir qn:** jdn. erweichen, jds. Mitgefühl wecken. • 11 f. **arranger qn:** jdm. passen, jdm. gelegen kommen. • 12 **convenir à qn:** jdm. passen. • 13 **dévisager qn:** jdn. mustern. • **le/la sexagénaire:** Sechzigjährige(r). • 15 **souffler:** einflüstern; hier: sagen. • 21 f. **un asticot** (fam.): Made; hier (fig.): Typ. • 22 **pleurnicher:** winseln, flennen. • **baver:** sabbern. • 23 f. **se métamorphoser:** sich verwandeln.

morphosa en la seconde Aimée Favart. Celle d'après. Celle qui ne croyait plus à l'amour.

Dans les mois qui suivirent, il y eut certes quelques allers-retours entre l'ancienne Aimée et la nouvelle Aimée – après une légère tentative de suicide, elle recoucha avec lui une nuit –; toutefois en août, lorsqu'il eut déménagé, la nouvelle Aimée avait pris possession de l'ancienne. Mieux: elle l'avait tuée.

Elle repensait à son passé avec stupeur.

Comment ai-je pu croire qu'il m'aimait? Il avait juste besoin d'une maîtresse belle, gentille et conne.

Belle, gentille et conne …

Belle, Aimée l'était. Jusqu'à la séparation, tout le monde le lui disait. Sauf elle … Car, comme tant de femmes, Aimée n'avait pas reçu la beauté qu'elle admirait. Petite, mince, avec des seins graciles, elle jalousait les géantes aux formes rondes et nourrissait un complexe dû à sa taille et à sa sveltesse. Après sa séparation, elle s'apprécia davantage et s'évalua «beaucoup trop bien pour n'importe quel homme».

Gentille, Aimée l'était par mésestime de soi. Fille unique d'une mère qui ne lui avoua jamais l'identité

4 **des allers-retours** (m.): Hin und Her. • 5 **la tentative:** Versuch. • 5 f. **recoucher avec qn:** erneut mit jdm. schlafen. • 7 f. **prendre possession** (f.) **de qc:** von etwas Besitz ergreifen. • 9 **la stupeur:** Verblüffung; hier: Betroffenheit. • 11 **con, ne** (fam.): doof, blöd. • 16 **gracile:** zart. • 16 f. **jalouser qn:** auf jdn. eifersüchtig, neidisch sein. • 17 **la géante:** Riesin. • **nourrir:** hier: haben, hegen (Komplex). • 18 **la sveltesse:** Schlankheit. • 19 **s'apprécier:** sich (selbst) schätzen, sich mögen. • **s'évaluer:** sich einschätzen als. • 21 **par mésestime** (f.) **de soi:** aus Geringschätzung seiner selbst.

de son père et la traitait en reproche encombrant, elle ignorait le monde des hommes; aussi, lorsqu'elle entra en qualité de secrétaire dans l'entreprise dirigée par Georges, elle ne sut pas résister à ce mâle plus âgé qu'elle qui représentait à ses yeux de vierge candide à la fois le père et l'amant. Où va se loger le romantisme? Il lui sembla plus beau d'aimer un homme qu'elle ne pouvait épouser …

Conne? En Aimée comme en chaque être humain, la bêtise et l'intelligence habitaient des provinces séparées, la rendant régionalement brillante et localement stupide: si elle se révélait compétente dans le champ du travail, elle s'avérait niaise lorsqu'elle pénétrait l'espace sentimental. Cent fois, ses collègues lui conseillèrent de rompre avec cet homme; cent fois, elle éprouva la volupté de ne pas leur obéir. Ils parlaient la voix de la raison? Elle se flattait de répondre par celle du cœur.

En vingt-cinq ans, ils partagèrent le quotidien du travail, en aucun cas le quotidien conjugal! Leurs escapades furent d'autant plus belles et précieuses. Ainsi que les caresses volées hâtivement au travail, elle ne

1 **encombrant, e:** lästig, hinderlich. • 3 **en qualité** (f.) **de:** als. • 5 **candide:** treuherzig; hier: arglos, naiv. • 6f. **Où va se loger le romantisme?:** etwa: Wohin führen romantische Gefühle? • 10 **la province:** Provinz; hier: Zone, Bereich. • 13 **s'avérer** (+ adj.): sich herausstellen als. • **niais, e:** einfältig. • 13f. **pénétrer l'espace sentimental:** das Feld der Gefühle betreten. • 16 **éprouver qc:** etwas empfinden. • **la volupté:** Wollust; hier: Lust, Hochgefühl. • 17 **se flatter de faire qc:** sich damit rühmen, etwas zu tun. • 19 **le quotidien:** Alltag. • 20 **conjugal, e:** Ehe…, ehelich. • 20f. **une escapade:** hier: Liebesabenteuer, Seitensprung. • 22 **la caresse:** Zärtlichkeit, Liebkosung. • **hâtivement:** in aller Eile, eilends.

le reçut le soir chez elle que sous le prétexte rare d'un conseil d'administration interminable. En vingt-cinq ans, leur couple n'eut pas le temps de s'user.

Trois mois après son installation dans le Midi, Georges se mit à lui écrire. Plus les semaines passaient, plus ses lettres devenaient enflammées, passionnées. Effets de l'absence?

Elle ne lui répondit pas. Car, si les courriers étaient envoyés à l'ancienne Aimée, c'est la nouvelle qui les recevait. Et celle-ci, sans émotion, en déduisait que Georges devait déjà s'ennuyer avec sa femme. Avec mépris, elle parcourait ses feuillets qui enjolivaient davantage le passé.

Il délire, le retraité! À ce rythme-là, dans trois mois, nous aurons vécu à Vérone et nous nous appellerons Roméo et Juliette.

Elle garda son emploi, tint le nouveau directeur pour un homme ridicule – surtout quand il lui souriait – et entreprit de pratiquer le sport à outrance. Quarante-

1f. **le conseil d'administration** (f.): hier: Sitzung des Aufsichtsrats, Verwaltungsrats. • 2 **interminable:** endlos. • 3 **le couple:** Paar; hier: Beziehung. • **s'user:** sich abnutzen. • 4 **une installation:** Niederlassung; hier: Umzug. • **le Midi:** der Süden Frankreichs, Südfrankreich. • 6 **enflammé, e:** feurig. • 6f. **passionné, e:** leidenschaftlich. • 10 **déduire de qc:** aus etwas schließen, von etwas ableiten. • 12 **parcourir qc:** etwas durchsehen, etwas durchlesen. • **le feuillet:** hier: Briefseite. • **enjoliver qc:** etwas verklären. • 14 **délirer:** phantasieren, faseln. • **le retraité:** Ruheständler, Rentner, Pensionär. • **à ce rythme-là:** etwa: wenn das so weitergeht. • 15 **Vérone:** Verona; Stadt in Norditalien und Handlungsort von Shakespeares Tragödie *Romeo und Julia* (1597; frz. *Roméo et Juliette*). • 17 **garder qc:** etwas behalten. • 19 **entreprendre de faire qc:** damit beginnen, etwas zu tun. • **à outrance** (f.): sehr intensiv, extrem viel.

huit ans, interdite autrefois d'avoir des enfants parce que Georges en avait déjà, elle décida que des rejetons ne lui manqueraient pas.

– Pour qu'ils me volent mes belles années, me sucent le cœur et se volatilisent un jour, en me laissant encore plus seule? Non merci. De plus, pour ajouter encore des êtres à cette planète pourrie par la pollution et la débilité humaine, il faut être soit crétine, soit étourdie.

La firme qui l'employait subit des revers, on regretta M. Georges, l'ancien directeur. Il y eut des remaniements, un plan social, et à cinquante ans, Aimée Favart, sans éprouver réellement de surprise, se trouva au chômage.

Voguant de stages débiles en formations infantilisantes, elle chercha mollement un autre emploi, et rencontra des problèmes d'argent. Sans nostalgie, elle emporta son coffre à bijoux chez un revendeur.

1 **être interdit, e de faire qc:** etwas nicht tun dürfen. • 2f. **le rejeton** (fam.): Sprössling. • 5 **sucer le cœur à qn:** etwa: jds. Herzblut aussaugen. • **se volatiliser:** sich in Luft auflösen; hier: sich auf und davon machen. • 7 **être pourri, e par qc:** durch etwas ruiniert, kaputtgemacht werden. • 8 **la débilité:** Schwachsinn, Verblödung; hier: Dummheit. • **crétin, e:** hirnverbrannt, schwachsinnig. • 9 **étourdi, e:** leichtfertig, verantwortungslos. • 10 **subir un revers:** hier: einen geschäftlichen Rückschlag erleiden. • 10f. **regretter qn:** jdm. nachtrauern. • 11f. **le remaniement:** Umstrukturierung, Umbau. • 15 **voguer de … en:** hier: hin- und herpendeln zwischen (*voguer*, litt.: rudern; mit einem Schiff fahren). • **la formation:** hier: Weiterbildung. • 15f. **infantilisant, e:** kindisch, läppisch, albern. • 16 **mollement:** halbherzig, lasch. • 17 **rencontrer (un problème):** hier: (ein Problem) bekommen. • **la nostalgie:** Wehmut, Sehnsucht. • 18 **le coffre à bijoux** (m.): Schmuckschatulle. • **le revendeur / la revendeuse:** An- und Verkäufer(in).

– Combien espérez-vous en tirer, madame?

– Je n'en sais rien, c'est vous qui allez me le dire.

– C'est que … il n'y a rien de valeur là-dedans. Vous n'avez que des bijoux fantaisie, aucune pierre de valeur, pas d'or massif, rien qui …

– Je m'en doute bien: c'est lui qui me les a offerts.

– Lui?

– Celui qui se prétendait l'homme de ma vie. Il me donnait de la pacotille, comme les conquérants espagnols aux Indiens d'Amérique. Et vous savez quoi? J'étais tellement nouille que ça me plaisait. Donc ça ne vaut rien?

– Pas grand-chose.

– C'était un salaud, n'est-ce pas?

– Je ne sais pas, madame. Il est certain que lorsqu'on aime une femme …

– Eh bien?

– Lorsqu'on aime une femme, on ne lui paye pas ces bijoux-là.

– Ah! Vous voyez! J'en étais sûre.

Elle triomphait. Le marchand, lui, s'était contenté de répéter une phrase qu'il avait l'habitude de prononcer dans une autre situation: lorsqu'il voulait convaincre un client d'acquérir un bijou plus coûteux.

3 **rien de valeur** (f.): nichts Wertvolles. • 4 **des bijoux fantaisie:** Modeschmuck. • 5 **massif, -ive:** massiv, rein (Gold). • 6 **Je m'en doute bien:** etwa: Hab ich mir's doch gedacht. • 8 **se prétendre qn:** behaupten, jd. zu sein, sich als jd. ausgeben. • 9 **la pacotille:** Talmi, Ramsch, wertloser Kram. • **le conquérant:** Eroberer. • 10 **les Indiens** (m.): Indianer. • 11 **être nouille** (fam.): albern, doof sein. • 21 f. **se contenter de faire qc:** sich damit begnügen, etwas zu tun. • 22 **avoir l'habitude** (f.) **de faire qc:** für gewöhnlich etwas tun.

Quoiqu'elle abandonnât la boutique avec trois maigres billets, son cœur était gonflé de joie: un spécialiste lui avait confirmé que Georges n'était qu'une ordure minable.

Sitôt chez elle, elle ouvrit ses placards et traqua dans ses affaires les cadeaux de Georges. Outre que le butin se révéla léger, sa qualité provoqua le rire d'Aimée. Un manteau en lapin. Des sous-vêtements en nylon. Une montre pas plus grosse qu'un cachet d'aspirine. Un carnet de cuir sans marque qui sentait encore la chèvre. Des sous-vêtements en coton. Un chapeau impossible à porter sinon lors d'un mariage à la cour d'Angleterre. Une écharpe en soie dont l'étiquette avait été coupée. Des sous-vêtements en caoutchouc noir.

Tombant sur le lit, elle hésitait entre le rire et les larmes. Elle se contenta de tousser. Voilà les trophées d'une passion de vingt-cinq ans! Son trésor de guerre …

Pour se sentir moins misérable, elle retourna son

1 **abandonner:** hier: verlassen. • 2 **maigre:** mager; hier: kümmerlich, dürftig. • **être gonflé, e de joie:** voller Freude sein. • 3 **confirmer:** bestätigen. • 4 **une ordure** (fam.): Mistkerl, Drecksack. • **minable:** erbärmlich. • 5 **sitôt:** sobald. • **traquer qc:** hier: etwas hektisch suchen (*traquer:* hetzen, jagen, verfolgen). • 6 **outre que:** abgesehen davon, dass … • 7 **le butin:** Ausbeute. • **léger, -ère:** leicht; hier: gering. • 8 **en lapin** (m.): aus Kaninchenfell. • 9 f. **le cachet d'aspirine** (f.): Aspirintablette. • 10 **sans marque** (f.): ohne Markenlogo. • 10 f. **sentir la chèvre:** nach Ziege riechen. • 12 **lors de:** bei, anlässlich. • 13 **une écharpe:** Schal. • 14 **le caoutchouc:** Gummi, Kautschuk. • 16 **hésiter entre … et …:** hin- und hergerissen sein zwischen … und … • 17 f. **le trophée:** Trophäe, Beutestück. • 18 **le trésor:** Schatz. • 20 **misérable:** elend, erbärmlich.

mépris contre lui. Sous prétexte de ne pas attirer l'attention de son épouse sur des dépenses régulières et non justifiables, il ne s'était guère montré généreux avec Aimée. Généreux, que dis-je? Normal. Même pas normal. Un radin, oui!

Et moi qui en tirais gloire! Moi qui me vantais de ne pas l'aimer pour son argent! Quelle buse! Je croyais exalter l'amoureux, je rassurais l'avare ..

Passant au salon pour nourrir ses perruches, elle s'arrêta devant le tableau qui surmontait la cage et manqua s'étrangler de fureur.

– Mon Picasso! Ça, c'était vraiment la preuve qu'il me prenait pour une imbécile.

La toile, un jeu de formes dispersées, un puzzle de visage, un œil là, le nez au-dessus, une oreille au milieu du front, était censée représenter une femme avec son enfant. N'était-il pas bizarre le jour où il la lui avait apportée? Pâle, les lèvres cireuses, la voix haletante, il la lui avait tendue en tremblant.

2 **la dépense:** Ausgabe. • 3 **non justifiable:** nicht zu rechtfertigen, nicht zu erklären. • **ne … guère:** kaum; hier: nicht sonderlich. • 5 **le radin** (fam.): Geizkragen. • 6 **tirer gloire** (f.) **de qc:** sich einer Sache rühmen, stolz auf etwas sein. • **se vanter:** sich rühmen. • 7 **la buse** (fam.): Idiot(in). • 8 **exalter qn:** jdn. betören, jdn. beflügeln. • 9 **nourrir qn:** jdn. ernähren; hier: jdn. füttern. • **la perruche:** Sittich. • 10 **surmonter qc:** hier: über etwas hängen. • 11 **manquer faire qc:** fast etwas tun. • **s'étrangler de fureur** (f.): vor Wut fast ersticken. • 12 **le Picasso:** Gemälde des Spaniers Pablo Picasso (1881–1973), eines herausragenden Malers, Bildhauers und Grafikers. • 13 **un/une imbécile:** Dummkopf, Idiot(in). • 14 **dispersé, e:** aufgelöst, gesprengt (Formen der abstrakten Malerei). • 16 **être censé, e faire qc:** eigentlich etwas tun sollen. • 18 **cireux, -euse:** wächsern, wachsbleich (*la cire:* Wachs). • 18f. **haletant, e:** keuchend.

– Voilà, je me rattrape. On ne pourra pas dire que je n'ai pas été, une fois, généreux avec toi.

– Qu'est-ce que c'est?

– Un Picasso.

Elle avait ôté les linges qui préservaient la peinture, contemplé l'œuvre et répété pour s'en convaincre:

– Un Picasso?

– Oui.

– Un vrai?

– Oui.

Osant à peine le toucher, de peur qu'une maladresse de sa part ne l'évaporât, elle avait balbutié:

– Est-ce possible? … Comment as-tu fait?

– Ah ça, je t'en prie, ne me le demande jamais!

Sur le coup, elle avait interprété cette réserve comme la pudeur d'un homme qui s'était saigné pour offrir quelque chose à une femme. Plus tard, en repensant à son attitude terrorisée, elle avait cédé à un bref délire en se demandant s'il ne l'avait pas volé. Il paraissait pourtant si fier de son don … Et il était honnête.

Pour sa protection, il lui avait conseillé d'accréditer que le tableau était faux.

1 **se rattraper:** das Versäumte nachholen, etwas wieder gutmachen. • 5 **ôter qc:** etwas ausziehen; hier: etwas wegnehmen. • **le linge:** Tuch. • 6 **contempler qc:** etwas intensiv betrachten. • 12 **évaporer qc:** etwas in Luft auflösen. • **balbutier:** stammeln. • 15 **la réserve:** Zurückhaltung. • 16 **la pudeur:** Verschämtheit, Schamhaftigkeit. • **se saigner** (fig.): sich finanziell verausgaben. • 18 **terrorisé, e:** angsterfüllt. • **céder à qc:** einer Sache nachgeben; hier: auf etwas verfallen (Idee). • 19 **le délire:** Wahnsinn; hier: verrückte Idee. • 20 **le don:** Begabung, Gabe; hier: Geschenk. • 22 **accréditer:** behaupten.

– Tu comprends, ma chérie, il est improbable qu'une petite secrétaire, vivant dans une tour à loyer modéré, possède un Picasso. On se moquerait de toi.

– Tu as raison.

– Pire. Si quelqu'un devinait la vérité, tu serais sûrement cambriolée. Ta meilleure assurance, crois-moi, consiste à déclarer, tant que tu ne t'en sépares pas, qu'il s'agit d'un faux.

Ainsi Aimée avait-elle présenté aux très rares personnes qui avaient pénétré dans son appartement le tableau comme «Mon Picasso, un faux bien sûr», appuyant sa plaisanterie par un éclat de rire.

Avec le recul, la ruse de Georges lui sembla diabolique: l'obliger à insinuer que son Picasso était faux pour qu'elle se persuade, elle et elle seule, qu'il s'agissait d'un vrai!

Néanmoins, dans les semaines qui suivirent, elle éprouva des sentiments ambigus: d'une part elle était certaine de l'escroquerie, d'autre part elle espérait encore se tromper. Quoi qu'on lui apprenne sur sa toile, elle serait déçue. Déçue de se retrouver pauvre ou déçue de devoir rendre des mérites à Georges.

2f. **la tour à loyer modéré:** Sozialbau. • 5 **pire:** etwa: schlimmer noch. • 6 **cambrioler qn:** bei jdm. einbrechen. • 10 **pénétrer (dans une maison):** (ein Haus) betreten. • 11f. **appuyer qc:** etwas stützen, hervorheben, betonen. • 12 **un éclat de rire:** lautes Lachen. • 13 **avec le recul:** im Nachhinein, mit zeitlichem Abstand. • 13f. **diabolique:** teuflisch. • 14 **obliger qn à faire qc:** jdn. dazu zwingen, etwas zu tun. • **insinuer:** andeuten, zu verstehen geben, glauben machen. • 17 **néanmoins:** doch, dennoch, trotzdem. • 18 **ambigu, ë:** zweideutig; hier: zwiespältig (Gefühl). • 19 **une escroquerie:** Schwindel, Betrug. • 22 **rendre des mérites** (m.) **à qn:** jdm. Verdienste zubilligen.

Ce cadre devant lequel elle se plantait devenait le ring où s'affrontaient l'ancienne Aimée et la nouvelle, la première qui avait cru à l'amour et au vrai Picasso, la seconde qui voyait la fausseté de Georges et du Picasso.

Sa rémunération de chômage baissant, Aimée peinait à retrouver un emploi. Lors des entretiens d'embauche, elle ne mettait aucun atout de son côté tant elle avait désormais à cœur de ne pas se laisser berner: les recruteurs rencontraient une femme dure, sèche, fermée, cumulant l'âge, les exigences financières et un caractère difficile, incapable de concession, prompte à soupçonner qu'on allait l'exploiter, tant sur la défensive qu'elle paraissait agressive. Sans s'en rendre compte, elle s'excluait de la course qu'elle prétendait courir.

1 **se planter:** sich aufstellen, sich aufpflanzen. • 2 **le ring** (angl.): hier (fig.): Arena, Kampfstätte. • **s'affronter:** (als Gegner) aufeinandertreffen, gegeneinander kämpfen. • 4 **la fausseté:** Falschheit. • 6 **la rémunération de chômage:** Arbeitslosengeld. • 6f. **peiner:** sich schwer tun. • 7f. **un entretien d'embauche** (f.): Einstellungsgespräch, Vorstellungsgespräch. • 8 **ne mettre aucun atout de son côté:** keinen vorteilhaften Eindruck hinterlassen (*un atout:* Trumpf). • 9 **avoir qc à cœur:** auf etwas bedacht sein. • **désormais:** künftig; hier: jetzt, nun. • **se laisser berner:** sich übervorteilen lassen, sich übertölpeln lassen. • 10 **le recruteur** (fig.): Nachwuchswerber, Personalvermittler; hier: Leiter des Einstellungsgesprächs. • **sec, sèche:** hier: schroff, kurz angebunden, spröde. • 11 **fermé, e:** verschlossen (Charakter, Wesen). • **cumuler qc:** hier: etwas (in sich) vereinigen. • **une exigence:** hier: Forderung. • 12 **être incapable de concession** (f.): zu Zugeständnissen unfähig, nicht kompromissbereit sein. • **être prompt, e à faire qc:** schnell, rasch bei der Hand sein, etwas zu tun. • 13 **soupçonner:** den Verdacht hegen. • 13f. **être sur la défensive:** in der Defensive sein. • 15 **s'exclure de qc:** sich aus etwas ausschließen.

Lorsqu'elle eut raclé ses dernières économies, elle se rendit compte que, sans solution immédiate, elle allait tomber dans la pauvreté. Par réflexe, elle se précipita vers son meuble à factures, fouilla fébrilement le tiroir à la recherche d'une vieille feuille sur laquelle elle avait marqué le numéro et téléphona à Cannes.

Une femme de ménage lui répondit, enregistra sa demande et se perdit dans le silence d'une grande demeure. Puis Aimée entendit des pas et reconnut le souffle court, angoissé de Georges.

– Aimée?

– Oui.

– Enfin, que se passe-t-il? Tu sais très bien que tu ne peux pas m'appeler chez ma femme.

En quelques phrases, sans aucune difficulté, elle lui brossa un tableau apocalyptique de sa situation. Il n'aurait pas fallu la pousser beaucoup pour qu'elle se prenne en pitié, or sa nouvelle armure de cynisme l'empêchait de s'attendrir sur elle-même, et sentir au

1 **racler qc:** etwas zusammenkratzen (Ersparnisse). • 3 **par réflexe** (m.): (wie) automatisch. • 3f. **se précipiter vers qc:** auf etwas zustürzen. • 4 **le meuble à factures:** Möbelstück, in dem Rechnungen aufbewahrt werden (*la facture:* Rechnung). • 4f. **fébrilement:** fieberhaft. • 8 **enregistrer qc:** hier: entgegennehmen. • 9f. **la demeure:** hier: Haus. • 11 **le souffle:** Atem. • **angoissé, e:** angsterfüllt, verängstigt. • 17 **brosser** (fig.): zeichnen, malen, entwerfen (Bild). • **apocalyptique:** apokalyptisch; hier: hoch dramatisch. • 17f. **il n'aurait pas fallu la pousser beaucoup** (fig.): etwa: es fehlte nicht viel. • 18f. **se prendre en pitié** (f.): sich selbst bemitleiden. • 19 **une armure:** Rüstung; hier (fig.): Schutzpanzer. • 20 **s'attendrir sur soi-même:** in Selbstmitleid verfallen, sich selbst bemitleiden. • 20f. **au bout du fil:** am anderen Ende der Leitung.

bout du fil la respiration affolée de Georges lui procurait une sorte de rage.

– Georges, je t'en prie, aide-moi, conclut-elle.

– Tu n'as qu'à vendre le Picasso.

Elle crut avoir mal entendu. Quoi? Il osait …

– Oui, ma petite chérie, tu n'as qu'à vendre ton Picasso. C'est pour cela que je te l'ai offert. Pour te mettre à l'abri du besoin puisque je ne pouvais pas t'épouser. Va vendre ton Picasso.

Elle ferma la bouche pour ne pas hurler. Ainsi, jusqu'au bout, il l'aurait prise pour une imbécile!

– Va chez Tanaev, 21, rue de Lisbonne. C'est là que je l'avais acheté. Veille à ce qu'on ne te roule pas. Demande Tanaev père. Attention, je raccroche. Ma femme arrive. Au revoir, ma petite Aimée, je pense tout le temps à toi.

Il avait déjà raccroché. Lâche et fuyant. Tel qu'il l'avait toujours été.

Quelle gifle! Mais quelle gifle! Bien fait pour elle! Elle n'avait pas à l'appeler.

Humiliée, Aimée se planta devant le tableau et déchargea sa fureur.

1 **affolé, e:** hektisch. • 1 f. **procurer une sorte de rage** (f.) **à qn:** etwa: jdn. in gelinde Wut versetzen. • 8 **mettre qn à l'abri** (m.) **du besoin:** jdn. finanziell/materiell absichern. • 10 **hurler:** laut aufschreien. • 11 **jusqu'au bout:** etwa: bis zum bitteren Ende. • 13 **veiller à faire qc:** darauf achten, etwas zu tun. • **rouler qn** (fam.): jdn. übers Ohr hauen, jdn. linken. • 14 **raccrocher:** auflegen (Telefon). • 17 **être fuyant, e:** sich nicht festlegen, nicht zu packen sein. • 19 **bien fait pour elle!:** etwa: geschah ihr ganz recht!, selber schuld! • 20 **Elle n'avait pas à l'appeler:** Sie hätte ihn bloß nicht anzurufen brauchen. • 21 **humilié, e:** gedemütigt, erniedrigt. • 21 f. **décharger sa fureur** (f.): seine/ihre Wut abreagieren, auslassen.

– Jamais, tu m'entends, jamais je n'irai chez un marchand pour recevoir la confirmation que j'étais une conne et que Georges était un salaud, je le sais déjà, merci.

Cependant, deux jours plus tard, comme la compagnie d'électricité menaçait de lui couper le courant, elle monta dans un taxi et ordonna:

– Chez Tanaev, 21, rue de Lisbonne, s'il vous plaît.

Bien qu'à l'adresse indiquée il n'y eût qu'un magasin de vêtements pour enfants, elle descendit de voiture, son tableau emballé sous le bras, et passa le porche.

– Il doit travailler à l'intérieur ou en étage.

Après avoir parcouru quatre fois la liste des habitants dans les deux allées, elle chercha un concierge pour dénicher les nouvelles coordonnées de Tanaev jusqu'à ce qu'elle comprît que les immeubles de riches, à la différence des immeubles de pauvres, recouraient à des régies de nettoyeurs anonymes.

Avant de repartir, elle prit la précaution d'entrer dans le magasin de vêtements.

– Excusez-moi, je cherche M. Tanaev père et je croyais que …

3 **le con / la conne** (fam.): Idiot(in), Trottel. • 6 **couper le courant à qn:** jdm. den Strom abstellen. • 7 **ordonner:** hier: die Anweisung geben. • 11 **emballé, e:** verpackt, eingepackt. • 12 **le porche:** Eingangsportal. • 13 **à l'intérieur:** hier: im Innenhof, im Hinterhof. • **en étage** (m.): in einem der oberen Stockwerke. • 15 **une allée:** hier (vx.): Flur, der zum Innenhof führt. • 16 **dénicher qc:** etwas ausfindig machen, etwas herausbekommen. • **les coordonnées** (f.): Adresse. • 18 **recourir à qn:** auf jdn. zurückgreifen. • 19 **la régie de nettoyeurs** (m.): Reinigungsdienst. • 20 **prendre la précaution de faire qc:** vorsichtshalber etwas tun.

– Tanaev? Dix ans qu'il est parti.

– Ah, savez-vous où il a déménagé?

– Déménagé? Ça ne déménage pas ces gens-là, ça s'éclipse. Point à la ligne.

– Qu'est-ce que vous voulez dire?

– Quand le butin est amassé, il faut partir le cacher quelque part. Dieu seul sait où il est aujourd'hui, en Russie, en Suisse, en Argentine, aux Bermudes …

– C'est que … voyez-vous … il m'a vendu un tableau il y a quelques années …

– Oh, ma pauvre!

– Pourquoi ma pauvre?

Le commerçant remarqua que le visage d'Aimée s'était vidé de ses couleurs et s'en voulut d'avoir parlé si vite.

– Écoutez, ma petite dame, je n'y connais rien. Il est peut-être superbe, votre tableau, et il vaut sûrement une fortune. Tenez, j'ai quelque chose pour vous …

Il chercha une carte dans une boîte où il entassait des feuilles volantes.

– Voilà. Allez chez Marcel de Blaminth, rue de Flandre. Lui, c'est un expert.

4 **s'éclipser:** hier: spurlos verschwinden. • **point à la ligne:** punktum; und das war's; und fertig. • 6 **amasser qc:** etwas anhäufen, etwas sammeln; hier: etwas zusammenbekommen. • 8 **l'Argentine** (f.): Argentinien. • **les Bermudes** (f.): die Bermudas, Inselgruppe aus Koralleninseln im Atlantik. • 14 **se vider des ses couleurs** (f.): hier: blass werden. • **s'en vouloir d'avoir fait qc:** es bereuen, etwas getan zu haben. • 17 **superbe:** prachtvoll, wunderschön. • **valoir:** wert sein. • 18 **tiens, tenez:** da; hier bitte. • 19 **entasser qc:** etwas anhäufen; hier: etwas sammeln. • 20 **volant, e:** lose (Blätter). • 22 **un expert / une experte:** Fachmann, Fachfrau; Spezialist(in); hier: Kunstexperte, -in.

Lorsqu'elle franchit la porte de Marcel de Blaminth, Aimée perdit espoir. Sous ses lourdes tentures de velours cramoisi qui absorbaient tout son et toute influence de l'extérieur, écrasée sous des toiles monumentales aux cadres d'or tourmentés, elle perçut qu'elle n'était plus dans son monde.

Une imposante secrétaire casquée d'un chignon lui jeta un œil soupçonneux derrière ses lunettes en tortue. Aimée bredouilla son histoire, montra le tableau et la guerrière la conduisit à l'étude.

Marcel de Blaminth détailla sa visiteuse avant le tableau. Elle eut l'impression d'être jugée de l'escarpin jusqu'au cou, qu'il évaluait la provenance et le prix de chaque vêtement ou bijou qu'elle portait. Pour la toile, il n'eut qu'un regard.

– Où sont les certificats?

– Je n'en ai pas.

– L'acte de vente.

– C'est un cadeau.

– Pourriez-vous l'obtenir?

1 **franchir la porte de qn:** jds. Haus betreten. • 2 **la tenture:** Wandbespannung, Wandbehang. • 3 **cramoisi, e:** karmesinrot. • **absorber qc:** etwas (ver)schlucken (Geräusch, Lärm). • 4 **écrasé, e:** erdrückt (von), erschlagen (von). • 5 **tourmenté, e:** hier: reich verziert. • **percevoir:** erkennen. • 7 **casqué, e de:** behelmt mit (*le casque:* Helm). • **le chignon:** Haarknoten, Dutt. • 8 **jeter un œil soupçonneux à qn:** jdm. einen misstrauischen Blick zuwerfen. • 8f. **en tortue** (f.): aus Schildpatt. • 9 **bredouiller qc:** hier: etwas daherstottern. • 10 **la guerrière:** Kriegerin. • **une étude:** hier: Arbeitszimmer. • 11 **détailler qn:** jdn. mustern. • 12 **un escarpin:** Pumps. • 13 **évaluer qc:** etwas abschätzen. • **la provenance:** Herkunft. • 16 **le certificat:** hier: Echtheitszertifikat. • 18 **un acte de vente** (f.): Kaufvertrag.

– Je ne crois pas. Cette … personne a disparu de ma vie.

– Je vois. Peut-être pourrions-nous l'obtenir du marchand? Qui était-ce?

– Tanaev, murmura Aimée, presque honteuse.

Il releva un cil et son œil laissa passer un somptueux mépris.

– Cela s'engage très mal, madame.

– Vous pourriez pourtant …

– Jeter un œil au tableau? Vous avez raison. C'est ce qui compte. De très belles œuvres nous reviennent parfois après avoir suivi un parcours obscur ou très louche. C'est l'œuvre qui compte, rien d'autre que l'œuvre.

Il changea de lunettes et s'approcha du Picasso. L'analyse durait. Il auscultait la toile, palpait le cadre, le mesurait, observait des détails à la loupe, se reculait, recommençait.

Enfin, il posa les mains sur la table.

– Je ne vous fais pas payer la consultation.

– Ah bon?

– Oui. Inutile de rajouter un malheur à votre malheur. C'est un faux.

1 **disparaître:** verschwinden. • 5 **honteux, -euse:** verschämt. • 6 **le cil:** Wimper. • 6 f. **son œil laissa passer un somptueux mépris:** etwa: sein Blick drückte tiefe Verachtung aus (*somptueux, -euse:* prächtig, üppig). • 8 **s'engager bien/mal:** sich gut/schlecht anlassen. • 12 **le parcours:** Weg. • 13 **louche:** dubios, undurchsichtig. • 16 **ausculter qc:** etwas genau prüfen, untersuchen. • **palper qc:** etwas abtasten, etwas betasten. • 17 f. **se reculer:** etwa: einen Schritt zurücktreten. • 20 **la consultation:** hier: Begutachtung, Gutachten. • 22 **rajouter qc:** noch etwas hinzufügen.

– Un faux?

– Un faux.

Pour sauver la face, elle ricana:

– C'est ce que j'ai toujours dit à tout le monde.

De retour chez elle, Aimée raccrocha son tableau au-dessus de la cage aux perruches et se contraignit à la lucidité, une épreuve que peu d'humains ont l'occasion de subir. Elle prit conscience de ses naufrages, celui de sa vie amoureuse, de sa vie familiale et de sa vie professionnelle. En s'examinant dans le miroir en pied de sa chambre, elle constata que sa silhouette, sculptée par l'exercice et un régime macrobiotique, résistait bien. Combien de temps encore? De toute façon, ce corps dont elle était maintenant si fière, elle ne le destinait qu'à la glace de son armoire, elle ne souhaitait plus l'accorder à personne.

Elle se dirigea vers la salle de bains avec la ferme intention de paresser dans la baignoire, et la molle idée de se suicider.

Pourquoi pas? C'est la solution. Quel avenir me

3 **ricaner:** albern lachen, kichern. • 6 **se contraindre à qc:** sich zu etwas zwingen. • 7 **la lucidité:** Klarsicht, Hellsichtigkeit. • **un humain:** Mensch. • 7 f. **avoir l'occasion** (f.) **de faire qc:** Gelegenheit haben, etwas zu tun. • 8 **le naufrage:** Schiffbruch; hier: (fig.) Misserfolg, Scheitern, Niederlage. • 9 **la vie amoureuse:** Liebesleben. • 10 **le miroir en pied:** Standspiegel. • 11 **la silhouette:** Umriss, Gestalt, Silhouette; hier: Figur. • 11 f. **être sculpté, e par qc:** durch etwas wohlgeformt sein. • 12 **un exercice:** körperliche Betätigung, Sport. • **le régime:** Diät, Ernährung(sweise). • **macrobiotique:** makrobiotisch, d. h. in der Hauptsache auf Vollgetreide basierend. • 12 f. **bien résister:** hier: dem Alterungsprozess gut standhalten. • 16 **accorder à qn:** hier: jdm. schenken. • 17 **ferme:** fest. • 18 **paresser:** faulenzen, es sich gemütlich machen. • **mou, molle:** hier: vage.

reste-t-il? Pas de travail, pas d'argent, pas d'homme, pas d'enfants, et bientôt la vieillesse et la mort. Joli programme … Logiquement, je devrais me tuer.

Seule la logique la conduisait au suicide, elle n'en avait aucune envie. Sa peau désirait la chaleur du bain; sa bouche songeait au melon, aux miettes de jambon qui l'attendaient sur la table de la cuisine; sa main vérifia le galbe irréprochable de ses cuisses et s'égara dans ses cheveux en appréciant leur vigueur soyeuse. Elle fit couler l'eau et y jeta une capsule effervescente qui libérait un parfum d'eucalyptus.

Que faire? Survivre encore?

La concierge sonna à la porte.

– Madame Favart, est-ce que ça vous arrangerait de louer votre chambre d'ami?

– Je n'ai pas de chambre d'ami.

– Si, la petite pièce qui donne sur le stade.

– Je l'occupe avec ma couture et mon repassage.

– Eh bien, si vous y remettiez un lit, vous pourriez la louer à des étudiantes. Comme l'université se trouve à côté, elles viennent sans cesse me demander s'il y a des chambres ici … Cela pourrait vous

6 **la miette:** Krümel; hier: Stückchen. • 8 **le galbe:** Rundung, geschwungene Form. • **irréprochable:** tadellos. • 9 **s'égarer:** sich verirren. • 9f. **la vigueur:** Kraft. • 10 **soyeux, -euse:** seidig. • **faire couler:** einlassen (Wasser). • 10f. **la capsule effervescente:** Badezusatz als Brausetablette. • 11 **libérer qc:** etwas verströmen, etwas freisetzen. • 16 **la chambre d'ami:** Gästezimmer. • 18 **donner (sur le jardin):** (zum Garten hin) gehen (Fenster, Zimmer). • 19 **la couture:** Nähzeug, Näharbeiten. • **le repassage:** hier: Bügelarbeiten, Bügelwäsche.

aider à arrondir vos fins de mois, en attendant de trouver un nouveau travail, ce qui ne saurait tarder, bien sûr.

En entrant dans son bain, émue, Aimée se sentit obligée de remercier Dieu auquel elle ne croyait pas de lui avoir envoyé une solution à son problème.

Pendant les dix ans qui suivirent, elle loua sa chambre d'ami à des étudiantes qui poursuivaient leur formation sur le campus voisin. Ce revenu supplémentaire, ajouté au minimum social, lui suffisait pour subsister en attendant la retraite. Considérant que loger des locataires était devenu son vrai métier, elle les sélectionnait après expertise et aurait pu écrire ainsi les six commandements de la loueuse avisée:

1° Exiger le mois d'avance et posséder les coordonnées exactes et vérifiées des parents.

2° Se comporter jusqu'au dernier jour avec sa locataire en hôtesse qui tolère une intruse.

1 **arrondir ses fins de mois:** sein Gehalt aufbessern, sich ein Zubrot verdienen. • 1f. **en attendant de trouver ...:** bis man/er/sie ... findet. • 2f. **ce qui ne saurait tarder:** etwa: was nicht mehr lange dauern wird. • 8f. **poursuivre sa formation:** seine/ihre Ausbildung weiterführen. • 9 **le campus** (angl.): Gelände einer Universität. • **le revenu:** Einnahme, Einkommen. • **supplémentaire:** Zusatz..., zusätzlich. • 10 **le minimum social:** Sozialhilfe. • 10f. **suffire à qn pour subsister:** reichen, ausreichend sein, um jds. Auskommen zu sichern. • 11 **en attendant:** hier: bis. • **la retraite:** Rente, Ruhestand. • 12f. **sélectionner qn:** jdn. auswählen. • 13 **après expertise** (f.): nach genauer Prüfung. • 14 **le commandement:** Gebot. • **la loueuse:** Vermieterin. • **avisé, e:** klug, umsichtig, gut informiert. • 15 **le mois d'avance:** monatliche Mietvorauszahlung. • 18 **une hôtesse:** Gastgeberin. • **un intrus, une intruse:** Eindringling.

3° Préférer les sœurs aînées aux sœurs cadettes: elles se révèlent plus dociles.

4° Préférer la petite-bourgeoise à la grande bourgeoise: ces filles se montrent plus propres et moins insolentes.

5° Ne jamais les laisser parler de leur vie privée sinon elles finissent par vous amener des garçons.

6° Préférer les Asiatiques aux Européennes: plus polies, plus discrètes, éventuellement reconnaissantes, elles vont jusqu'à offrir des cadeaux.

Si Aimée ne s'attacha à aucune de ses locataires, elle appréciait de ne pas vivre seule. Quelques phrases échangées par jour lui suffisaient, et elle adorait faire sentir à ces jeunes oies qu'elle avait plus d'expérience qu'elles.

La vie aurait pu continuer ainsi longtemps si le médecin n'avait détecté des grosseurs suspectes sur le corps d'Aimée; on découvrit un cancer généralisé. La nouvelle – qu'elle devina plus qu'elle ne l'apprit – l'allégea: plus besoin de lutter pour la survie. Son seul dilemme fut: ai-je encore besoin de louer ma chambre cette saison?

Ce mois d'octobre-là, elle venait d'accepter, pour la

2 **docile:** fügsam. • 3 **le petit-bourgeois / la petite-bourgeoise:** Kleinbürger(in). • 5 **insolent, e:** frech, unverschämt. • 7 **finir par faire qc:** schließlich etwas tun. • 8 **un/une Asiatique:** Asiate, Asiatin. • 9 **reconnaissant, e:** dankbar. • 11 **s'attacher à qn:** jdn. liebgewinnen. • 13 **échanger qc:** etwas austauschen. • 14 **une oie** (fig.): hier: unerfahrene Person, Grünschnabel. • 17 **détecter qc:** etwas entdecken. • **la grosseur:** Verdickung, Schwellung, Wucherung. • 18 **généralisé, e:** weit fortgeschritten (Krebs). • 19 f. **alléger qn:** jdn. erleichtern. • 20 f. **le dilemme:** Zwickmühle, Dilemma.

deuxième année consécutive, une jeune Japonaise, Kumiko, qui achevait une licence de chimie.

Elle s'en ouvrit à la discrète étudiante:

– Voilà, Kumiko: j'ai une maladie très grave qui va m'obliger à passer beaucoup de temps à l'hôpital. Je ne crois pas pouvoir continuer à vous héberger.

Le chagrin de la jeune fille la surprit tellement qu'elle se méprit d'abord sur sa cause, elle attribua ses larmes à l'angoisse que l'étrangère éprouvait de se retrouver à la rue; elle finit pourtant par convenir que celle-ci était réellement peinée de ce qui arrivait à Aimée.

– Vous aider. Venir voir vous à l'hôpital. Cuisiner bonne nourriture. Prendre soin vous. Même si aller chambre cité universitaire, avoir toujours temps pour vous.

– Pauvre fille, songea Aimée, à son âge j'étais aussi naïve et gentille. Quand elle aura parcouru autant de chemin que moi, elle déchantera.

Encombrée autant que désarmée par ces démonstrations d'affection, Aimée n'eut pas le courage de chasser Kumiko et continua à lui louer sa chambre.

1 **consécutif, -ive:** aufeinanderfolgend. • 2 **la licence:** Licence, d.h. akademischer Abschlussgrad an französischen Universitäten nach mindestens dreijährigem Studium. • 3 **s'en ouvrir à qn:** jdn. in etwas einweihen. • 6 **héberger qn:** jdn. unterbringen, an jdn. vermieten. • 8 **se méprendre sur qc:** sich in einer Sache täuschen. • **attribuer qc à qc:** etwas einer Sache zuschreiben. • 9f. **se retrouver à la rue:** auf die Straße gesetzt werden. • 10 **convenir:** hier: einsehen. • 11 **être peiné, e de qc:** betrübt, traurig wegen etwas sein. • 19 **déchanter:** seine Illusionen verlieren, ernüchtert sein. • 20 **encombré, e** (fig.): gestört, gehemmt. • **désarmé, e:** entwaffnet. • 20f. **la démonstration d'affection** (f.): Beweis der Zuneigung.

Rapidement, Aimée ne quitta plus l'hôpital.

Kumiko lui rendait visite chaque soir. Sa seule visite.

Aimée ne savait pas recevoir tant de sollicitude; un jour, elle appréciait le sourire de Kumiko comme un baume lui permettant de croire que l'humanité ne pourrissait pas; un autre, dès qu'apparaissait le visage bienveillant de la Japonaise, elle s'insurgeait contre cette intrusion dans son agonie. Ne pouvait-on pas la laisser mourir en paix! Ces sautes d'humeur, Kumiko les attribuait aux progrès de la maladie; aussi, malgré les rebuffades, les insultes et les colères, elle pardonnait à la grabataire et ne faiblissait pas dans sa compassion.

Un soir, la Japonaise commit une erreur dont elle ne se rendit pas compte et qui modifia l'entier comportement d'Aimée. Le médecin avait confessé à la malade que le nouveau traitement se révélait décevant. Traduction? Vous n'en avez plus pour longtemps. Aimée ne cilla pas. Elle éprouva une sorte de lâche soulagement, celui que peut procurer un armis-

4 **la sollicitude:** Fürsorglichkeit, Zuwendung. • 6 **le baume:** Balsam. • 7 **pourrir:** hier: verderben. • 8 **bienveillant, e:** wohlwollend. • **s'insurger contre qc:** sich gegen etwas auflehnen. • 9 **une intrusion:** Eindringen, Aufdringlichkeit. • **une agonie:** Todeskampf, Agonie. • 10 **la saute d'humeur** (f.): Stimmungsschwankung, Launenhaftigkeit. • 12 **la rebuffade:** Rüffel, harsche Zurechtweisung. • 13 **le/la grabataire:** Bettlägerige(r). • **faiblir dans qc:** mit/bei etwas nachlassen. • 13 f. **la compassion:** Mitgefühl. • 16 **entier, -ière:** ganz, gesamt. • 18 f. **décevant, e:** enttäuschend. • 19 f. **ne plus en avoir pour longtemps:** es nicht mehr lange machen. • 20 **ne pas ciller:** nicht mit der Wimper zucken. • 21 **le soulagement:** Erleichterung. • **procurer qc:** etwas beschaffen; hier: etwas bewirken. • 21 f. **un armistice:** Waffenstillstand.

tice. Plus besoin de se battre. Plus de soins éprouvants à l'horizon. La torture de l'espoir – cette inquiétude – lui était enfin retirée. Elle n'avait qu'à mourir. Ce fut donc avec une sorte de sérénité qu'Aimée annonça l'échec thérapeutique à Kumiko. Mais la Japonaise réagit avec passion. Pleurs. Cris. Embrassades. Hurlements. Accalmie. Larmes de nouveau. Quand elle retrouva l'élocution, Kumiko saisit son téléphone portable, appela trois personnes au Japon; une demi-heure plus tard, elle annonçait triomphalement à Aimée que, si on la soignait là-bas, dans son île, on lui proposerait un traitement inédit en France.

Inerte, subissant cette démonstration d'affection avec fatigue, Aimée attendait que Kumiko s'en aille. Cette gamine osait lui gâcher sa mort! Comment pouvait-elle la tourmenter en lui reparlant de guérison?

Elle décida de se venger.

Le lendemain, quand Kumiko pointa son nez jaune à l'hôpital, Aimée ouvrit les bras et l'appela.

– Ma petite Kumiko, viens m'embrasser!

Après quelques sanglots et autant d'embrassades

1 **le soin:** Behandlung. • **éprouvant, e:** strapaziös, sehr anstrengend. • 2 **à l'horizon** (m.): hier: in Aussicht. • 3 **retirer qc à qn:** hier: jdm. etwas abnehmen. • 4 **la sérénité:** Gelassenheit, Ausgeglichenheit. • 6 **avec passion** (f.): leidenschaftlich. • **les pleurs** (m.; vx.): Tränen. • **une embrassade:** Umarmung. • 6 f. **le hurlement:** Geschrei. • 7 **une accalmie:** Beruhigung, Stille. • 7 f. **retrouver l'élocution** (f.): die Sprache wiederfinden. • 10 **triomphalement:** triumphierend. • 12 **inédit, e:** unbekannt, unerprobt, noch nicht angewandt. • 13 **inerte:** apathisch, kraftlos. • 15 **la gamine:** Göre. • **gâcher qc à qn:** jdm. in etwas hineinpfuschen, jdm. etwas vermiesen. • 16 **tourmenter qn:** jdn. quälen. • **reparler de qc:** erneut von etwas reden. • 18 **pointer son nez:** sich zeigen, erscheinen.

tendres, elle lui débita, sur un ton pathétique entrecoupé de soupirs, une grande déclaration d'amour selon laquelle Kumiko était devenue sa fille, à ses yeux, oui, la fille qu'elle n'avait pas eue et qu'elle avait rêvé d'avoir, la fille qui l'accompagnait dans ses derniers moments et qui lui faisait sentir qu'elle n'était pas seule au monde.

– Oh mon amie, ma jeune amie, ma grande amie, ma seule amie …

Elle varia si bien ce motif qu'elle finit par s'émouvoir, simulant moins et s'exprimant davantage.

– Combien tu es bonne, Kumiko, bonne comme je l'étais à ton âge, à vingt ans, lorsque je croyais à la droiture humaine, à l'amour, à l'amitié. Tu es aussi naïve que je l'ai été, ma pauvre Kumiko, et tu seras sans doute un jour aussi déçue que je le suis. Je te plains, ma chérie, tu sais. Mais qu'importe? Tiens bon, reste le plus longtemps possible telle que tu es! Il sera toujours temps d'être trahie et déçue.

Soudain elle se ressaisit et se rappela son plan. Vengeance. Elle enchaîna donc:

– Pour te récompenser et te permettre de croire à la bonté humaine, j'ai un cadeau.

– Non, pas vouloir.

1 **débiter qc:** hier etwa: vorsetzen. • **sur un ton pathétique:** gefühlsbetont. • 1 f. **entrecoupé, e de soupirs** (m.): von Seufzern unterbrochen. • 10 f. **s'émouvoir:** Rührung empfinden. • 11 **simuler:** heucheln, (etwas) vortäuschen. • **s'exprimer:** hier: das sagen, was man fühlt. • 14 **la droiture:** Rechtschaffenheit, Aufrichtigkeit. • 17 **Mais qu'importe?:** etwa: Doch was soll's? Aber was spielt es schon für eine Rolle? • **tenir bon:** durchhalten. • 20 **se ressaisir:** sich wieder fassen. • 21 **enchaîner:** fortfahren, weitersprechen.

– Si, je vais te laisser la seule chose de valeur que je possède.

– Non, madame Favart, non.

– Si, je te lègue mon Picasso.

La jeune fille demeura bouche bée.

– Tu as remarqué le tableau au-dessus de ma cage à perruches, c'est un Picasso. Un vrai Picasso. Je le fais passer pour faux afin de ne pas attirer les jalousies ou les voleurs; pourtant tu peux me croire, Kumiko, c'est un vrai Picasso.

Pétrifiée, la jeune fille devient blême.

Aimée frissonna un instant. Me croit-elle? Se doute-t-elle que c'est un simulacre? S'y connaît-elle en art?

Les larmes jaillirent des paupières bridées et Kumiko se mit à geindre, désespérée:

– Non, madame Favart, vous garder Picasso, vous guérir. Si vous vendre Picasso, moi emporter vous au Japon nouveau traitement.

Ouf, elle me croit, songea Aimée qui aussitôt s'écria:

– C'est pour toi, Kumiko, pour toi, j'y tiens. Allons, ne perdons pas de temps je n'en ai plus que pour quelques jours. Tiens, j'ai préparé les papiers de dona-

4 **léguer qc à qn:** jdm. etwas vermachen. • 5 **demeurer bouche bée:** Mund und Augen aufreißen, baff sein. • 11 **pétrifié, e:** (wie) versteinert. • **blême:** bleich. • 12 **frissonner:** schaudern. • 13 **le simulacre:** Täuschungsmanöver. • **s'y connaître en qc:** sich in/bei etwas auskennen. • 15 **jaillir de:** herausschießen aus (Tränen). • **les paupières bridées:** Schlitzaugen (eigtl.: *les yeux bridés*). • 16 **geindre:** ächzen, stöhnen; hier: wimmern. • 22 **j'y tiens:** ich bestehe darauf; ich will es so. • 24 f. **la donation:** Schenkung.

tion. Va vite chercher des témoins dans le couloir, ainsi je pourrai partir la conscience tranquille.

Devant le médecin et l'infirmière, Aimée signa les documents nécessaires; ils y ajoutèrent leurs paraphes. Secouée de larmes, Kumiko empocha les feuilles et promit de revenir le lendemain à la première heure. Elle fut insupportablement longue à partir et lui lança des baisers jusqu'à ce qu'elle disparaisse au fond du couloir.

Soulagée, enfin seule, Aimée sourit au plafond.

Pauvre niaise, songea-t-elle, va rêver que tu es riche: tu seras encore plus déçue après ma mort. Là, au moins, tu auras une bonne raison de pleurer. Ah, d'ici là, j'espère ne jamais te revoir.

Sans doute ce Dieu auquel Aimée ne croyait pas l'entendit-il car, au petit matin, elle tomba dans le coma et, quelques jours plus tard, sans qu'elle s'en rendît compte, une dose de morphine l'emporta.

Quarante ans plus tard, Kumiko Kruk, la plus grande fortune du Japon, la reine mondiale de l'industrie cos-

2 **partir:** hier: sterben. • **la conscience tranquille:** ruhigen Gewissens. • 4 **le paraphe:** Namenszug, Unterschrift. • 5 **empocher qc:** etwas einstecken, etwas in die Tasche stecken. • 6 **à la première heure:** in aller Frühe. • 7 **être long, ue à faire qc:** lange brauchen, um etwas zu tun. • **insupportablement:** unerträglich. • **lancer qc:** etwas (zu)werfen. • 10 **soulagé, e:** erleichtert. • 16 **au petit matin:** in den frühen Morgenstunden, frühmorgens. • 18 **la dose:** Dosis. • **la morphine:** Morphium. • **emporter qn:** jdn. dahinraffen. • 19f. **la plus grande fortune:** hier: die reichste Frau. • 20 **la reine mondiale:** hier: Weltmarktführerin.

métique, désormais ambassadrice de l'Unicef, une vieille dame adorée des médias pour sa réussite, son charisme et sa générosité, justifiait ainsi devant la presse ses actions humanitaires:

– Si j'investis une partie de mes bénéfices dans la lutte contre la faim et la distribution de soins médicaux aux plus pauvres, c'est en souvenir d'une grande amie française de ma jeunesse, Aimée Favart, qui m'offrit, sur son lit de mort, un tableau de Picasso dont la vente me permit de fonder ma compagnie. Bien que je ne fusse qu'une vague inconnue pour elle, elle a tenu à me faire cet inestimable présent. Depuis, il m'a toujours semblé logique que mes bénéfices permettent à leur tour de soulager d'autres inconnus. Cette femme, Aimée Favart, était tout amour. Elle croyait en l'humanité comme personne. Elle m'a transmis ses valeurs, et cela, au-delà du précieux Picasso, est sans doute son plus beau cadeau.

1 **un ambassadeur / une ambassadrice:** Botschafter(in). • **l'Unicef:** United Nations International Children's Emergency Fund; Kinderhilfswerk der Vereinten Nationen. • 3 **le charisme:** Charisma, persönliche Ausstrahlung. • **justifier qc:** etwas rechtfertigen. • 5 **le bénéfice:** Überschuss, Profit. • 6 **la distribution:** Verteilung, Zuteilung. • 6 f. **des soins médicaux** (m.): hier: medizinische Hilfsprogramme und Hilfsgüter. • 11 **une vague inconnue:** etwa: flüchtige Bekannte (*inconnu, e:* unbekannt). • 12 **inestimable:** von unschätzbarem Wert. • **le présent:** hier: Geschenk. • 14 **à leur tour:** ihrerseits. • 17 **transmettre ses valeurs** (f.): seine/ihre Wertvorstellungen vermitteln. • **au-delà de ...:** über ... hinaus, mehr noch als ...

Tout pour être heureuse

En vérité, rien ne serait arrivé si je n'avais pas changé de coiffeur.

Ma vie aurait continué, paisible, dans l'apparence du bonheur, si je n'avais pas été aussi impressionnée par l'allure folle qu'avait Stacy à son retour de vacances. Renouvelée! De bourgeoise entre deux âges éreintée par ses quatre enfants, sa coupe courte la muait en belle blonde sportive et dynamique. Sur le moment, je l'ai soupçonnée d'avoir raccourci ses mèches pour détourner l'attention d'une opération esthétique réussie – ce que font toutes mes amies lorsqu'elles subissent un lifting –, or, une fois que j'eus vérifié que son visage n'avait subi aucun acte chirurgical, je convins qu'elle avait trouvé le coiffeur idéal.

– Idéal, ma chérie, idéal! L'Atelier capillaire, rue

4 **paisible:** friedlich. • 4f. **dans l'apparence** (f.) **du bonheur:** dem Anschein nach glücklich. • 5 **impressionné, e:** beeindruckt. • 6 **une allure:** Aussehen. • 7 **renouvelé, e:** rundumerneuert. • **entre deux âges** (m.): mittleren Alters. • 8 **éreinter qn:** jdn. schlauchen, jdn. auslaugen, jdn. völlig erschöpfen. • **la coupe:** Haarschnitt. • 9 **muer qn:** jdn. verwandeln. • **la blonde:** Blondine. • 9f. **sur le moment:** im ersten Augenblick. • 10 **raccourcir qc:** etwas (ein)kürzen, kürzer schneiden (Haar). • 11 **la mèche:** Locke, Strähne; hier: (pl.) Haar. • **détourner l'attention** (f.) **de qc:** von etwas ablenken. • 11f. **esthétique:** Schönheits… • 13 **subir qc:** hier: sich einer Sache unterziehen. • 14f. **un acte chirurgical:** operativer Eingriff. • 15 **convenir:** zugeben, eingestehen. • 16 **«l'Atelier capillaire»:** Name eines Friseursalons (*capillaire:* Haar…).

Victor-Hugo. Oui, on m'en avait parlé mais, tu sais ce que c'est, il en va de nos coiffeurs comme de nos maris: nous sommes persuadées pendant plusieurs années de posséder le meilleur!

Retenant mes sarcasmes sur la vanité de l'enseigne, L'Atelier capillaire, je notai qu'il fallait demander de sa part David – «un génie, ma chérie, un véritable génie».

Le soir même, je prévins Samuel de ma future métamorphose.

– Je pense que je vais changer de coiffure.

Surpris, il me considéra quelques secondes.

– Pourquoi? Je te trouve très bien.

– Oh, toi, tu es toujours content, tu ne me critiques jamais.

– Reproche-moi d'être un inconditionnel … Qu'est-ce qui ne te plaît pas en toi?

– Rien. J'ai envie de changer …

Il enregistra soigneusement ma déclaration comme si, au-delà de sa frivolité, elle révélait des pensées plus profondes; ce regard scrutateur eut pour conséquence de me pousser à changer de conversation puis à quit-

2 **il en va de …:** es verhält sich mit … • 5 **retenir qc:** sich etwas verkneifen. • **le sarcasme:** hier: spöttische Bemerkung. • **la vanité:** Nichtigkeit, Eitelkeit; hier: Hochgestochenheit. • **une enseigne:** Firmenschild, Ladenschild. • 6 **noter:** sich merken. • 8 **prévenir qn:** jdn. informieren, jdn. unterrichten. • 8f. **la métamorphose:** Verwandlung. • 11 **considérer qn:** hier: jdn. anschauen. • 15 **un inconditionnel / une inconditionnelle:** begeisterte(r), bedingungslose(r) Anhänger(in), Fan. • 18 **enregistrer** (fig.): zur Kenntnis nehmen, registrieren. • **soigneusement:** sorgfältig; hier: mit Bedacht, nachdenklich. • 19 **la frivolité:** Oberflächlichkeit, Unwichtigkeit. • **révéler qc:** etwas zeigen, etwas offenbaren. • 20 **scrutateur, -trice:** forschend, prüfend (Blick). • 21 **pousser qn à faire qc:** jdn. dazu bringen, veranlassen, etwas zu tun.

ter la pièce car je n'avais pas envie de m'offrir en terrain de recherche à sa perspicacité. Si la qualité principale de mon mari est bien l'extrême attention qu'il me porte, elle me pèse parfois: la moindre phrase que je prononce est fouillée, analysée, décryptée au point que, pour plaisanter, je confie souvent à mes amies que j'ai l'impression d'avoir épousé mon psychanalyste.

– Plains-toi! me répondent-elles. Vous avez de l'argent, il est beau, il est intelligent, il t'aime et il écoute tout ce que tu dis! Que voudrais-tu de plus? Des enfants?

– Non, pas encore.

– Alors, tu as tout pour être heureuse.

«Tout pour être heureuse». Existe-t-il une formule que j'entends plus souvent? Les gens l'emploient-ils couramment avec d'autres personnes ou me la réservent-ils? Dès que je m'exprime avec un doigt de liberté, je reçois cette tournure dans la figure: «tout pour être heureuse». J'ai l'impression qu'on me crie «tais-toi, tu n'as pas le droit de te plaindre» et qu'on me ferme la porte au nez. Pourtant je n'ai pas l'inten-

1f. **le terrain de recherche:** Forschungsgebiet; hier: Forschungsobjekt. • 2 **la perspicacité:** Scharfsinn. • 4 **peser à qn:** belastend für jdn. sein. • 5 **fouiller qc:** etwas durchwühlen, durchsuchen; hier: genau prüfen. • **décrypter qc:** etwas entschlüsseln. • 6 **pour plaisanter:** zum Spaß. • **confier à qn:** jdm. anvertrauen; hier: jdm. sagen. • 7f. **le psychanalyste:** Psychoanalytiker. • 9 **Plains-toi!:** etwa: Du kannst dich gerade beklagen! • 17 **couramment:** häufig, oft. • 17f. **réserver qc à qn:** jdm. etwas vorbehalten. • 18f. **Dès que je m'exprime avec un doigt de liberté** (f.) …: etwa: Sobald ich ein wenig offen rede … • 19 **la tournure:** Wendung, Redewendung. • 22 **fermer la porte au nez à qn:** jdm. die Tür vor der Nase zuschlagen.

tion de me plaindre, j'essaie juste d'énoncer avec justesse – et humour – de menus sentiments d'inconfort … Peut-être est-ce dû à mon timbre, qui, semblable à celui de ma mère, a quelque chose d'humide, de geignard, et doit donner l'impression que je me lamente? Ou bien mon statut de riche héritière bien mariée m'interdit-il l'étalage de la moindre pensée complexe en société? Une ou deux fois j'ai craint que, malgré moi, le secret que je cache transpire sous mes phrases, mais la peur ne dura guère davantage qu'un frisson car je demeure certaine de me contrôler à la perfection. À part Samuel et moi – et quelques spécialistes muselés par la discrétion professionnelle –, le monde l'ignore.

Je me rendis donc à L'Atelier capillaire, rue Victor-Hugo, et là, il fallut vraiment que je me souvienne du miracle accompli sur Stacy pour supporter l'accueil qu'on m'infligea. Des prêtresses drapées de blouses blanches me harcelèrent de questions sur ma santé,

1 **énoncer qc:** etwas aussprechen, etwas ausdrücken. • 1 f. **avec justesse** (f.): richtigerweise, zutreffend. • 2 **menu, e:** leicht (Gefühl). • 2 f. **un inconfort:** Unbehagen. • 3 **le timbre:** Tonfall (Stimme). • 5 **geignard, e:** weinerlich, klagend, jammernd. • 5 f. **se lamenter:** klagen. • 6 **le statut:** gesellschaftlicher Stand. • 7 **un étalage:** Äußerung. • 9 **malgré moi:** gegen meinen Willen, unwillkürlich. • **transpirer:** hier: zum Vorschein kommen, durchscheinen. • 11 **le frisson:** Schauder. • **demeurer:** bleiben. • **se contrôler:** sich unter Kontrolle haben. • 13 **muselé, e** (fig.): mundtot, stumm gemacht (*la muselière:* Maulkorb). • **la discrétion professionnelle:** berufliche Schweigepflicht. • 17 **accomplir un miracle sur qn:** an jdm. ein Wunder vollbringen. • 18 **infliger qc à qn:** jdm. etwas auferlegen; hier: jdm. etwas zumuten. • **la prêtresse:** Priesterin. • **être drapé, e de qc:** in etwas gehüllt sein. • 19 **harceler qn de qc:** jdn mit etwas bedrängen, jdm. mit etwas zusetzen.

mon alimentation, mes activités sportives et l'historique de mes cheveux afin de dresser mon «bilan capillaire»; à la suite de quoi elles me laissèrent dix minutes sur des coussins indiens en compagnie d'une tisane aux herbes qui sentait la bouse de vache avant de m'introduire auprès de David qui m'annonça triomphalement qu'il allait s'occuper de moi comme s'il m'admettait dans une secte après ma réussite à un examen. Le pire fut que je me sentis contrainte de remercier.

Nous montâmes à l'étage où un superbe salon aux lignes simples et pures avait été aménagé dans le style «attention, je suis inspiré par la sagesse millénaire des Indes». Là, une armée de vestales aux pieds nus offraient leurs soins: manucure, pédicure, massage.

David m'étudia avec attention tandis que j'observais sa chemise ouverte sur une poitrine velue en me demandant si c'était exigé pour devenir coiffeur. Il prit sa résolution:

1 **une alimentation:** Ernährung(sweise). • 1f. **un historique:** Vorgeschichte, »Werdegang«. • 2f. **dresser le «bilan capillaire» de qn:** jds. »Haarbilanz« erstellen. • 3 **à la suite de quoi:** anschließend. • 4f. **la tisane aux herbes** (f.): Kräutertee. • 5 **sentir la bouse de vache:** nach Kuhfladen riechen. • 6 **introduire qn auprès de qn:** jdn. jdm. vorstellen. • **annoncer qc:** etwas verkünden. • 8 **admettre qn:** jdn. aufnehmen. • 9 **se sentir contraint, e de faire qc:** sich gezwungen fühlen, etwas zu tun. • 11 **superbe:** prachtvoll, wunderbar. • 12 **aménager:** einrichten. • 13 **la sagesse:** Weisheit. • 13f. **millénaire:** jahrtausendealt. • 14 **les Indes** (f.): Indien. • **la vestale:** Vestalin. • 15 **les soins** (m.): Dienste. • **la manucure:** Maniküre, Handpflege. • **la pédicure:** Pediküre, Fußpflege. • 18 **velu, e:** behaart, haarig. • 19 **être exigé, e pour qc:** Voraussetzung für etwas sein.

– Je vais raccourcir les cheveux, légèrement foncer leur couleur aux racines, puis vous les plaquer sur le côté droit et les rendre volumineux sur le gauche. Une vraie dissymétrie. Vous en avez besoin. Sinon, votre visage tellement régulier va finir enfermé en prison. Il nous faut libérer votre fantaisie. De l'air, vite, de l'air. De l'inattendu.

Je souris en guise de réponse, pourtant si j'avais eu le courage d'être sincère, je l'aurais planté là. Je déteste toute personne qui vise juste, tout individu qui s'approche de mon secret au point de le soupçonner; cependant, mieux valait négliger ce genre de remarque et me servir de ce figaro afin de me doter d'une apparence qui m'aiderait à le dissimuler davantage.

– En route pour l'aventure, déclarai-je pour l'encourager.

– Voulez-vous qu'on s'occupe de vos mains pendant ce temps?

– Avec plaisir.

Et c'est là que le destin se déclencha. Il appela une certaine Nathalie qui rangeait des produits sur des

1f. **foncer la couleur:** die Farbe dunkler abtönen; dunkler färben. • 2 **plaquer:** glätten, eng anlegen (Haar). • 3 **rendre volumineux, -euse:** bauschen, Volumen geben. • 4 **la dissymétrie:** Asymmetrie. • 6 **libérer qc:** etwas freisetzen, befreien. • 8 **en guise de réponse** (f.): als Antwort. • 9 **planter qn là:** jdn. einfach stehenlassen (und gehen). • 10 **viser juste** (fig.): ins Schwarze treffen; den Nagel auf den Kopf treffen. • 11 **soupçonner qc:** etwas erahnen. • 13 **le figaro** (fam., vx.): Friseur, Haarkünstler, Figaro. • 13f. **se doter de qc:** sich etwas zulegen, sich etwas verschaffen. • 14 **dissimuler qc:** etwas kaschieren, etwas verbergen. • 21 **le destin:** Schicksal. • **se déclencher:** hier: seinen Lauf nehmen (Schicksal).

étagères en verre. Or celle-ci, lorsqu'elle me vit, lâcha ce qu'elle tenait.

Un vacarme de flacons brisés troubla le sanctuaire du cuir chevelu. Nathalie bredouilla des excuses et se jeta au sol pour réparer les dégâts.

– Je ne savais pas que je lui faisais tant d'effet, plaisanta David pour banaliser l'incident.

J'approuvai de la tête, quoique pas dupe: j'avais senti la panique de cette Nathalie, un coup de vent sur ma joue. C'était bien ma vue qui l'avait effrayée. Pourquoi? N'ayant pas le sentiment de la connaître – je suis assez physionomiste –, je cherchai néanmoins dans mes souvenirs.

Lorsqu'elle se releva, David lui dit d'une voix douce tendue par l'irritation:

– Bien, Nathalie, maintenant, madame et moi vous attendons.

Elle blêmit de nouveau en se tordant les mains.

– Je … je … je ne me sens pas bien, David.

David m'abandonna quelques instants et se retira

3 **le vacarme:** Lärm. • **le flacon:** Fläschchen, Flakon. • **troubler:** die Stille, die Ruhe stören. • **le sanctuaire:** Heiligtum; hier: Tempel. • 4 **le cuir chevelu:** Kopfhaut. • **bredouiller qc:** etwas stammeln. • 4f. **se jeter au sol:** sich auf den Boden werfen. • 6 **faire tant d'effet** (m.) **à qn:** eine solche Wirkung auf jdn. haben. • 6f. **plaisanter:** scherzen. • 7 **banaliser qc:** etwas herunterspielen. • 8 **approuver de la tête:** zustimmend mit dem Kopf nicken. • **être dupe:** (auf etwas) hereinfallen. • 9 **un coup de vent:** Windstoß. • 10 **effrayer qn:** jdn. in Angst und Schrecken versetzen. • 12 **être physionomiste:** ein gutes Personengedächtnis haben. • **néanmoins:** dennoch, trotzdem. • 14 **se relever:** sich wieder aufrichten. • 15 **tendu, e par l'irritation** (f.): etwa: angespannt und gereizt. • 18 **blêmir:** bleich werden. • **se tordre les mains:** die Hände ringen. • 20 **abandonner qn:** hier: allein lassen. • **se retirer:** sich zurückziehen.

au vestiaire avec elle. Quelques secondes plus tard, il revint vers moi, suivi d'une autre employée.

– Shakira va prendre soin de vous.

– Nathalie est malade?

– Un truc de femme, je pense, affirma-t-il avec un mépris qui s'adressait à toutes les femmes et leurs humeurs incompréhensibles.

Se rendant compte qu'il avait exhalé un fumet de sa misogynie, il se reprit et déploya ensuite les charmes de sa conversation.

En sortant de L'Atelier capillaire, j'étais bien obligée de concéder que Stacy avait raison: ce David était un génie du ciseau et de la coloration. M'attardant devant chaque vitrine qui m'offrait mon reflet, j'apercevais une belle étrangère souriante qui me plaisait beaucoup.

Samuel eut le souffle coupé en me voyant apparaître dans le salon – il faut dire que j'avais retardé et soigné mon entrée. Non seulement il me complimenta sans me lâcher des yeux, mais il tint à m'em-

1 **le vestiaire:** Garderobe. • 3 **prendre soin de qn:** sich um jdn. kümmern. • 5 **le truc de femme** (fam.): hier: Frauengeschichte. • 7 **une humeur:** Laune. • 8 **exhaler le fumet de qc:** den Duft von etwas verströmen; hier: (fig.) etwas anklingen lassen. • 9 **la misogynie:** Frauenfeindlichkeit. • **se reprendre:** sich zusammennehmen. • **déployer qc:** etwas entfalten. • 12 **concéder:** einräumen, zustimmen. • 13 **la coloration:** Tönen, Färben (Haar). • **s'attarder:** verharren, verweilen. • 14 **le reflet:** Spiegelbild. • 17 **il eut le souffle coupé:** ihm stockte der Atem, ihm verschlug es die Sprache. • 18 **retarder qc:** sich mit etwas Zeit lassen. • 19 **soigner qc:** hier: etwas sorgfältig vorbereiten. • **une entrée:** hier: Auftritt. • 19f. **complimenter qn:** jdm. Komplimente machen. • 20 **ne pas lâcher qn des yeux:** jdn. nicht aus den Augen lassen. • **tenir à faire qc:** darauf bestehen, etwas zu tun, etwas unbedingt tun wollen.

mener à la Maison blanche, mon restaurant préféré, afin qu'on constate quelle jolie femme il avait épousée.

Tant de joie avait éclipsé l'incident de la manucure paniquée. Mais je ne sus attendre d'avoir réellement besoin d'une nouvelle coupe pour retourner à L'Atelier capillaire, je décidai de profiter des autres soins qu'il procurait, et l'incident se reproduisit.

Par trois fois, Nathalie se décomposa en me voyant et s'arrangea pour ne pas m'approcher, éviter de me servir ou de me saluer, et se retrancher dans l'arrière-boutique.

Son attitude m'étonnait tant qu'elle finit par m'intéresser. Cette femme devait avoir quarante ans comme moi, une allure souple, une taille fine sur un bassin assez large, des bras maigres avec des mains longues et puissantes. La tête penchée, se mettant à genoux pour prodiguer ses soins, elle respirait l'humilité. Quoiqu'elle opérât dans un antre chic et branché, elle ne se prenait pas, à l'instar de ses collègues,

4 **éclipser qc:** etwas vergessen machen, in den Hintergrund drängen. • **la manucure:** hier: Handpflegerin. • 5 **paniqué, e:** völlig verschreckt, in Panik. • 8 **se reproduire:** wieder passieren. • 9 **se décomposer:** hier: völlig aus der Fassung kommen. • 10 **s'arranger pour …:** es schaffen, es so einrichten, dass … • 11 **se retrancher:** sich verschanzen. • 11 f. **une arrière-boutique:** hinterer Teil des Ladens, Nebenraum im hinteren Teil des Ladens. • 15 **une allure:** hier: Gang. • **souple:** geschmeidig. • 17 **puissant, e:** hier: kräftig. • **la tête penchée:** gesenkten Hauptes. • 17 f. **se mettre à genoux** (m.): hinknien. • 18 **prodiguer ses soins** (m.) **à qn:** jdm. seine Dienste/Pflege angedeihen lassen. • **respirer:** hier: ausstrahlen. • 18 f. **une humilité:** Demut. • 19 **opérer:** hier: arbeiten, wirken, tätig sein. • **un antre:** Höhle, Schlupfwinkel, Refugium. • 19 f. **branché, e** (fam.): in, angesagt. • 20 **à l'instar de:** wie.

pour une ministre du luxe mais avançait en servante dévouée, silencieuse, quasi esclave ... Si elle ne m'avait pas fuie, je l'aurais même trouvée très sympathique ... Ayant travaillé ma mémoire dans ses moindres recoins, j'étais certaine que nous ne nous étions jamais rencontrées et je ne pouvais non plus me suspecter de lui avoir causé le moindre échec professionnel puisqu'à la Fondation des beaux-arts contemporains que je préside, je ne m'occupe pas du recrutement.

En quelques séances, j'avais cerné sa peur: elle craignait surtout que je ne la remarque. Au fond, elle n'éprouvait ni haine ni rancœur envers moi; elle souhaitait simplement devenir transparente dès que j'apparaissais. Je ne voyais donc plus qu'elle.

J'en vins à cette conclusion qu'elle cachait un secret. Experte en dissimulation, j'étais certaine de mon jugement.

C'est ainsi que je commis l'irréparable: je la suivis.

1 **la ministre:** hier: Hohepriesterin. • 2 **dévoué, e:** ergeben, hingebungsvoll. • **esclave:** sklavisch, unterwürfig. • 3 **fuir qn:** jdm. aus dem Weg gehen. • 4f. **travailler sa mémoire dans ses moindres recoins** (m.): etwa: sein Gedächtnis bis in die hintersten Winkel durchforsten. • 7 **suspecter:** im Verdacht haben. • 8f. **la Fondation des beaux-arts contemporains:** Stiftung für zeitgenössische Kunst. • 9 **présider qc:** bei etwas den Vorsitz führen. • 10 **le recrutement:** Einstellung (von Arbeitskräften), Personalbeschaffung. • 11 **la séance:** Termin, Sitzung. • **cerner qc:** etwas erfassen, etwas einordnen können, für etwas eine Erklärung finden. • 12 **au fond:** im Grunde. • 13 **éprouver qc:** etwas empfinden. • **le rancœur:** Groll. • 14 **transparent, e:** durchsichtig; hier: unsichtbar. • 17 **un expert / une experte:** Fachmann, -frau, Spezialist(in). • **la dissimulation:** Verschleierung. • 19 **commettre l'irréparable:** einen nicht wieder gutzumachenden Fehler begehen.

Installée derrière le store de la brasserie qui jouxtait L'Atelier capillaire, couverte d'un chapeau, le visage occulté par des grosses lunettes de soleil, je guettai le départ des employées. Ainsi que je m'y attendais, Nathalie salua rapidement ses collègues et descendit seule dans une bouche de métro.

Je m'y engouffrai derrière elle, heureuse d'avoir prévu la situation en me munissant de tickets.

Ni dans la rame ni lors du changement de ligne elle ne me remarqua tant je sus me montrer discrète – l'heure de pointe m'y aidait. Ballottée par les secousses des voitures, bousculée par les usagers, je trouvais la situation absurde et amusante; jamais je n'avais suivi un homme, encore moins une femme, et mon cœur battait à se rompre comme lorsque, enfant, j'essayais un nouveau jeu.

Elle sortit place d'Italie et entra dans un centre commercial. Là, je redoutai plusieurs fois de la croiser car, habituée des lieux, elle achetait ce qui lui fallait

1 **installé, e:** (auf Posten) stehend. • **le store:** Jalousie. • 1 f. **jouxter qc:** neben etwas liegen. • 3 **occulté, e de qc:** durch etwas verdeckt. • 3 f. **guetter qc:** hier: auf etwas warten, etwas abpassen. • 6 **la bouche de métro:** Eingang zur U-Bahn. • 7 **s'engouffrer:** sich hineinstürzen. • 8 **se munir de qc:** sich mit etwas versorgen. • 10 **discret, -ète:** hier: unauffällig. • 11 **une heure de pointe:** Hauptverkehrszeit, Stoßzeit. • **être ballotté, e par qc:** von etwas durchgeschüttelt werden. • 11 f. **la secousse:** Stoß, Erschütterung. • 12 **un usager / une usagère:** Nutzer(in); hier: Fahrgast. • 15 **battre à se rompre:** zum Zerspringen klopfen (Herz). • 17 **la place d'Italie:** im 13. Arrondissement gelegener Pariser Platz, gleichzeitig Métro-Haltestelle. • 17 f. **le centre commercial:** Einkaufszentrum. • 18 **redouter qc:** etwas befürchten. • **croiser qn:** jdm. begegnen. • 19 **être habitué, e des lieux** (m.): mit der Örtlichkeit vertraut sein.

pour le dîner avec rapidité, sans s'exclure de l'environnement comme dans les transports publics.

Enfin, ses sacs en main, elle emprunta les petites rues de la Butte-aux-Cailles, ce quartier populaire, jadis révolutionnaire, constitué de modestes maisons ouvrières; il y a un siècle, de pauvres prolétaires s'y entassaient, délaissés, excentrés, repoussés aux confins de la capitale; aujourd'hui, les nouveaux bourgeois les rachetaient à prix d'or pour se payer l'impression, vu la somme engagée, de posséder un hôtel particulier en plein cœur de Paris. Était-il possible qu'une simple employée habite là?

Elle me rassura en dépassant les allées résidentielles et fleuries pour pénétrer dans la zone demeurée ouvrière. Des entrepôts. Des fabriques. Des terrains

1 **avec rapidité** (f.): geschwind, schnell. • **s'exclure de qc:** hier: sich aus etwas ausblenden. • 4 **la Butte-aux-Cailles:** im 13. Arrondissement auf dem linken Seineufer gelegener Hügel und Viertel gleichen Namens. • **le quartier populaire:** Viertel der kleinen Leute. • 6 **le prolétaire:** Arbeiter oder Kleinbürger, Proletarier. • 6f. **s'entasser:** hier: auf engem Raum zusammenleben. • 7 **délaissé, e:** vernachlässigt. • **excentré, e:** abgelegen; hier: an den Rand gedrängt. • 7f. **aux confins** (m.) **de:** in den Randbezirken von. • 9 **racheter qc:** etwas zurückkaufen, etwas wieder erwerben. • **à prix d'or** (m.): für teures Geld, zu Höchstpreisen. • **se payer l'impression de faire qc:** sich vorgaukeln, etwas zu tun, sich die Illusion verschaffen, etwas zu tun. • **vu** (+ subst.): in Anbetracht von, angesichts. • 10 **engagé, e:** eingesetzt, veranschlagt (Geldsumme). • **un hôtel particulier:** Herrenhaus, Patrizierhaus. • 10f. **en plein cœur:** mitten im Herzen. • 13 **dépasser qc:** etwas überholen; hier: etwas hinter sich lassen. • 13f. **résidentiel, le:** für Wohnzwecke gedacht; hier: vornehm. • 14 **fleuri, e:** blumengeschmückt. • **pénétrer dans qc:** hier: etwas betreten. • 15 **un entrepôt:** Lagerhaus.

où s'entassaient des ferrailles. Elle franchit un vaste portail de planches délavées et s'engouffra, au fond d'une cour, dans une minuscule bicoque grise aux volets défraîchis.

Voilà. J'étais arrivée au bout de mon enquête. Si je m'étais bien amusée, je n'avais rien appris. Que pouvais-je tenter d'autre? Je déchiffrai sur les sonnettes les six noms désignant les locataires de cette cour et de ses entrepôts. Aucun ne m'évoquait quoi que ce soit; au passage, j'identifiai juste celui d'un cascadeur célèbre, et je me souvins alors d'avoir vu un reportage dévoilant ses tours qu'il préparait au milieu de cette cour.

Et alors?

Je n'étais guère avancée. Bien que la filature m'ait amusée, elle ne m'avait rien apporté. J'ignorais toujours pourquoi cette femme paniquait en ma présence.

J'allais rebrousser chemin lorsque je vis quelque chose qui m'obligea à m'appuyer contre le mur pour ne pas tomber. Était-ce possible? Ne devenais-je pas folle?

1 **s'entasser:** sich stapeln. • **la ferraille:** Schrott. • **franchir qc:** etwas durchschreiten, durch etwas hindurchgehen. • 2 **le portail:** Tor. • **délavé, e:** ausgebleicht (Holz). • 3 **minuscule:** winzig. • **la bicoque:** kleines einfaches Haus. • 4 **défraîchi, e:** hier: mit verblasster Farbe. • 7 **tenter qc:** etwas versuchen. • **déchiffrer qc:** etwas entziffern. • 8 **désigner qc:** etwas benennen, etwas bezeichnen. • 9 **évoquer qc à qn:** jdm. etwas sagen. • 9 f. **au passage:** auf die Schnelle, im Vorbeigehen, flüchtig. • 10 **identifier qc:** hier: etwas erkennen (können), etwas ausmachen. • 11 **dévoiler qc:** etwas enthüllen; hier: etwas zeigen. • 12 **le tour:** Stunt, Trick. • 14 **avancer:** hier: weiterkommen, vorankommen. • **la filature:** Beschattung, Observierung. • 17 **rebrousser chemin:** kehrtmachen. • 18 **obliger qn à faire qc:** jdn. dazu zwingen, etwas zu tun. • **s'appuyer contre qc:** sich an etwas anlehnen.

Je fermai les yeux et les rouvris, comme pour effacer sur l'ardoise de mon cerveau l'illusion que mon imagination aurait voulu y inscrire. Je me penchai. Je regardai une deuxième fois la silhouette qui dévalait la rue.

Oui. C'était bien lui. Je venais de voir Samuel.

Samuel, mon mari, mais avec vingt ans de moins …

Le jeune homme descendait la pente avec nonchalance. Sur son dos, un cartable bourré de livres ne pesait pas plus lourd qu'un sac de sport. Dans ses oreilles, un walkman bourdonnait une musique qui imprimait un balancement souple à sa démarche.

Il passa devant moi, m'adressa un sourire poli, traversa la cour puis pénétra dans la demeure de Nathalie.

Je mis plusieurs minutes avant de pouvoir bouger. Mon cerveau avait tout de suite compris quoiqu'une partie de moi résistât et refusât. Ce qui ne m'aidait pas à admettre la réalité, c'est que, lorsque l'adolescent était passé près de moi, avec sa peau blanche et lisse, ses cheveux abondants, ses longues jambes au pas voyou et chaloupé, j'avais ressenti un puissant désir pour lui, comme si je tombais brutalement amou-

1 **rouvrir (les yeux):** (die Augen) wieder aufmachen. • 2 **une ardoise:** Schiefertafel. • **une illusion:** Trugbild. • 3 **se pencher:** sich vorbeugen. • 4 **dévaler (la rue):** eilends (die Straße) hinuntergehen. • 8 **la pente:** hier: Gefälle, abfallendes Straßenstück. • 8f. **avec nonchalance** (f.): unbekümmert. • 9 **le cartable:** Schulranzen. • **être bourré, e de qc:** mit etwas vollgestopft sein. • 11 **bourdonner:** dröhnen. • 12 **imprimer un balancement souple à la démarche de qn:** etwa: jds. Gang etwas Federndes verleihen. • 14 **la demeure:** Haus. • 18 **admettre qc:** hier: sich etwas eingestehen. • 20 **lisse:** glatt. • **abondant, e:** dicht und voll (Haar). • 21 **voyou:** lausbübisch, keck. • **chaloupé, e:** wiegend. • 22 **brutalement:** hier: Hals über Kopf, urplötzlich.

reuse. J'avais eu envie de saisir sa tête entre mes mains et de manger ses lèvres. Que m'arrivait-il? D'ordinaire, je n'étais pas ainsi … D'ordinaire, j'étais le contraire de ça …

Rencontrer par surprise le fils de mon mari, son sosie exact avec vingt ans de moins, provoquait une exaltation amoureuse en moi. Alors que j'aurais d'abord dû éprouver de la jalousie envers cette femme, j'avais voulu me jeter dans les bras de son fils.

Décidément, je ne faisais rien normalement.

C'est sans doute pourquoi cette histoire avait dû se produire …

Je mis des heures à retrouver mon chemin. En fait, j'ai dû marcher à l'aveuglette, sans conscience, jusqu'à ce que, la nuit tombée, une station de taxis me rappelât qu'il fallait que je rentre. Fort heureusement, Samuel était retenu par un congrès ce soir-là: je n'eus ni à lui fournir d'explications ni la possibilité de lui en demander.

Les jours suivants, je cachai ma prostration en prétextant une migraine qui affola Samuel. Je le regardais prendre soin de moi avec un œil nouveau: savait-il que je savais? Sûrement pas. S'il avait une

5f. **le sosie:** Doppelgänger. • 6f. **une exaltation:** Aufwallung, Taumel (Gefühl). • 11f. **se produire:** passieren, geschehen. • 14 **à l'aveuglette:** blindlings. • **sans conscience** (f.): planlos und wie benommen. • 17 **être retenu, e par qc:** wegen, durch etwas verhindert sein. • **le congrès:** Kongress. • 20 **la prostration:** Niedergeschlagenheit. • 20f. **prétexter qc:** etwas vorgeben. • 21 **affoler qn:** jdm. große Angst machen. • 22 **prendre soin de qn:** sich um jdn. kümmern.

double vie, comment parvenait-il à se montrer aussi dévoué?

Soucieux de mon état, il allégea ses horaires de travail pour revenir chaque jour déjeuner avec moi. Quiconque n'aurait pas vu ce que j'avais vu n'aurait pu soupçonner mon mari. Il se comportait d'une manière parfaite. S'il jouait la comédie, c'était le plus grand comédien du monde. Sa tendresse semblait réelle; il ne pouvait simuler l'anxiété qu'il transpirait ni mimer le soulagement qu'il ressentait dès que je m'inventais un progrès.

J'en vins à douter. Non pas d'avoir vu son fils, mais que Samuel fréquentât encore cette femme. Était-il même au courant? Savait-il qu'elle lui avait donné un fils? Peut-être n'était-ce qu'une vieille liaison, une amourette d'avant, peut-être cette Nathalie, déçue à l'annonce de son mariage avec moi, lui avait-elle caché qu'elle était enceinte et avait gardé le garçon pour elle. Quel âge avait-il? Dix-huit ans … C'était donc juste avant notre coup de foudre … Je finis par me

1 **parvenir à faire qc:** es schaffen, etwas zu tun. • 2 **dévoué, e:** hingebungsvoll, aufopferungsvoll. • 3 **être soucieux, -euse de qc:** wegen etwas besorgt sein. • **alléger ses horaires** (m.): seine Arbeitszeiten kürzen, ausdünnen. • 7 **jouer la comédie** (fig.): Theater spielen, (jdm.) etwas vorspielen. • 9 **simuler qc:** etwas vorspielen, etwas simulieren. • **une anxiété:** Sorge, Besorgnis. • **… qu'il transpirait:** etwa: … die ihm anzumerken war. • **mimer qc:** etwas (vor)spielen, etwas vortäuschen. • 10 **le soulagement:** Erleichterung. • 10f. **s'inventer un progrès:** so tun, als gehe es einem besser; behaupten, es gehe einem besser. • 12 **J'en vins à douter:** etwa: Mir kamen langsam Zweifel. • 14 **être au courant:** auf dem Laufenden sein. • 16 **une amourette:** Liebschaft, Liebelei. • 20 **le coup de foudre** (fig.): Liebe auf den ersten Blick. • 20f. **finir par se convaincre que …:** schließlich zu der Überzeugung kommen, dass …

convaincre qu'il s'agissait de cela. La délaissée lui avait fait un enfant dans le dos. C'était sans doute la raison de sa peur en m'apercevant; le remords lui était tombé dessus. D'ailleurs, elle n'avait pas franchement l'air d'une mauvaise femme, plutôt d'une femme rongée par la mélancolie.

Après une semaine de prétendus maux de tête, je décidai d'aller mieux. Je nous délivrai, Samuel et moi, de nos inquiétudes et le suppliai de rattraper son retard de travail; contre quoi, il me fit jurer de l'appeler au moindre souci.

Je ne restai guère plus d'une heure à la Fondation, juste le temps de vérifier qu'elle fonctionnait parfaitement sans moi. Sans prévenir personne, je plongeai dans le ventre de Paris et empruntai le métro pour la place d'Italie, comme si ce lieu étrange et menaçant ne pouvait être joint que par ce moyen souterrain.

Sans plan véritable, sans stratégie préétablie, il fallait que je corrobore mon hypothèse. Je retrouvai as-

1 **le délaissé, la délaissée:** der, die im Stich Gelassene. • 2 **faire un enfant dans le dos à qn:** hinter jds. Rücken ein Kind zur Welt bringen. • 3 **le remords:** schlechtes Gewissen, Gewissensbisse. • 4 **tomber sur qn:** von jdm. Besitz ergreifen. • 5 f. **rongé, e par qc:** von etwas zerfressen. • 7 **prétendu, e:** angeblich, vorgeschützt. • 9 **supplier qn:** jdn. inständig bitten. • 9 f. **rattraper un retard de travail:** die nicht erledigte Arbeit nachholen. • 10 **contre quoi:** im Gegenzug. • **faire jurer qn de faire qc:** jdm. das Versprechen abnehmen, etwas zu tun. • 15 **le ventre de Paris** (fig.): das unterirdische Paris (der Métro, der Katakomben, der Kanalisation …). • **emprunter:** hier: nehmen (U-Bahn). • 16 f. **menaçant, e:** bedrohlich. • 17 **joindre (un lieu):** (an einen Ort) gelangen, (einen Ort) erreichen. • 17 f. **souterrain, e:** unterirdisch. • 19 **préétabli, e:** vorher festgelegt. • 20 **corroborer qc:** etwas erhärten.

sez facilement la rue sans chic où habitaient ce garçon et sa mère et m'assis sur le premier banc qui me permettait de garder un œil sur le portail.

Qu'espérais-je? Aborder les voisins. Bavarder avec les habitants. Me renseigner d'une façon ou d'une autre.

Après deux heures d'attente vaine, j'eus envie de cigarette. Curieux pour une femme qui ne fume pas? Oui. Ça m'amusait. Au fond, je n'accomplissais que des actes inhabituels depuis quelque temps, suivre une inconnue, prendre les transports en commun, découvrir le passé de mon époux, attendre sur un banc, acheter des cigarettes. Je me mis en quête, donc, d'un bureau de tabac.

Quelle marque choisir? Je n'avais aucune expérience des cigarettes.

– La même chose, dis-je au buraliste qui venait de servir une habituée du quartier.

Il me tendit un paquet, s'attendant à ce que je lui allonge la somme exacte en bonne droguée rompue au prix de ses plaisirs. Je tendis un billet qui me paraissait suffisant, contre quoi, en maugréant, il me rendit d'autres billets et beaucoup de pièces.

3 **garder un œil sur qc:** etwas im Auge behalten. • 4 **aborder qn:** jdn. ansprechen. • 7 **une attente:** Warten. • **vain, e:** vergeblich. • 10 **inhabituel, le:** ungewöhnlich. • 11 **le transport en commun:** öffentliches Verkehrsmittel. • 13 **se mettre en quête de qc:** sich auf die Suche nach etwas machen. • 17 **le buraliste:** Tabakladenbesitzer, -betreiber. • 19f. **allonger qc:** etwas reichen, etwas hinhalten. • 20 **le drogué / la droguée:** Drogensüchtige(r); hier: Nikotinabhängige(r). • **être rompu, e à qc:** sich bei etwas sehr gut auskennen. • 22 **maugréer:** vor sich hinbrummen, granteln. • 23 **les pièces** (f.): Kleingeld.

En me retournant, je tombai sur lui.

Samuel.

Enfin, Samuel en jeune. Le fils de Samuel.

Il rit de ma surprise.

– Excusez-moi, je vous ai effrayée.

– Non, c'est moi qui suis abrutie. Je n'avais pas senti qu'il y avait quelqu'un derrière moi.

Il s'effaça pour me laisser passer et s'acheta des pastilles à la menthe. Aussi aimable et bien élevé que son père, ne pus-je m'empêcher de penser. Je ressentais une immense sympathie envers lui; davantage même, quelque chose d'indicible ... Comme si, enivrée par son odeur, sa proximité animale, je ne pouvais me résoudre à le voir s'éloigner.

Le rejoignant dans la rue, je l'interpellai:

– Monsieur, monsieur, excusez-moi ...

Interloqué d'être appelé monsieur par une dame plus âgée que lui – quel âge me donnait-il? –, il s'assura par un coup d'œil circulaire que je m'adressais bien à lui et m'attendit sur le trottoir d'en face.

J'improvisai un mensonge.

– Excusez-moi de vous déranger, je suis journaliste

1 **tomber sur qn:** hier: plötzlich jdm. gegenüberstehen. • 6 **abruti, e:** benommen, ganz verdutzt. • 8 **s'effacer:** hier: zurücktreten, jdm. den Vortritt lassen. • 9 **les pastilles** (f.) **à la menthe:** Pfefferminz..., Mentholpastillen. • 10 **ne pouvoir s'empêcher de faire qc:** nicht umhin können, etwas zu tun. • 12 **indicible:** unaussprechlich. • 12 f. **être enivré, e par qc:** vor etwas trunken sein. • 13 **la proximité:** Nähe. • 13 f. **ne pouvoir se résoudre à faire qc:** etwa: es nicht übers Herz bringen, etwas zu tun. • 15 **rejoindre qn:** wieder zu jdm. stoßen, wieder zu jdm. aufschließen. • **interpeller qn:** jdm. zurufen. • 17 **interloqué, e:** verblüfft. • 19 **le coup d'œil circulaire:** Rundumblick. • 20 **d'en face:** gegenüberliegend.

et je réalise une enquête sur la jeunesse actuelle. Serait-ce abuser de votre temps que de vous poser quelques questions?

– Comment ça? Là, ici?

– Plutôt autour d'un verre, dans le café où vous m'avez fait peur.

Il sourit, attiré par l'idée.

– Quel journal?

– *Le Monde*.

Une approbation des cils marqua qu'il était flatté de collaborer avec un journal prestigieux.

– Je veux bien. Cependant je ne sais pas si je suis représentatif des jeunes d'aujourd'hui. Souvent je me sens tellement décalé.

– Je ne vous veux pas représentatif des jeunes d'aujourd'hui mais représentatif de vous.

Ma phrase le convainquit et il me suivit.

Autour de deux cafés, la conversation s'engagea.

– Vous ne prenez pas de notes?

– J'en prendrai quand je n'aurai plus de mémoire.

Il me décerna un regard laudateur, ne soupçonnant rien de mes bluffs successifs.

– Quel âge avez-vous?

1 **réaliser qc:** etwas durchführen, etwas machen. • 2 **abuser du temps de qn:** jds. Zeit übermäßig in Anspruch nehmen. • 10 **une approbation des cils** (m.): etwa: zustimmender Wimpernschlag. • **marquer:** hier: darauf hindeuten. • **être flatté, e de faire qc:** geschmeichelt sein, etwas zu tun. • 11 **collaborer avec qn:** mit jdm. zusammenarbeiten. • **prestigieux, -euse:** namhaft, angesehen. • 14 **décalé, e:** anders(artig), von der Norm abweichend. • 18 **s'engager:** sich entspinnen, in Gang kommen (Gespräch). • 21 **décerner qc:** hier: etwas zuwerfen (Blick). • **laudateur, -trice:** anerkennend. • 22 **successif, -ive:** aufeinanderfolgend; hier: fortgesetzt.

– Quinze ans!

Immédiatement, mon hypothèse principale prit un coup dans l'aile. Il y avait quinze ans, Samuel et moi étions mariés depuis deux ans …

J'invoquai un manque de sucre pour m'agiter, me lever, marcher pendant quelques secondes puis me rasseoir.

– Qu'attendez-vous de la vie?

– J'adore le cinéma. J'aimerais devenir metteur en scène.

– Quels sont vos réalisateurs préférés?

Lancé sur le sujet qui le passionnait, le jeune homme devint intarissable, ce qui me laissa le temps de réfléchir à ma question suivante.

– Cette passion du cinéma vous vient-elle de votre famille?

Il éclata de rire.

– Non. Sûrement pas.

Il semblait subitement fier d'avoir des goûts qu'il s'était inculqués, pas des goûts hérités.

– Votre mère?

– Ma mère, elle est plutôt du genre feuilleton télé, vous voyez, les grosses daubes qui durent plusieurs se-

2f. **prendre un coup dans l'aile:** hier: (fig.) zusammenbrechen, einen Dämpfer bekommen. • 5 **invoquer qc:** etwas beschwören; hier: etwas vorgeben. • **s'agiter:** sich bewegen. • 12 **lancé, e sur le sujet:** auf ein Thema gebracht. • **passionner qn:** jdn. begeistern. • 13 **devenir intarissable:** etwa: nicht mehr zu bremsen sein. • 17 **éclater de rire:** laut auflachen. • 19 **subitement:** plötzlich. • 20 **s'inculquer qc:** hier: etwas selbst entwickeln (Vorliebe). • **hérité, e:** ererbt; hier: übernommen. • 22 **le feuilleton télé:** Telenovela, Soap. • 23 **des grosses daubes** (fam.; péj.): etwa: langatmige und rührselige Schinken (*la daube:* Schmorbraten).

maines avec secrets de famille, enfants illégitimes, crimes passionnels et compagnie …

– Quelle profession exerce-t-elle?

– Des petits boulots. Longtemps elle s'est occupée de vieilles personnes à domicile. Maintenant elle travaille dans un institut de beauté.

– Et votre père?

Il se referma.

– Ça fait partie de votre enquête?

– Je ne veux pas vous forcer à commettre la moindre indiscrétion. Soyez rassuré, vous n'apparaîtrez que sous un faux nom et je ne dirai rien qui permette de vous reconnaître, vous ou vos parents.

– Ah oui, génial!

– Ce qui m'intéresse, c'est le rapport que vous avez avec le monde adulte, votre façon de le percevoir, d'y situer votre avenir. Pour cette raison, les relations que vous entretenez avec votre père sont révélatrices. À moins qu'il ne soit mort, et dans ce cas, excusez-moi.

Soudain, je fus traversée par l'idée que cette Nathalie avait peut-être fait croire au décès de Samuel pour justifier son absence. Je tremblais d'avoir heurté ce pauvre garçon.

– Non, il n'est pas mort.

1 **illégitime:** unehelich. • 2 **le crime passionnel:** Affektverbrechen, Verbrechen aus Eifersucht. • **… et compagnie** (f.): und so weiter und so fort. • 4 **le petit boulot** (fam.): Gelegenheitsjob. • 16 **percevoir qc:** etwas wahrnehmen. • 18 **entretenir qc:** etwas unterhalten; hier: etwas pflegen. • **révélateur, -trice:** aufschlussreich. • 18 f. **à moins que … ne …:** es sei denn, dass …, außer dass … • 20 **être traversé, e par l'idée** (f.) **que …:** den plötzlichen Einfall haben, dass … • 22 **justifier qc:** etwas rechtfertigen. • **heurter qn:** hier: jds. Gefühle verletzen.

– Ah … Parti?

Il hésita. Je souffrais autant que lui de ce dilemme.

– Non, je le vois souvent … Pour des raisons privées, il n'aime pas qu'on parle de lui.

– Comment s'appelle-t-il?

– Samuel.

J'étais anéantie. Je ne savais plus enchaîner ni demeurer dans mon rôle. J'alléguai une nouvelle envie de sucre pour me lever jusqu'au zinc et revenir. Vite! Vite! Improviser quelque chose!

Lorsque je me rassis, c'est lui qui avait changé. Décontracté, il souriait avec l'envie de s'épancher.

– Finalement, puisque vous mettrez des faux noms, je peux tout vous raconter.

– Bien sûr, fis-je en essayant de ne pas trembler.

Il se repoussa sur la banquette pour se caler à son aise.

– Mon père est un type extraordinaire. Il ne vit pas avec nous bien qu'il soit très amoureux de ma mère depuis seize ans.

– Pourquoi?

– Parce qu'il est marié.

– Il a d'autres enfants?

2 **le dilemme:** Dilemma, Zwiespalt. • 3 f. **privé, e:** privat; hier: persönlich (Grund). • 7 **anéanti, e:** am Boden zerstört, wie vom Donner gerührt. • **enchaîner:** hier: fortfahren, weitersprechen. • 7 f. **demeurer dans son rôle:** weiterhin seine/ihre Rolle spielen. • 8 **alléguer qc:** etwas anführen; hier: etwas vorgeben, vorschützen. • 11 f. **décontracté, e:** entspannt, ungezwungen. • 12 **s'épancher:** ausführlich über sich reden, sein Herz ausschütten. • 16 **se repousser:** sich nach hinten lehnen, nach hinten rutschen. • 16 f. **se caler à son aise** (f.): etwa: es sich bequem machen.

– Non.

– Alors pourquoi ne quitte-t-il pas sa femme?

– Parce qu'elle est folle.

– Pardon?

– Complètement dérangée. Elle se tuerait immédiatement. Voire pire. Capable de tout. Je crois qu'il a en même temps peur et pitié d'elle. Pour compenser, il est adorable avec nous et il a réussi à nous convaincre, maman, mes sœurs et moi, qu'on ne pouvait vivre autrement.

– Ah? Vous avez des sœurs?

– Oui. Deux petites sœurs. Dix et douze ans.

Bien que le garçon continuât, je ne parvenais plus à entendre un mot tant ma tête bourdonnait. Je ne saisis rien de ce qu'il racontait – qui aurait dû m'intéresser au plus haut point – car je butais sans cesse sur ce que je venais d'apprendre: Samuel avait fondé un second foyer, une famille complète, et restait avec moi sous prétexte que j'étais déséquilibrée.

Arrivai-je à justifier mon départ précipité? Je ne sais. En tout cas j'appelai un taxi et, sitôt protégée par les vitres de la voiture, je me laissai aller à une crise de larmes.

6 **voire:** ja sogar. • 7 **pour compenser:** zum Ausgleich. • 14 **saisir qc:** etwas mitbekommen, etwas begreifen. • 16 **au plus haut point:** in höchstem Maße. • **buter sur qc:** über etwas stolpern. • **sans cesse:** ständig, ununterbrochen. • 18 **le foyer:** Heim, Herd; hier: Familie. • 19 **déséquilibré, e:** aus dem Gleichgewicht; hier: seelisch gestört. • 20 **précipité, e:** überstürzt. • 21 **sitôt:** sobald. • 22 f. **se laisser aller à une crise de larmes:** in einen Weinkrampf verfallen.

Aucune période ne fut pire que les semaines suivantes.

J'avais perdu mes repères.

Samuel m'apparaissait un étranger total. Ce que je croyais savoir de lui, l'estime que j'éprouvais pour lui, la confiance sur laquelle était fondé mon amour, tout cela s'était évanoui: il menait une double vie, il aimait une autre femme dans un autre quartier de Paris, une femme dont il avait trois enfants.

Les enfants, surtout, me torturaient. Car, là, je ne pouvais pas lutter. Une femme, c'était une rivale avec qui je pouvais entrer en compétition, quoique sur certains points … mais les enfants …

Je pleurais des journées entières sans pouvoir le dissimuler à Samuel. Après avoir tenté de dialoguer avec moi, il me supplia de retourner voir mon psychiatre.

– Mon psychiatre? Pourquoi *mon* psychiatre?

– Parce que tu l'as fréquenté.

– Pourquoi insinues-tu que c'est le mien? Il a été inventé pour me soigner, moi et moi seule?

– Pardon. J'ai dit «ton psychiatre» alors que j'aurais dû dire «notre psychiatre» puisque nous sommes allés chez lui pendant des années.

– Oui! Pour ce que ça a servi.

3 **perdre ses repères** (m.): die Orientierung verlieren, orientierungslos sein. • 4 **apparaître:** erscheinen. • 5 **une estime:** Achtung, Wertschätzung. • 7 **s'évanouir:** ohnmächtig werden; hier: dahin sein, sich in Luft auflösen. • 10 **torturer qn:** jdn. quälen; hier: jdm. schwer zu schaffen machen. • 12 **entrer en compétition** (f.) **avec qn:** den Kampf gegen jdn. aufnehmen. • 14 f. **dissimuler qc:** etwas verbergen. • 15 **tenter de dialoguer avec qn:** den Dialog mit jdm. suchen. • 24 **Pour ce que ça a servi:** etwa: Und was für ein Erfolg!

– Ça a été très utile, Isabelle, ça nous a permis de nous accepter tels que nous étions et de vivre notre destin. Je vais prendre rendez-vous pour toi.

– Pourquoi veux-tu que j'aille voir un psychiatre, je ne suis pas folle, hurlai-je.

– Non, tu n'es pas folle. Cependant, quand on a mal aux dents, on va chez le dentiste; quand on a mal à l'âme, on va chez le psychiatre. Maintenant, tu vas me faire confiance car je ne veux pas te laisser dans cet état-là.

– Pourquoi? Tu comptes me quitter?

– Qu'est-ce que tu racontes? Je t'affirme à l'inverse que je ne veux pas te laisser ainsi!

– «Me laisser». Tu as dit «me laisser»?

– Tu es vraiment à bout de nerfs, Isabelle. Et moi, j'ai l'impression que je t'agace plus que je ne te calme.

– Ça, au moins, c'est bien vu!

– As-tu quelque chose contre moi? Dis-le. Dis-le qu'on en finisse.

– «Qu'on en finisse»! Tu vois, tu veux me quitter …

Il me prit dans ses bras et, malgré mes gesticulations, m'immobilisa tendrement contre lui.

– Je t'aime, tu m'entends, et je ne veux pas te quitter. Si je l'avais voulu, je l'aurais fait il y a très longtemps. Quand …

3 **le destin:** Schicksal. • **prendre rendez-vous pour qn:** einen Termin für jdn. ausmachen. • 5 **hurler:** laut schreien, brüllen. • 8 **une âme:** Seele. • 11 **compter faire qc:** vorhaben, etwas zu tun • 12 **à l'inverse:** im Gegenteil. • 15 **être à bout de nerfs** (m.): mit den Nerven am Ende sein. • 16 **agacer qn:** jdn. (ver)ärgern, jdn. reizen. • 21 f. **des gesticulations** (f.): hier: starke Gegenwehr mit Händen und Füßen. • 22 **immobiliser qn:** hier: jdn. (bis zur Bewegungsunfähigkeit) festhalten.

– Je sais. Inutile d'en parler.

– Cela nous ferait du bien d'en parler, de temps en temps.

– Non. Inutile. Tabou. On n'entre pas. Personne ne passe. Fini.

Il soupira.

Contre sa poitrine, contre ses épaules, bercée par son timbre chaud, je parvenais à me calmer. Dès qu'il me faussait compagnie, je recommençais à gamberger. Samuel restait-il avec moi pour ma fortune? N'importe qui, de l'extérieur, aurait répondu par l'affirmative car il n'était que simple conseiller éditorial dans un grand groupe tandis que j'avais hérité de plusieurs millions et d'un parc immobilier; or j'avais appris l'attitude scrupuleuse de Samuel par rapport à mon capital: s'il avait continué à travailler après notre mariage, c'était pour ne pas dépendre de moi et pouvoir m'offrir des cadeaux avec son «propre argent»; il avait décliné mes tentatives de donation et tenu à ce que nous nous mariions sous un contrat qui excluait la commu-

6 **soupirer:** seufzen. • 7 **être bercé, e par qc:** von etwas gewiegt werden; hier: von etwas besänftigt werden. • 8 **le timbre:** Tonfall (Stimme). • 9 **fausser compagnie** (f.) **à qn:** jdn. allein lassen. • **gamberger:** grübeln. • 11 **quelqu'un de l'extérieur** (m.): Außenstehende(r). • 11 f. **répondre par l'affirmative** (f.) **à qc:** etwas bejahen. • 12 **le conseiller éditorial:** Redaktionsberater. • 13 **le groupe:** hier: Unternehmensgruppe, Verlagsgruppe. • 14 **le parc immobilier:** Immobilienpark, Immobilienbestand. • 15 **scrupuleux, -euse:** gewissenhaft, ehrlich. • 18 f. **décliner qc:** etwas ablehnen, etwas zurückweisen. • 19 **la tentative:** Versuch. • **la donation:** Schenkung. • **tenir à qc:** hier: auf etwas bestehen. • 20 **le contrat:** hier: Ehevertrag. • 20 f. **exclure la communauté de biens** (m.): Gütergemeinschaft ausschließen (*la séparation des biens:* Gütertrennung).

nauté de biens. Le contraire d'un époux avide et intéressé. Pourquoi demeurait-il en couple avec moi s'il avait femme et enfants autre part? Peut-être n'aimait-il pas assez cette femme pour partager sa vie? Oui, peut-être ... Il n'osait pas le lui dire ... Elle avait l'air si banale ... il arguait de moi pour éviter de se coller avec une manucure ... Au fond, il préférait ma compagnie ... Mais ses enfants? Je connaissais Samuel: comment pouvait-il résister à l'envie et au devoir de vivre avec ses enfants? Il fallait un motif puissant pour l'en empêcher ... Lequel? Moi? Moi qui ne pouvais pas lui en procurer ... Ou alors la lâcheté? Une lâcheté constitutive? Cette lâcheté que mes amies jugent la caractéristique principale des hommes ... En fin d'après-midi, n'arrivant à me fixer sur aucune idée, je finissais par conclure que son jeune fils avait raison: je devais avoir sombré dans la démence.

Mon état empirait. Et celui de Samuel. Par une sorte d'étrange empathie, des cernes alourdissaient ses yeux fourbus, l'appréhension tirait ses traits et je l'entendais souffler lorsqu'il montait les escaliers de

1 **avide:** (geld)gierig. • 1 f. **intéressé, e:** materiell interessiert, auf finanziellen Vorteil bedacht. • 6 **arguer de qn:** jdn. zum Vorwand nehmen. • 6 f. **se coller avec qn:** sich an jdn. hängen, sich jdn. aufhalsen. • 13 **constitutif, -ive:** wesensbedingt. • 14 **la caractéristique:** Wesenszug, Merkmal. • 15 **se fixer sur une idée:** zu einem Ergebnis kommen. • 17 **sombrer dans la démence:** dem Wahnsinn anheim fallen, im Wahnsinn versinken. • 18 **empirer:** sich verschlimmern. • 19 **une empathie:** Einfühlungsvermögen. • **le cerne:** Schatten (unter den Augen), Ring. • **alourdir:** schwermachen. • 20 **fourbu, e:** erschöpft, übermüdet, matt. • **une appréhension:** Sorge, Furcht, Befürchtung. • **tirer les traits** (m.) **de qn:** jdn. abgespannt aussehen lassen. • 21 **souffler:** schwer atmen.

notre hôtel particulier pour me rejoindre dans ma chambre dont je ne sortais plus.

Il me demandait d'être franche, de lui expliquer ma douleur. Naturellement, cela aurait été la meilleure chose, je m'y refusais pourtant. Depuis l'enfance, je pratique une sorte de don à l'envers: j'évite toujours la bonne solution. Nul doute que si je lui avais parlé ou lui avais demandé de parler, nous aurions évité la catastrophe …

Braquée, dure, blessée, je me taisais et le dévisageais en ennemie. Quel que fût l'angle sous lequel je songeais à lui, je le percevais comme un traître: quand ce n'était pas moi qu'il bafouait, c'était sa maîtresse ou ses enfants. Tenait-il à trop de choses ou ne tenait-il à rien? Avais-je devant moi un indécis ou l'homme le plus cynique de la Terre? Qui était-il?

Je m'épuisais dans ces soupçons. Égarée, ne songeant plus à manger ou à boire, je m'affaiblis tant qu'on m'administra plusieurs piqûres de vitamines et qu'on finit par m'hydrater sous perfusion.

Samuel n'avait guère l'air plus vaillant. Or, il refusait de s'intéresser à lui; c'est moi qui étais souffrante. Jouissant de son inquiétude ainsi qu'une vieille maî-

3 **franc, franche:** ehrlich. • 6 **à l'envers:** verkehrt herum; hier: negativ (Talent). • 10 **braqué, e:** verbohrt. • 10f. **dévisager qn:** jdn. mustern. • 13 **bafouer qn:** jdn. vor den Kopf stoßen, jdn. beleidigen. • 15 **un indécis / une indécise:** unentschlossener Mensch. • 17 **s'épuiser dans qc:** sich mit/bei etwas aufreiben. • **égaré, e:** verstört. • 19 **administrer qc:** etwas verabreichen; hier: geben (Spritze). • 20 **hydrater qn sous perfusion** (f.): jdm. Infusionen zur Flüssigkeitszufuhr geben. • 21 **être vaillant, e:** bei Kräften sein, gesund sein. • 22 **souffrant, e:** leidend.

tresse ronge son dernier os d'amour, je n'aurais pas eu l'idée de dépasser mon égoïsme et d'exiger qu'on prenne soin de lui.

Sans doute envoyé par Samuel, le Dr Feldenheim, mon ancien psychiatre, vint me rendre visite.

Quoique j'eusse très envie de lui livrer mes pensées, je parvins à résister pendant trois séances.

À la quatrième, fatiguée de tourner autour du pot, je lui racontai ma découverte: la maîtresse, les enfants, le foyer clandestin.

– Enfin, nous y voilà, conclut-il. Il était temps que vous me crachiez le morceau.

– Ah oui? Vous croyez? Ça nourrit votre curiosité, docteur. Pour moi, ça ne change rien.

– Ma chère Isabelle, au risque de vous surprendre et surtout d'être radié de ma profession, je vais briser la réserve à laquelle je suis tenu: je suis au courant depuis plusieurs années.

– Pardon?

– Depuis la naissance de Florian.

– Florian? Qui est Florian?

1 **ronger son dernier os d'amour** (m.): etwa: die letzte Chance in der Liebe auskosten (*ronger un os:* einen Knochen abnagen). • 2 **dépasser qc:** hier: etwas überwinden, sich über etwas hinwegsetzen (Egoismus). • 6 **livrer ses pensées** (f.) **à qn:** sich jdm. anvertrauen. • 8 **être fatigué, e de tourner autour du pot:** es leid sein, um den heißen Brei herumzureden. • 10 **clandestin, e:** hier: heimlich. • 12 **cracher le morceau à qn** (fam.; fig.): etwas ausspucken, offen über etwas reden, etwas herauslassen. • 13 **nourrir la curiosité de qn:** jds. Neugier befriedigen. • 16 **être radié, e de sa profession:** hier: Berufsverbot bekommen, die Approbation verlieren, aus der Ärztekammer ausgeschlossen werden. • 16f. **briser la réserve:** gegen die (ärztliche) Schweigepflicht verstoßen.

– Le jeune homme que vous avez interrogé, le fils de Samuel.

À l'entendre évoquer familièrement ceux qui détruisaient mon couple et mon bonheur, je sentis la colère monter.

– C'est Samuel qui vous a informé?

– Oui. À la naissance de son fils. Je crois que c'était un secret bien trop lourd pour lui.

– Le monstre!

– N'allez pas trop vite, Isabelle. Avez-vous mesuré à quel point la vie présente des situations difficiles à Samuel?

– Vous plaisantez? Il a tout pour être heureux.

– Isabelle, pas avec moi. N'oubliez pas que, moi, je suis au courant. Je n'ignore pas que vous êtes atteinte de cette maladie rare …

– Taisez-vous.

– Non. Se taire apporte plus de problèmes que de solutions.

– De toute façon, personne ne sait ce que c'est.

– L'impuissance féminine? Samuel, lui, le sait. Il a épousé une femme belle, drôle, séduisante, qu'il adore, et jamais il n'est arrivé à faire l'amour avec elle. Jamais il n'est entré en elle. Jamais il n'a pu jouir en même temps qu'elle. Votre corps lui reste fermé, Isabelle, malgré les innombrables tentatives, malgré

3 **évoquer qc:** etwas beschwören, etwas schildern; hier: etwas erwähnen. • 9 **le monstre:** Ungeheuer, Monster. • 10 **mesurer qc:** etwas ermessen. • 15 **être atteint, e (d'une maladie):** (an einer Krankheit) leiden. • 21 **une impuissance féminine:** Frigidität. • 22 **séduisant, e:** verführerisch. • 24 **jouir:** zum (sexuellen) Höhepunkt kommen, einen Orgasmus haben. • 26 **innombrable:** zahllos.

les thérapies. Songez-vous à la frustration que cela crée chez lui de temps en temps?

– De temps en temps? Tout le temps, figurez-vous! Tout le temps! Pourtant, j'ai beau me haïr, m'en vouloir, ça ne change rien. Parfois, je préférerais qu'il m'ait abandonnée dès que nous l'avons découvert, il y a dix-sept ans!

– Pourtant, il est resté. Savez-vous pourquoi?

– Oui. Pour mes millions!

– Isabelle, pas avec moi.

– Parce que je suis folle!

– Isabelle, s'il vous plaît: pas avec moi. Pourquoi?

– Par pitié.

– Non. Parce qu'il vous aime.

Un épais silence intérieur m'envahit. Je venais d'être recouverte d'une couche de neige.

– Oui, il vous aime. Quoique Samuel demeure un homme comme les autres, un homme naturel qui a besoin de pénétrer dans la chair d'une femme et d'avoir des enfants, il vous aime et continue à vous aimer. Il n'est pas parvenu à vous quitter. Il ne le souhaite pas, du reste. Votre mariage l'a conduit à vivre en saint. Cela justifie qu'il ait eu envie de tenter quelques expériences en dehors. Un jour, il a rencontré cette femme, Nathalie; il a pensé qu'en ayant une liaison avec elle, puis un enfant, il aurait l'envie, la force de

3 **… figurez-vous!:** … stellen Sie sich das vor! • 4 **avoir beau faire qc:** etwas noch so sehr tun können, vergeblich etwas tun. • 4f. **s'en vouloir:** sich etwas übel nehmen, auf sich selbst böse sein. • 15 **épais, se:** dick, dicht; hier: tief (Stille). • **envahir qn:** von jdm. Besitz ergreifen, jdn. erfüllen. • 19 **pénétrer dans qc:** in etwas eindringen. • 22 **du reste:** im übrigen.

s'éloigner. En vain. Il s'est vu contraint d'imposer à sa nouvelle famille la distance, l'absence. Sans doute les enfants ne connaissent-ils pas la vérité, mais Nathalie, elle, la connaît et l'accepte. Du coup, rien n'est simple pour Samuel depuis seize ans. Il s'épuise au travail afin d'apporter de l'argent dans ses deux foyers, pour vous des cadeaux, pour eux de quoi vivre; il s'exténue à se rendre disponible et attentif des deux côtés; il ne s'occupe guère de lui, seulement de vous, seulement des autres. Ajoutez à cela qu'il est rongé par la culpabilité. À vivre loin de Nathalie, de son fils, de ses filles, il s'en veut; à vous mentir depuis si longtemps, il s'en veut aussi.

– Eh bien, qu'il fasse son choix! Qu'il tranche! Qu'il les rejoigne! Ce n'est pas moi qui m'y opposerai.

– Isabelle, il ne pourra jamais.

– Et pourquoi?

– Il vous aime.

– Samuel?

– D'une manière dévorante, d'une manière passionnée, d'une manière incompréhensible, indestructible, il vous aime.

– Samuel …

– Plus que tout …

Le Dr Feldenheim se leva et se retira sur ses mots.

1 **s'éloigner:** sich entfernen; hier: sich absetzen, weggehen. • **en vain:** vergebens. • 4 **du coup:** deswegen, darum. • 7 f. **s'exténuer à faire qc:** sich dabei aufreiben, etwas zu tun. • 8 **se rendre disponible:** sich zur Verfügung halten, verfügbar sein, bereitstehen. • 14 **trancher:** eine klare Entscheidung treffen, einen klaren Schnitt machen. • 20 **dévorant, e:** verzehrend. • 21 **indestructible:** unzerstörbar. • 25 **se retirer sur ses mots:** sich mit diesen Worten zurückziehen.

Pleine d'une douceur nouvelle, je ne me battais plus contre moi-même ou contre un Samuel étranger. Il m'aimait. Il m'aimait tant qu'il m'avait caché sa double vie et l'avait imposée à une femme pourtant capable, elle, de lui ouvrir son corps et de lui donner des enfants. Samuel …

Je l'attendis avec ravissement. J'avais hâte de saisir sa tête dans mes mains, de poser un baiser sur son front et de le remercier pour son amour indéfectible. J'allais lui proclamer le mien, mon vilain amour à moi, capable de doute, de fureur, de jalousie, mon horrible amour si sale qui venait de s'épurer soudainement. Il allait apprendre que je le comprenais, qu'il ne devait rien me cacher, que je souhaitais attribuer une partie de ma fortune à sa famille. Si c'était la sienne, c'était la mienne aussi. J'allais lui montrer que je pouvais passer au-dessus des convenances bourgeoises. Comme lui. Par amour.

À sept heures, Stacy fit un saut pour demander de mes nouvelles. Elle fut rassurée de me trouver souriante, apaisée.

1 **la douceur:** Sanftheit. • 7 **avec ravissement** (m.): mit Entzücken, in Hochstimmung. • **avoir hâte** (f.) **de faire qc:** hier: es kaum erwarten können, etwas zu tun. • 9 **indéfectible** (litt.): unverbrüchlich, unerschütterlich, unvergänglich. • 10 **proclamer qc:** etwas ausrufen, etwas verkünden; hier: etwas erklären (Liebe). • **vilain, e:** hässlich, unschön. • 11 **la fureur** (f.): Wut. • 12 **s'épurer:** sich läutern, rein werden. • 14 **attribuer à qn:** hier: jdm. vermachen, jdm. übertragen (Vermögen). • 17 **les convenances** (f.): Konventionen, Gepflogenheiten. • 19 **faire un saut:** kurz vorbeischauen, auf einen Sprung hereinkommen. • 19 f. **demander des nouvelles de qn:** sich nach jds. Befinden erkundigen. • 20 f. **souriant, e:** heiter. • 21 **apaisé, e:** ruhig, beruhigt.

– Je suis contente de te voir ainsi, après des semaines de sanglots. Tu es métamorphosée.

– Ce n'est pas L'Atelier capillaire, dis-je en riant, c'est parce que j'ai réalisé que j'avais épousé un garçon merveilleux.

– Samuel? Quelle femme n'en voudrait pas?

– J'ai de la chance, non?

– Toi? C'en est même indécent. Pour moi, il devient parfois ardu de rester ton amie: tu as tout pour être heureuse.

Stacy prit congé à huit heures. Résolue à en finir avec l'apathie, je descendis à l'office pour aider la cuisinière à préparer le dîner.

À neuf heures, Samuel n'arrivant pas, je décidai de ne pas m'inquiéter.

À dix heures, j'étais à bout de nerfs. J'avais déjà laissé vingt messages sur le téléphone portable de Samuel qui enregistrait les mots sans y répondre.

À onze heures, l'anxiété me dévorait tant que je m'habillai, sortis ma voiture et, sans réfléchir davantage, pris la direction de la place d'Italie.

À la Butte-aux-Cailles, je trouvai le portail grand ouvert et je vis des gens aller et venir autour de la bicoque grise.

Je me précipitai, passai la porte ouverte, parcourus le hall, avançai vers la lumière et découvris Nathalie

2 **le sanglot:** Schluchzen. • **être métamorphosé, e:** (wie) verwandelt, umgewandelt sein. • 4 f. **le garçon:** (junger) Mann. • 5 **merveilleux, -euse:** wunderbar. • 8 **C'en est même indécent:** etwa: Das ist ja schon fast unanständig. • 9 **ardu, e:** schwierig. • 12 **une apathie:** Teilnahmslosigkeit, Apathie. • **un office:** Raum neben der Küche für Bedienstete.

prostrée sur un fauteuil, entourée par ses enfants et des voisins.

– Où est Samuel? demandai-je.

Nathalie releva la tête, me reconnut. Une ombre de panique traversa ses yeux noirs.

– Je vous en supplie, répétai-je, où est Samuel?

– Il est mort. Tout à l'heure. À six heures. Une crise cardiaque en jouant au tennis avec Florian.

Pourquoi n'ai-je jamais pu avoir une réaction normale? Au lieu de m'effondrer, de sangloter, de hurler, je me tournai vers Florian, relevai le garçon en larmes et le serrai fort contre moi afin de le consoler.

1 **prostré, e:** völlig niedergeschlagen. • 4 **une ombre:** Schatten; hier: Anflug. • 7 f. **la crise cardiaque:** Herzanfall; hier: Herzschlag. • 10 **s'effondrer:** zusammenbrechen, zu Boden fallen.

La princesse aux pieds nus

Il était très impatient de la revoir.

Tandis que le car transportant la petite troupe commençait à gravir la route sinueuse qui conduisait au village sicilien, il ne parvenait plus à penser à autre chose. Peut-être n'avait-il signé cette tournée que pour revenir? Sinon, pourquoi aurait-il accepté? La pièce ne lui plaisait guère, son rôle encore moins et il ne touchait, pour tous ces déplaisirs, qu'un cachet de misère. Certes, il n'avait plus guère le choix: soit il acceptait ce genre d'engagement, soit il renonçait pour toujours à sa carrière de comédien et prenait ce que sa famille appelait un «vrai métier». Car trier ses rôles, il ne le pouvait plus depuis des années; le temps de sa splendeur n'avait duré qu'une ou deux saisons, à ses débuts, parce qu'il était doté d'un physique irrésistible

4 **gravir:** erklimmen, hinauffahren (Straße). • **sinueux, -euse:** gewunden, kurvenreich. • 5 **sicilien, ne:** sizilianisch (*la Sicile:* Sizilien). • 5f. **ne plus parvenir à penser à autre chose:** an nichts anderes mehr denken können. • 6 **signer une tournée:** einen Vertrag für eine Tournee unterschreiben. • 8 **ne … guère:** kaum; hier: nicht sehr. • 9 **le déplaisir:** Missvergnügen, Unbill, Unannehmlichkeit. • 9f. **un cachet de misère:** kümmerliche, mickrige Gage. • 10 **certes:** gewiss. • 10f. **soit … soit:** entweder … oder. • 13 **trier qc:** trennen (Müll); hier: sich etwas aussuchen (können). • 14f. **le temps de sa splendeur:** seine/ihre Glanzzeit. • 15 **la saison:** Jahreszeit; hier: Spielzeit (Theater). • 16 **être doté, e de qc:** mit etwas ausgestattet sein, etwas besitzen. • **le physique:** Aussehen, Äußeres. • **irrésistible:** unwiderstehlich.

et qu'on ne s'était pas encore rendu compte qu'il jouait comme une bûche.

C'était l'époque où il l'avait rencontrée, elle, la femme mystérieuse, dans cette cité posée telle une couronne sur un mont rocheux. Aurait-elle changé? Sans doute. Pas tant que ça.

D'ailleurs, lui non plus n'avait pas beaucoup changé. Fabio avait conservé un physique de jeune premier quoiqu'il ne fût plus ni jeune ni premier. Non, s'il manquait aujourd'hui de bons rôles ce n'était pas parce qu'il s'était dégradé – il plaisait autant aux femmes – mais parce qu'il n'avait pas un talent à la hauteur de son apparence. Ça ne le gênait pas d'en parler, y compris avec ses collègues ou avec les metteurs en scène, car il estimait que le talent ainsi que le physique étaient des dons de naissance. Il avait reçu l'un, il manquait de l'autre. Eh bien quoi? Tout le monde ne pouvait pas mener une carrière au sommet; lui se contentait d'une minuscule carrière; ça lui convenait. Car ce qu'il aimait, ce n'était pas jouer – sinon, il aurait pu

2 **la bûche** (fam.): Trampel. • 4 **tel, le:** wie. • 5 **le mont:** Berg. • 6 **pas tant que ça:** nicht so sehr. • 8 **conserver qc:** sich etwas bewahren. • **le jeune premier:** jugendlicher Held (Theater, Film). • 11 **se dégrader:** sich verschlechtern, körperlich verfallen. • **autant:** ebenso sehr, ebenso viel; hier: nach wie vor gleich. • 12 **à la hauteur de:** auf gleichem Niveau wie. • 13 **une apparence:** (persönliche) Erscheinung. • **Ça ne le gênait pas d'en parler:** Er konnte offen darüber reden. • 15 **estimer:** hier: der Meinung sein. • 16 **le don de naissance** (f.): angeborene Begabung. • 18 **mener une carrière au sommet:** etwa: eine glanzvolle Karriere machen, eine Spitzenkarriere machen (*le sommet:* Gipfel). • 18f. **se contenter de qc:** sich mit etwas begnügen. • 19 **minuscule:** winzig; hier: ganz bescheiden. • **convenir à qn:** jdm. passen, jdm. gelegen kommen.

devenir meilleur –, c'était mener cette vie. Voyages, camaraderies, jeux, applaudissements, restaurants, filles d'un soir. Oui, cette vie-là plutôt que celle qu'on avait prévue pour lui. On pouvait lui faire confiance sur un point: il s'acharnerait le plus longtemps possible à éviter de reprendre sa place dans la ferme familiale.

«Ce fils de paysan a la beauté d'un prince», titrait un des articles que la presse télévisée lui consacra, à ses débuts, lorsqu'il apparut dans un feuilleton qui passionna l'Italie un été durant. *Le Prince Leocadio*. Le rôle de sa gloire. Il lui avait valu des milliers de lettres écrites par des femmes, certaines provocantes, d'autres flatteuses, d'autres intrigantes, toutes énamourées. *Le Prince Leocadio* lui avait permis de décrocher un rôle dans un feuilleton franco-germano-italien, celui d'un milliardaire flamboyant. Ce rôle-là le mit sur la

2 **la camaraderie:** Kumpelhaftigkeit, Freundschaft. • 4 **faire confiance à qn:** jdm. vertrauen, sich auf jdn. verlassen. • 5 **sur un point:** in einem Punkt, in einer Beziehung. • **s'acharner à faire qc:** sich dafür verkämpfen, etwas zu tun. • 6f. **la ferme familiale:** bäuerlicher Familienbetrieb. • 8 **le prince, la princesse:** Prinz, Prinzessin; Fürst, Fürstin. • **titrer:** titeln (Zeitung, Magazin). • 9 **consacrer qc à qn:** jdm. etwas widmen. • 10 **apparaître:** erscheinen. • **le feuilleton:** Fernsehserie. • 10f. **passionner qn:** jdn. begeistern. • 11 **un été durant:** einen Sommer lang. • 11f. **le rôle de sa gloire:** seine/ihre Glanzrolle. • 12 **valoir qc à qn:** jdm. etwas einbringen. • 13 **provocant, e:** provozierend, aufreizend. • 14 **flatteur, -euse:** schmeichelnd, schwärmerisch. • **intrigant, e:** mit Hintergedanken, hinterhältig, intrigant. • **énamouré, e:** verliebt. • 15 **décrocher qc** (fam.): etwas ergattern, etwas an Land ziehen. • 16 **franco-germano-italien, ne:** französisch-deutsch-italienisch (Koproduktion). • 17 **flamboyant, e:** schillernd. • 17f. **mettre qn sur la paille** (fam.): jdn. an den Bettelstab bringen; hier: jdm. zum Verhängnis werden.

paille. Non seulement l'effet de découverte concernant son physique était passé, mais son personnage, démesuré, ambigu, habité de sentiments contradictoires, demandait un véritable acteur. Dès le tournage, on le surnomma «le mannequin», sobriquet qui fut repris par la presse pour commenter sa performance lamentable. Après cela, Fabio ne fut plus engagé devant la caméra qu'en deux occasions, une en Allemagne, une en France, car, dans ces pays-là, le doublage de son milliardaire flamboyant par des acteurs professionnels avait permis à son jeu de faire davantage illusion. Ensuite plus rien. Plus rien de notable. Cet hiver, en revoyant sur une chaîne câblée et nostalgique les épisodes du *Prince Leocadio* qui repassaient à quatre heures du matin, il s'était redécouvert avec consternation, détestant l'histoire inepte, ses partenaires inconsistantes qui s'étaient éclipsées comme lui, et surtout

1 **un effet de découverte** (f.): hier: Reiz der Neuheit. • 3 **démesuré, e:** maßlos. • **ambigu, ë:** zweideutig; hier: doppelbödig, undurchsichtig. • 3f. **contradictoire:** widersprüchlich. • 4 **le tournage:** Dreharbeiten. • 5 **surnommer qn:** jdm. einen Spitznamen geben, jdn. nennen. • **le mannequin:** Mannequin, Model. • **le sobriquet:** Spitzname. • 5f. **reprendre qc:** hier: etwas übernehmen. • 6 **la performance:** schauspielerische Leistung, Darbietung. • 6f. **lamentable:** erbärmlich, kläglich. • 7f. **être engagé, e devant la caméra:** eine Film-, Fernsehrolle bekommen. • 8 **en deux occasions** (f.): zweimal (*une occasion:* Anlass, Gelegenheit). • 9 **le doublage:** Doubeln; hier: Synchronisierung. • 11f. **faire davantage illusion** (f.): glaubwürdiger, besser wirken. • 12 **notable:** nennenswert, bemerkenswert, erwähnenswert. • 13 **la chaîne câblée:** Programm im Kabelfernsehen • **nostalgique:** nostalgisch; hier: auf alte Filme spezialisiert. • 15f. **avec consternation** (f.): bestürzt. • 16 **inepte:** albern. • **le/la partenaire:** hier: Filmpartner(in). • 16f. **inconsistant, e:** hier: unglaubwürdig, nicht authentisch, untalentiert. • 17 **s'éclipser:** von der Bildfläche, in der Versenkung verschwinden.

ses costumes étriqués, ses chaussures à talons ridicules, sa mise en plis volumineuse qui l'assimilait à une actrice de série B américaine, et cette mèche tombant sur l'œil droit qui, le privant d'un regard, rendait encore plus inexpressif son visage régulier. Bref, ses vingt ans seuls excusaient et justifiaient sa présence à l'écran.

Au tournant, la citadelle médiévale apparut, fière, souveraine, imposant le respect par ses remparts élancés et ses tours en demi-lune. Habitait-elle toujours là? Comment allait-il la retrouver, il ne savait même pas son prénom. «Appelez-moi Donatella», lui avait-elle murmuré. Sur le coup, il avait cru que c'était son identité; plusieurs années après, en analysant cette phrase, il s'était rendu compte qu'elle lui avait proposé un pseudonyme.

Pourquoi cette aventure l'avait-elle marqué à ce

1 **étriqué, e:** zu eng (Kleidung). • **la chaussure à talons** (m.): Schuh mit hohem Absatz. • 2 **la mise en plis** (m.): Wasserwelle. • **volumineux, -euse:** ausladend, wallend. • **assimiler qn à qn:** jdn. so ähnlich aussehen lassen wie jemand (anderes). • 3 **la série B américaine:** *B Pictures;* amerikanische Spielfilme minderer Qualität. • **la mèche:** Haartolle. • 4 **priver qn d'un regard:** jds. Sicht beeinträchtigen. • 5 **inexpressif, -ive:** ausdruckslos. • 6 **justifier qc:** etwas rechtfertigen. • 6f. **la présence à l'écran** (m.): Bildschirmpräsenz. • 8 **au tournant:** hier: nach einer Kurve. • **la citadelle:** Festung, Zitadelle. • **médiéval, e:** mittelalterlich. • 9 **souverain, e:** souverän; hier: erhaben. • **imposer le respect:** Achtung gebieten. • **des remparts** (m.): Stadtmauern, Befestigungsanlage. • 9f. **élancé, e:** schlank; hier: hoch aufragend. • 10 **en demi-lune** (f.): halbmondförmig. • 13 **murmurer à qn:** hier: jdm. zuflüstern. • **sur le coup:** zunächst, kurzzeitig. • 15f. **proposer qc:** etwas vorschlagen; hier: etwas angeben, etwas nennen. • 16 **le pseudonyme:** angenommer Name, Pseudonym. • 17 **marquer qn:** jdn. prägen, bei jdm. einen tiefen Eindruck machen. • 17f. **à ce point:** so sehr.

point? Pourquoi y songeait-il quinze ans après, alors qu'il avait possédé depuis des dizaines de femmes?

Sans doute parce que Donatella s'était montrée mystérieuse et l'était restée. Les femmes nous plaisent parce qu'elles arrivent enchâssées dans le chaton d'une énigme et cessent de nous plaire sitôt qu'elles nous intriguent moins. Elles croient que les hommes ne sont attirés que par leur entrejambe? Erreur, les hommes sont davantage attirés par leur romanesque que par leur sexe. La preuve? S'ils s'éloignent, c'est plus à cause des jours que des nuits. Les jours passés sous la lumière crue du soleil à discuter ternissent plus l'aura d'une femme que les nuits occupées à se fondre l'un dans l'autre. Souvent, Fabio avait envie de déclarer à la gent féminine: gardez les nuits et supprimez les jours, vous retiendrez les hommes plus longtemps. Pourtant il s'en empêchait, un peu par prudence afin de ne pas les chasser, beaucoup parce qu'il était persuadé qu'elles ne comprendraient pas: elles y verraient la confirmation que les hommes ne songent

2 **des dizaines** (f.) **de:** etwa: Dutzende von (*la dizaine:* etwa, rund zehn). • 5 **enchâssé, e:** gefasst (Ring). • **le chaton:** Fassung eines Ringes. • 6 **une énigme:** Rätsel. • **sitôt que:** sobald. • 7 **intriguer qn:** jdm. rätselhaft erscheinen. • 8 **un entrejambe:** Schritt; hier: (weibliches) Geschlechtsorgan. • 9 **le romanesque** (fig.): romantische Ausstrahlung. • 10 **le sexe:** hier: Geschlechtsorgan. • **s'éloigner:** hier: auf Distanz gehen, sich absetzen. • 12 **cru, e:** roh; hier: grell (Licht). • **ternir qc:** etwas trüben, etwas verblassen lassen. • 13 f. **se fondre l'un dans l'autre:** (im Geschlechtsakt) miteinander verschmelzen. • 15 **la gent féminine:** alle Frauen. • 16 **retenir qn:** hier: jdn. an sich binden. • 17 **s'empêcher de qc:** sich etwas verkneifen, etwas unterlassen. • 18 **chasser qn:** jdn. jagen; hier: jdn. vertreiben.

qu'à baiser alors qu'il voulait suggérer que les plus grands coureurs de femmes – comme lui – sont des mystiques en quête de mystère qui préféreront toujours dans la créature féminine ce qu'elle ne leur donne pas à ce qu'elle leur abandonne.

Donatella lui était apparue un soir de mai, dans les coulisses du théâtre municipal, après la représentation. C'était deux ans après ses débuts télévisuels triomphants, alors qu'il amorçait déjà sa chute. A l'époque, on ne voulait plus de lui à l'écran mais, à cause de sa petite notoriété, on lui avait proposé un grand rôle sur les planches: il interprétait *Le Cid* de Corneille, un véritable marathon de tirades en vers qu'il débitait avec scrupule sans les comprendre. Son bonheur, en sortant de scène, n'était pas d'avoir bien joué mais d'être parvenu au terme sans se tromper, à l'instar d'un sportif accomplissant une distance inha-

1 **baiser** (pop.): vögeln. • **suggérer qc:** etwas andeuten, etwas zu verstehen geben. • 2 **le coureur de femmes** (fam.): Schürzenjäger. • 3 **le mystique:** Mystiker. • **en quête** (f.) **de qc:** auf der Suche nach etwas. • **le mystère:** Geheimnis, Mysterium. • 4 **la créature:** Wesen, Geschöpf. • 5 **abandonner qc à qn:** jdm. etwas überlassen. • 8 **les débuts télévisuels:** hier: erste Fernsehauftritte. • 9 **triomphant:** hier: höchst erfolgreich. • **amorcer sa chute:** etwa: sich auf dem absteigenden Ast befinden. • 10 **à l'écran** (m.): hier: im Fernsehen. • 11 **la notoriété:** Bekanntheit(sgrad). • 12 **le rôle sur les planches** (f.): Theaterrolle. • 13 **Pierre Corneille:** französischer Klassiker und Verfasser von Tragödien (1606–84), darunter die Tragikomödie *Le Cid* von 1638. • **le marathon** (fig.): hier: endlose Folge. • **la tirade (en vers)** (m.): Wortschwall, Tirade; hier: (gereimter) Monolog. • 14 **débiter:** hier: deklamieren. • **avec scrupule** (m.): gewissenhaft. • 15 **sortir de scène** (f.): von der Bühne abtreten. • 16 **parvenir au terme** (m.): zum Ende, zum Abschluss kommen. • 17 **accomplir qc:** hier: etwas schaffen. • 17 f. **inhabituel, le:** ungewohnt.

bituelle. Moins lucide sur lui qu'aujourd'hui, il percevait toutefois que le public appréciait surtout sa figure, voire ses jambes qu'un collant mettait en valeur.

Un immense panier en osier contenant des orchidées jaunes et brunes avait été déposé devant sa loge avant le spectacle. Aucune carte ne l'accompagnait. Pendant la représentation, quand ce n'était pas à son tour de déclamer, Fabio n'avait pu s'abstenir de chercher dans la salle qui pouvait lui avoir envoyé ce présent somptueux. Or la blancheur des projecteurs l'aveuglait, l'empêchant de scruter le public protégé par la pénombre; et puis, il y avait cette fichue pièce …

Après des applaudissements convenables, Fabio fila dans sa loge, prit une douche rapide et s'aspergea d'eau de Cologne car il se doutait que la personne à l'origine du cadeau allait se montrer.

Donatella l'attendait dans le couloir des coulisses.

1 **être lucide sur soi:** sich genau einschätzen können (*lucide:* klarsichtig, hellsichtig). • 1 f. **percevoir:** erkennen. • 2 **toutefois:** gleichwohl, dennoch. • 3 **voire:** ja sogar. • **le collant:** Strumpfhose; hier: enges Beinkleid. • **mettre qc en valeur** (f.): etwas zur Geltung bringen. • 4 **le panier en osier** (m.): Weidenkorb. • 8 **ne pouvoir s'abstenir de faire qc:** etwas unbedingt tun müssen. • 9 f. **le présent:** Geschenk. • 10 **somptueux, -euse:** prachtvoll, herrlich. • **la blancheur:** hier: grellweißes Licht. • **le projecteur:** Scheinwerfer, Projektor. • 11 **aveugler qn:** jdn. blenden. • **empêcher qn de faire qc:** jdn. daran hindern, etwas zu tun. • **scruter qc:** hier: etwas absuchen. • 12 **la pénombre:** Halbdunkel. • **fichu, e** (fam.): verflixt. • 14 **convenable:** passend; hier: passabel, artig (Beifall). • **filer:** flitzen; hier: schnell verschwinden. • 15 **s'asperger de qc:** sich mit etwas besprengen. • 16 **une eau de Cologne:** Kölnisch Wasser. • **se douter:** ahnen. • 16 f. **être à l'origine de qc:** für etwas verantwortlich sein, hinter etwas stecken.

Fabio vit une très jeune femme, aux cheveux longs maintenus sur les côtés par une couronne tressée, qui lui tendit un poignet gracieux.

Imprégné par le ton chevaleresque de son rôle, il exécuta spontanément un baisemain, ce qu'il ne pratiquait guère.

– C'est vous? demanda-t-il en songeant aux orchidées.

– C'est moi, approuva-t-elle en baissant des lourdes paupières aux cils d'un noir brillant.

Ses jambes et ses bras s'échappaient furtivement d'une robe fluide de soie ou de mousseline – il n'aurait su dire –, quelque chose de léger, d'aérien, de précieux, d'oriental, le choix d'une femme au corps souple et doux, une femme qui ne pèse pas lourd. Un bracelet d'esclave entourait son bras blanc, quoique l'expression «bracelet d'esclave» ne convînt plus dès qu'il s'agissait d'elle: on avait l'impression d'admirer celle qui commande aux esclaves, voire qui transforme les humains en esclaves, une sorte de Cléopâtre, oui, une Cléopâtre installée sur un mont de Si-

2 **maintenir qc:** hier: etwas zusammenhalten (Haar). • **la couronne tressée:** hier: geflochtener Haarkranz. • 3 **gracieux, -euse:** anmutig. • 4 **être imprégné, e par qc:** von etwas erfüllt sein. • **chevaleresque:** ritterlich. • 5 **exécuter un baisemain:** einen Handkuss geben. • 10 **le cil:** Wimper. • 11 **s'échapper:** hier: hervorschauen. • **furtivement:** verstohlen; hier: kaum sichtbar, kaum merklich. • 12 **fluide:** fließend, flauschig (Kleid). • **la mousseline:** Musselin; sehr leichte, lockere, feinfädige und glatte Stoffart. • 13 **aérien, ne:** luftig. • 15 **souple:** geschmeidig. • 17 **convenir:** hier: zutreffen, passen. • 20f. **Cléopâtre:** Kleopatra VII. (69–30 v.Chr.); letzte Königin des ägyptischen Ptolemäerreiches.

cile tant s'échappait d'elle une force impérieuse, mélange de sensualité, de timidité et de sauvagerie.

– Je vous invite à souper. Voulez-vous?

Est-il utile de répondre à cette question? Le fit-il d'ailleurs?

Fabio se souvenait qu'il lui avait offert son bras et qu'ils étaient partis ensemble.

Une fois dehors, dans les rues pavées du village historique, sous une lune voilée, il remarqua qu'elle marchait pieds nus. Elle nota sa surprise et anticipa sur une question:

– Oui, je me sens plus libre ainsi.

Elle affirmait cela avec un tel naturel que cela demeurait sans réplique.

Quelle magnifique promenade dans un soir où tournaient, entre la fraîcheur des murs, des parfums de jasmin, de fenouil et d'anis. Bras dessus, bras dessous, ils montèrent en silence au plus haut de la citadelle. Là se trouvait une auberge cinq étoiles, du plus grand luxe qui soit.

Comme elle se dirigeait vers l'entrée, il eut un geste pour la retenir: en aucun cas il n'avait les moyens d'y emmener une conquête.

1 **s'échapper de qn:** hier: von jdm. ausgehen. • **impérieux, -euse:** gebieterisch. • 2 **la sensualité:** Sinnlichkeit. • **la sauvagerie:** Wildheit. • 8 **pavé, e:** gepflastert (Straße). • 10 **anticiper sur qc:** etwas vorwegnehmen. • 13 **avec un tel naturel:** so natürlich, in so natürlichem Ton. • 13 f. **demeurer sans réplique** (f.): eine Entgegnung überflüssig machen. • 15 f. **tourner:** hier: sich abwechseln. • 17 **le fenouil:** Fenchel. • **bras dessus, bras dessous:** Arm in Arm. • 21 **se diriger vers qc:** auf etwas zugehen. • 23 **la conquête:** Eroberung; Frau, deren Gunst man gewonnen hat.

Il semblait que Donatella ait deviné ses pensées car elle le rassura:

– Ne vous inquiétez pas. Ils sont prévenus. Ils nous attendent.

Quand ils pénétrèrent dans la salle, tous les membres du personnel se tenaient en effet sur un double rang et s'inclinèrent devant eux. En passant au milieu de cette allée stylée au bras de cette ravissante femme, Fabio eut l'impression de conduire une mariée à l'autel.

Bien qu'ils fussent les uniques clients de ce restaurant gastronomique, on les installa dans un cabinet à l'écart afin qu'ils jouissent d'une certaine intimité.

Le maître d'hôtel s'adressait à la jeune femme avec une excessive courtoisie en l'appelant «Princesse». Le sommelier faisait de même. Identiquement le cuisinier. Fabio en conclut que la jeune femme devait être une altesse séjournant ici et que c'était sans doute par égard pour son rang qu'on lui passait ses excentricités et qu'on tolérait qu'elle vînt dîner pieds nus.

On leur servit du caviar et des vins somptueux; les

3 **être prévenu, e:** Bescheid wissen. • 5 **pénétrer (dans une salle):** (einen Saal) betreten. • 6 **se tenir sur un double rang:** Spalier stehen. • 7 **s'incliner:** sich verneigen. • 8 **stylé, e:** stilvoll. • **ravissant, e:** entzückend. • 12f. **le cabinet à l'écart** (m.): Nebenzimmer (*à l'écart:* abseits). • 13 **une intimité:** Abgeschiedenheit, Intimität. • 14 **le maître d'hôtel** (m.): Oberkellner. • 15 **excessif, -ive:** übermäßig, außergewöhnlich. • **la courtoisie:** Höflichkeit. • 16 **le sommelier / la sommelière:** Weinkellner(in). • **faire de même:** es (jdm.) nachtun. • **identiquement:** in gleicher Weise, gleichfalls. • 18 **une altesse:** Hoheit. • **séjourner:** sich aufhalten. • 19 **passer qc à qn:** jdm. etwas nachsehen. • **les excentricités** (f.): exzentrisches Auftreten, Extravaganzen. • 21 **somptueux, -euse:** erlesen (Wein).

plats se succédaient, inventifs, savoureux, exceptionnels. Entre les deux convives, la conversation demeurait poétique: on parla de la pièce, de théâtre, de cinéma, d'amour, de sentiments. Fabio comprit vite qu'il fallait éviter de poser des questions personnelles à la princesse car elle se fermait à la moindre inquisition. Il découvrit aussi qu'elle avait souhaité dîner avec lui parce qu'elle avait adoré les deux feuilletons qui l'avaient rendu célèbre; à sa grande surprise, alors qu'il était fort impressionné par elle, il comprit que, paré des héros romanesques qu'il avait interprétés, il l'impressionnait autant.

Au dessert, il se permit de lui saisir la main; elle le laissa avancer; il lui exprima avec une délicatesse nouvelle, digne de ses personnages, qu'il ne rêverait que d'une chose, pouvoir la serrer dans ses bras; elle frémit, baissa les paupières, frissonna de nouveau puis murmura sur un souffle:

– Suivez-moi.

Ils se dirigèrent vers le grand escalier qui conduisait aux chambres et elle le mena jusqu'à sa suite, l'appartement le plus luxueux que Fabio eût jamais vu, une exubérance de velours et de soie, enrichie de brode-

1 **se succéder:** aufeinanderfolgen. • **inventif, -ive:** einfallsreich. • **savoureux, -euse:** schmackhaft. • 2 **le convive:** Gast. • 6 **une inquisition:** hier: genauere Nachfrage. • 10 **impressionner qn:** jdn. beeindrucken. • 11 **être paré, e de qc:** mit etwas geschmückt sein. • 14 **laisser qn avancer:** hier: jdn. gewähren lassen. • **la délicatesse:** Zartgefühl. • 16f. **frémir:** zittern, beben. • 17 **frissonner:** erschaudern. • 18 **murmurer sur un souffle:** hauchen. • 23 **une exubérance:** Fülle, Überfluss. • **être enrichi, e de qc:** mit etwas angereichert sein; hier: mit etwas verziert sein. • 23f. **la broderie:** Stickerei.

ries, de tapis persans, de plateaux en ivoire, de sièges marquetés, de carafes en cristal, de gobelets en argent.

Elle referma la porte et, dénouant le foulard aérien qui entourait sa gorge, elle lui fit comprendre qu'elle se donnait à lui.

Était-ce à cause du décor digne d'un conte oriental? Était-ce à cause des mets et des vins voluptueux? Était-ce à cause d'elle, si étrange, à la fois rétive et policée, sophistiquée et animale? En tout cas, Fabio passa une nuit d'amour exceptionnelle, la plus belle de son existence. Et cela, aujourd'hui, quinze ans après, il pouvait le certifier.

Au matin, quand le soleil pointa, il sortit de son fragile sommeil d'amant et revint à la réalité de sa journée: il devait parcourir quatre-vingts kilomètres avec la troupe pour jouer l'après-midi et le soir, on l'attendait dès huit heures trente dans le hall de son hôtel, l'administrateur de tournée allait encore s'emporter contre lui et le mettre à l'amende. Fin du rêve, donc!

Se rhabillant à la hâte, il prit néanmoins garde à ne

1 **le tapis persan:** Perserteppich. • **un ivoire:** Elfenbein. • 2 **marqueté, e:** intarsienverziert (*la marqueterie:* Einlegearbeit, Intarsienarbeit). • **le gobelet:** Becher. • 3 **dénouer qc:** etwas aufbinden, etwas lösen. • 4 **entourer qc:** etwas einhüllen. • 5 **se donner à qn:** sich jdm. hingeben. • 6 **le décor:** Umgebung, Kulisse. • 7 **le mets:** Gericht, Speise. • **voluptueux, -euse:** sinnlich. • 8 **rétif, -ive:** widerspenstig. • **policé, e** (litt.): gesittet. • 9 **sophistiqué, e:** raffiniert, mondän. • **animal, e:** animalisch; hier: triebhaft. • 12 **certifier:** bestätigen, versichern. • 13 **pointer:** aufgehen, sich zeigen (Sonne). • 13 f. **fragile:** zerbrechlich; leicht (Schlaf). • 18 **un administrateur de tournée:** Tourneeveranstalter. • 18 f. **s'emporter contre qn:** sich über jdn. aufregen. • 19 **mettre qn à l'amende:** jdn. bestrafen (*une amende:* Geldstrafe). • 20 **se rhabiller:** sich wieder anziehen. • **à la hâte:** eilends. • **néanmoins:** trotzdem.

pas faire de bruit. C'était sa seule façon de prolonger l'enchantement.

Avant de quitter la chambre, il s'approcha de Donatella abandonnée sur le vaste lit à baldaquin. Pâle, fine, si mince, un sourire sur les lèvres, elle dormait encore. Fabio n'eut pas le cœur de la réveiller. En imagination, il lui dit au revoir, il se souvint qu'il alla même jusqu'à penser qu'il l'aimait et qu'il l'aimerait toujours, puis il s'enfuit.

Le bus franchissait maintenant les portes de la citadelle, amenant la troupe des Escargots verts au théâtre municipal. Le directeur monta à l'avant et leur annonça d'une moue morose que les réservations ne dépassaient pas le tiers de salle. Il semblait le leur reprocher.

Quinze ans après, c'était vrai, ce qu'il avait pensé en prenant congé de Donatella ... Il l'aimait. Oui, il l'aimait encore. Sinon davantage.

L'histoire n'avait pas eu de fin. Pour cette raison, peut-être, elle durait encore.

Descendant en courant de la citadelle, Fabio était revenu à temps à son hôtel pour boucler ses bagages auxquels le régisseur avait joint les orchidées de sa loge. Fabio avait sauté dans la voiture – à l'époque, en

2 **un enchantement:** Zauber. • 4 **abandonné, e:** hier: ganz entspannt, gelöst. • **le baldaquin:** Baldachin, Betthimmel. • 6 **ne pas avoir le cœur de faire qc:** es nicht übers Herz bringen, etwas zu tun. • 10 **franchir qc:** (durch etwas) hindurchfahren. • 11 **un escargot:** Schnecke (mit Haus). • 13 **d'une moue morose:** etwa: mit griesgrämiger Miene (*faire une moue:* schmollen, das Gesicht verziehen). • **les réservations** (f.): Kartenvorverkauf. • 13 f. **dépasser:** hinausgehen über, übersteigen. • 21 **boucler les bagages** (m.): Koffer packen.

tant que premier rôle, il avait droit à une limousine avec chauffeur, il n'était pas relégué dans le car avec la troupe comme aujourd'hui –, s'était rendormi, puis juré de téléphoner à l'auberge luxueuse; mais il avait fallu répéter les entrées et les sorties du spectacle dans un nouveau théâtre, jouer, puis rejouer encore.

Il avait différé son appel. Ensuite, il n'osa plus se manifester. L'ordinaire de son existence avait repris le dessus; il avait l'impression d'avoir rêvé; il avait surtout compris, en revisitant ses souvenirs, que Donatella lui avait suggéré à plusieurs reprises qu'il s'agissait d'une soirée unique, pour elle autant que pour lui, une merveille sans lendemain.

Qu'allait-il la déranger? Elle était riche, de haute naissance, sans doute déjà mariée. Il se résolut à prendre la place qu'elle lui avait donnée: le caprice d'un soir. Il s'amusait d'avoir été un homme-objet, un jouet entre ses mains, il avait éprouvé tant de plaisir à incarner son fantasme; elle le lui avait demandé avec une telle gentillesse, et tant d'élégance …

1 **le premier rôle:** hier: Hauptdarsteller. • 2 **être relégué, e dans le car:** etwa: mit dem Bus vorliebnehmen müssen, in den Bus abgeschoben werden. • 5 **répéter:** proben. • **les entrées et les sorties** (f.): Auftritt und Abtritt (in einem Theaterstück). • 7 **différer qc:** etwas aufschieben, etwas verschieben. • 7 f. **se manifester:** hier: sich melden. • 8 f. **reprendre le dessus:** sich wieder einstellen, sich wieder durchsetzen, wieder die Oberhand gewinnen. • 10 **revisiter qc:** etwas Revue passieren lassen, noch einmal durchgehen. • 11 **à plusieurs reprises** (f.): mehrfach. • 13 **la merveille:** Wunder. • 14 f. **de haute naissance:** von adliger Geburt. • 15 **se résoudre à faire qc:** hier: sich damit abfinden, etwas zu tun. • 16 **le caprice:** Laune. • 17 **un homme-objet:** ein Mann als Lustobjekt. • 18 **le jouet:** Spielzeug. • **éprouver qc:** etwas empfinden. • 19 **incarner le fantasme de qn:** jds. (sexuelle) Wunschvorstellung verkörpern.

Le car cessa de vrombir: ils étaient arrivés. La troupe des Escargots verts jouissait de deux bonnes heures de liberté avant le rendez-vous au théâtre.

Fabio déposa son bagage dans sa chambre exiguë et prit le chemin de l'auberge.

En gravissant les rues, il songeait à l'imbécillité de son espoir. Pourquoi s'était-il imaginé la revoir? Si elle séjournait à l'époque dans cet hôtel, c'est parce qu'elle n'y habitait pas; elle n'avait donc aucune raison de l'y retrouver aujourd'hui.

– En fait, je ne vais pas à un rendez-vous, conclut-il avec amertume. Pas plus que je ne mène une enquête. J'accomplis un pèlerinage. Je marche dans mes souvenirs, les souvenirs d'une époque où j'étais jeune, beau et célèbre, un temps où une princesse pouvait me désirer.

Arrivé devant l'auberge, il fut impressionné davantage que par le passé car, désormais, il savait mieux la valeur des choses: il fallait jouir de revenus importants pour séjourner ici.

Il hésita à franchir la porte.

Ils vont me chasser. Ça se voit au premier coup d'œil que je n'ai pas les moyens de me payer ne serait-ce qu'un cocktail au bar.

Pour s'insuffler du courage, il se souvint qu'il était

1 **vrombir:** dröhnen, laut brummen. • 2 **jouir de qc:** etwas genießen; hier: über etwas verfügen. • 4 **exigu, ë:** winzig. • 6 **une imbécillité:** Dummheit. • 12 **une amertume:** Bitterkeit. • 13 **le pèlerinage:** Pilgerfahrt. • 17 f. **davantage que par le passé:** etwa: mehr als in der Vergangenheit. • 18 **désormais:** künftig; hier: jetzt. • 25 **s'insuffler du courage:** sich Mut machen.

acteur, qu'il avait un bon physique: il décida d'entrer dans la peau du rôle et passa le seuil.

A la réception, il évita les jeunes employés et s'approcha du concierge sexagénaire qui non seulement risquait d'avoir travaillé là quinze ans plus tôt mais d'être doté de la mémoire vive des concierges.

– Excusez-moi, je suis Fabio Fabbri, comédien, et j'ai séjourné ici il y a quinze ans. Vous y étiez déjà?

– Oui, monsieur. J'étais liftier à l'époque. Que puis-je pour vous?

– Voilà, il y avait une jeune femme, très belle, une altesse. Vous ne vous rappelez pas?

– Beaucoup de personnes de sang royal logent chez nous, monsieur.

– Elle se faisait appeler Donatella quoique je doute que … Le personnel s'adressait à elle en lui donnant le titre de «Princesse».

L'homme aux clés d'or se mit à feuilleter ses souvenirs.

– Voyons, voyons, la princesse Donatella, la princesse Donatella … Non, je suis désolé, je ne vois pas.

– Si, vous devez vous en souvenir. Outre qu'elle était très jeune et très belle, elle se montrait assez excentrique. Par exemple, elle marchait pieds nus.

2 **passer le seuil:** eintreten (*le seuil:* Schwelle). • 3 **éviter qn:** jdn. meiden, jdm. aus dem Weg gehen. • 4 **le concierge:** hier: Rezeptionist. • **sexagénaire:** sechzigjährig. • 6 **vif, vive:** lebhaft; hier: scharf (Gedächtnis). • 9 **le liftier:** Liftboy. • 13 **de sang royal:** königlichen Geblüts. • 18f. **feuilleter (ses souvenirs):** noch einmal (in seinen Erinnerungen) kramen (*feuilleter:* blättern). • 22 **outre que:** außer dass. • 23f. **excentrique:** unberechenbar, exzentrisch (Verhalten, Auftreten).

Piqué par ce détail, l'homme requit une autre partie de sa mémoire et s'exclama soudain:

– J'y suis! Il s'agit de Rosa.

– Rosa?

– Rosa Lombardi!

– Rosa Lombardi. Je me doutais bien que Donatella n'était que le nom qu'elle avait emprunté pour un soir. Avez-vous de ses nouvelles? Revient-elle ici? J'avoue que c'est le genre de femme qu'on ne peut pas oublier.

L'homme soupira en s'appuyant familièrement sur le comptoir.

– Bien sûr, je m'en souviens. Rosa … Elle travaillait ici comme serveuse. C'était la fille du plongeur des cuisines, Pepino Lombardi. Elle était si jeune, la malheureuse, quand elle a été atteinte d'une leucémie, vous savez, cette maladie du sang … Nous l'aimions tous beaucoup. Elle nous apitoyait tellement que nous nous sommes efforcés d'accomplir ses désirs jusqu'à ce qu'elle aille mourir à l'hôpital. La pauvre, elle avait, quoi, dix-huit ans? … Depuis qu'elle était petite, elle circulait dans le village sans chaussures. Pour rire, nous l'appelions la princesse aux pieds nus …

1 **être piqué, e par qc:** durch etwas stutzig gemacht werden. • **requérir qc:** etwas in Anspruch nehmen, mobilisieren. • 2 **s'exclamer:** ausrufen. • 7 **emprunter qc:** hier: etwas annehmen (Name). • 11 **soupirer:** (auf)seufzen. • 14 f. **le plongeur des cuisines** (f.): Tellerwäscher. • 16 **la leucémie:** Leukämie. • 18 **apitoyer qn:** jdm. leidtun. • 19 **accomplir les désirs** (m.) **de qn:** jds. Wünsche erfüllen. • 22 **circuler:** verkehren; hier: herumgehen, herumlaufen. • 22 f. **pour rire:** im/zum Spaß.

Odette Toulemonde

Calme-toi, Odette, calme-toi.

Elle était si vive, si impatiente, si enthousiaste qu'elle avait l'impression de s'envoler, quitter les rues de Bruxelles, échapper au couloir de façades, passer les toits pour rejoindre les pigeons dans le ciel. Quiconque voyait sa silhouette légère dévaler le mont des Arts sentait que cette femme, dont une plume ornait les boucles de cheveux, avait quelque chose d'un oiseau …

Elle allait le voir! Pour de vrai … S'approcher de lui … Le toucher peut-être, s'il lui tendait la main …

Calme-toi, Odette, calme-toi.

Alors qu'elle avait plus de quarante ans, son cœur s'emballait aussi vite que celui d'une adolescente. À chaque passage clouté qui la contraignait d'attendre son tour sur le trottoir, des picotements parcouraient

3 **enthousiaste:** begeistert, überschwänglich. • 4 **s'envoler:** davonfliegen. • 5 **Bruxelles:** Brüssel; Hauptstadt Belgiens. • **échapper à qc:** einer Sache entkommen. • **le couloir de façades** (f.): etwa: Straßenschlucht. • 6 **rejoindre qn:** sich zu jdm. gesellen. • 6f. **quiconque:** jeder, der; jede, die. • 7 **dévaler:** schnell hinuntergehen. • 7f. **le mont des Arts** (m.): »Kunstberg«; kleine Erhebung im Zentrum von Brüssel. • 8 **la plume:** Feder. • **orner qc:** etwas schmücken. • 9 **la boucle:** Locke (Haar). • 11 **pour de vrai** (fam.): wirklich, wahrhaftig. • 15 **s'emballer:** hier: anfangen, schneller zu klopfen. • 16 **le passage clouté:** Fußgängerüberweg. • 16f. **attendre son tour:** warten, bis man an der Reihe ist. • 17 **le picotement:** Prickeln, Kribbeln.

ses cuisses, ses chevilles menaçaient de s'élancer, elle aurait voulu sauter par-dessus les voitures.

Lorsqu'elle arriva à la librairie, s'allongeait la file des grands jours; on lui annonça qu'il fallait patienter quarante-cinq minutes avant de se présenter devant lui.

Elle saisit le nouveau livre dont les libraires avaient élevé une pyramide d'exemplaires aussi belle qu'un arbre de Noël et commença à deviser avec ses voisines. Si toutes étaient des lectrices de Balthazar Balsan, aucune ne se révélait aussi assidue, précise et passionnée qu'Odette.

– C'est que j'ai tout lu de lui, tout, et tout aimé, disait-elle pour s'excuser de sa science.

Elle ressentit une grande fierté à découvrir qu'elle connaissait le mieux l'auteur et ses œuvres. Parce qu'elle était d'origine modeste, parce qu'elle travaillait comme vendeuse le jour et plumassière la nuit, parce qu'elle se savait médiocrement intelligente, parce qu'elle venait en bus de Charleroi, ville minière désaffectée, il ne lui déplut pas de se découvrir, parmi

1 **s'élancer:** (vom Boden) abheben. • 3 **s'allonger:** hier: länger werden (Warteschlange). • **la file:** Spur (Straße); hier: Warteschlange. • 4 **les grands jours:** hier: Tage mit großem Publikumsandrang. • **patienter:** sich gedulden. • 5 **se présenter devant qn:** zu jdm. vordringen. • 8 **deviser avec qn:** mit jdm. plaudern, sich mit jdm. unterhalten. • 10 **se révéler:** sich erweisen als. • **assidu, e:** eifrig, beflissen. • 10f. **passionné, e:** begeisterungsfähig, begeistert. • 13 **la science:** Wissenschaft; hier: Informiertheit, Wissensstand. • 17 **la plumassière:** Federschmuckmacherin. • 18 **médiocrement:** mittelmäßig, nicht übermäßig. • 19 **Charleroi:** belgische Stadt mit etwa 200 000 Einwohnern, die im wallonischen Teil Belgiens (Hennegau) liegt. • **la ville minière:** Bergwerksstadt. • 20 **désaffecté, e:** stillgelegt. • **déplaire à qn:** jdm. missfallen. • **se découvrir qc:** etwas an sich entdecken.

ces bourgeoises bruxelloises, une supériorité, sa supériorité de fan.

Au centre du magasin, trônant sur une estrade, auréolé par des spots qui l'éclairaient autant que les plateaux télévisuels dont il était familier, Balthazar Balsan se livrait à la séance de dédicaces avec une bonne humeur appliquée. Après douze romans – et autant de triomphes –, il ne savait plus s'il aimait ou non ces signatures: d'un côté, ça l'ennuyait, tant l'exercice est répétitif et monotone, d'un autre il appréciait de rencontrer ses lecteurs. Cependant, ces temps-ci, la fatigue l'emportait sur l'appétit de discussions; il continuait plus par habitude que par désir, se trouvant à ce point difficile de sa carrière où il n'avait plus besoin d'aider à la vente de ses livres mais où il craignait qu'elle ne baisse. Leur qualité aussi … Peut-être au demeurant venait-il, avec son ultime opus, d'écrire «le livre de trop», celui qui n'était pas singulier, celui qui n'était plus aussi nécessaire que les autres. Pour l'heure, il refusait de se laisser contami-

1 **bruxellois, e:** Brüsseler, aus Brüssel. • **la supériorité:** Überlegenheit. • 3 **trôner:** thronen. • **une estrade:** Podium. • 3f. **être auréolé, e par qc:** durch etwas mit einem hellen Lichtschein umgeben werden. • 4 **le spot** (angl.): Spot, Punktstrahler. • 5 **le plateau télévisuel:** Fernsehbühne. • 6 **se livrer à qc:** sich einer Sache widmen, etwas absolvieren. • **la séance de dédicaces** (f.): Signierstunde (*la dédicace:* Widmung). • 7 **appliqué, e:** eifrig. • 9 **la signature:** Signieren von Büchern, Signierstunde. • 10 **répétitif, -ive:** ständig gleich. • **monotone:** eintönig, monoton. • 12 **l'emporter sur qc:** stärker als etwas sein. • **un appétit:** hier: Lust. • 13 **par habitude** (f.): aus Gewohnheit. • 17 **au demeurant:** im übrigen. • **ultime:** letzter, letzte, letztes. • **un opus** (lat.): Werk. • 18f. **singulier, -ière:** einzigartig, singulär. • 20f. **se laisser contaminer par qc:** sich von etwas anstecken lassen.

ner par ce doute car il l'éprouvait à chaque publication.

Par-dessus les visages anonymes, il avait remarqué une belle femme, une métisse habillée de soie fauve et mordorée, qui, à l'écart, marchait seule de long en large. Quoique absorbée par une conversation téléphonique, elle jetait de temps à autre des œillades pétillantes à l'écrivain.

– Qui est-ce? demanda-t-il au responsable commercial.

– Votre attachée de presse pour la Belgique. Voulez-vous que je vous la présente?

– S'il vous plaît.

Ravi d'interrompre la chaîne des signatures pendant quelques secondes, il retint la main que Florence lui tendait.

– Je vais m'occuper de vous pendant quelques jours, murmura-t-elle, troublée.

– J'y compte bien, confirma-t-il avec une chaleur appuyée.

Les doigts de la jeune femme répondirent de manière favorable à la pression de sa paume, une lueur

1 **éprouver qc:** etwas empfinden. • 4 **le métis / la métisse:** gemischtrassige Person, Mischling. • **fauve:** fahlgelb, falb. • 5 **mordoré, e:** goldbraun. • **à l'écart** (m.): abseits. • 5 f. **marcher de long en large:** auf und ab gehen. • 6 **être absorbé, e par qc:** von etwas (völlig) in Anspruch genommen werden. • 7 **une œillade:** Blick. • 7 f. **pétillant, e:** prickelnd; hier: elektrisierend (Blick). • 11 **un attaché / une attachée de presse** (f.): Pressesekretär(in). • 14 **ravi, e:** entzückt, hoch erfreut. • 18 **murmurer:** murmeln, flüstern. • 19 **compter sur qc:** sich auf etwas verlassen. • **confirmer qc:** etwas bestätigen. • 19 f. **avec une chaleur appuyée:** etwa: betont herzlich. • 22 **la paume:** Hand(fläche). • **la lueur:** Schein, Leuchten.

d'acquiescement traversa ses prunelles, Balthazar sut qu'il avait gagné: il ne passerait pas la nuit seul à l'hôtel.

Ragaillardi, déjà en appétit d'ébats sexuels, il se tourna vers la lectrice suivante avec un sourire d'ogre en lui demandant d'une voix vibrante:

– Alors, madame, que puis-je pour vous?

Odette fut si surprise par l'énergie virile avec laquelle il s'adressait à elle qu'elle en perdit instantanément ses moyens.

– Mm … Mm … Mm …

Incapable d'articuler un mot.

Balthazar Balsan la regarda sans la regarder, aimable de façon professionnelle.

– Avez-vous un livre sur vous?

Odette ne bougea pas, quoiqu'elle détînt un exemplaire du *Silence de la plaine* contre sa poitrine.

– Voulez-vous que je vous signe le dernier?

Au prix d'un effort colossal, elle parvint à esquisser un signe positif.

Il avança la main pour s'emparer du livre; se mépre-

1 **un acquiescement:** Einverständnis, Zustimmung. • **traverser les prunelles** (f.) **de qn:** hier: in jds. Augen aufblitzen (*la prunelle:* Augapfel). • 4 **être ragaillardi, e:** beschwingt, aufgekratzt sein. • **les ébats sexuels:** Liebesspiel. • 5 **un ogre:** Oger, Menschenfresser. • 6 **vibrant, e:** vibrierend, bebend. • 8 **virile:** männlich. • 9f. **perdre ses moyens** (m.): ganz aus der Fassung kommen, völlig verunsichert werden. • 12 **articuler qc:** etwas artikulieren; hier: etwas hervorbringen (Wort). • 16 **détenir qc:** etwas bei sich haben; hier: etwas (an die Brust) gedrückt halten. • 19 **parvenir à faire qc:** es schaffen, etwas zu tun. • 19f. **esquisser un signe positif:** etwa: ein Zeichen der Zustimmung andeuten. • 21 **s'emparer de qc:** sich einer Sache bemächtigen; hier: etwas an sich nehmen. • 21f. **se méprendre:** falsch auffassen.

nant, Odette recula, marcha sur la dame suivante, comprit sa méprise et brandit soudain le volume d'un geste brusque qui manqua le blesser à la tête.

– A quel nom?

– …

– C'est pour vous?

Odette approuva du front.

– Quel est votre nom?

– …

– Votre prénom?

Odette, risquant le tout pour le tout, ouvrit la bouche et murmura en déglutissant:

– …dette!

– Pardon?

– …dette!

– Dette?

De plus en plus malheureuse, étranglée, au bord de la syncope, elle tenta d'articuler une ultime fois:

– …dette!

Quelques heures plus tard, assise sur un banc, tandis que la lumière se grisait pour laisser l'obscurité remonter du sol au ciel, Odette ne se résolvait pas à rentrer à

1 **marcher sur qn:** jdm. auf die Zehen treten. • 2 **la méprise:** Versehen, Irrtum. • **brandir qc:** etwas (in der Luft) schwenken. • 3 **brusque:** abrupt, unvermittelt. • **manquer faire qc:** fast etwas tun. • 11 **risquer le tout pour le tout:** alles auf eine Karte setzen. • 12 **murmurer qc:** etwas murmeln. • **déglutir:** schlucken. • 17 **étranglé, e:** mit erstickter Stimme. • 17 f. **être au bord de la syncope:** einer Ohnmacht nahe sein. • 18 **tenter de faire qc:** versuchen, etwas zu tun. • 21 **se griser:** grau werden. • **une obscurité:** Dunkelheit. • 22 **ne pas se résoudre à faire qc:** sich nicht entschließen können, etwas zu tun.

Charleroi. Consternée, elle lisait et relisait la page de titre où son auteur préféré avait inscrit «Pour Dette».

Voilà, elle avait raté son unique rencontre avec l'écrivain de ses rêves et ses enfants allaient se moquer d'elle … Ils auraient raison. Existait-il une autre femme de son âge incapable de décliner son nom et son prénom?

Sitôt qu'elle fut montée dans le bus, elle oublia l'incident et commença à léviter pendant le trajet de retour car dès la première phrase, le nouveau livre de Balthazar Balsan l'inonda de lumière et l'emporta dans son monde en effaçant ses peines, sa honte, les conversations de ses voisins, les bruits de machines, le paysage triste et industriel de Charleroi. Grâce à lui, elle planait.

Revenue chez elle, marchant sur la pointe des pieds afin de ne réveiller personne – afin surtout d'éviter qu'on la questionne sur sa déconfiture –, elle se mit au lit, assise contre ses oreillers, face au panorama qui, collé au mur, représentait des amants en ombre chinoise devant un coucher de soleil marin. Elle ne parvint pas à se détacher des pages et n'éteignit sa lampe de chevet qu'après avoir achevé le volume.

1 **consterné, e:** fassungslos, verstört. • 3 **rater qc:** etwas verpassen; hier: etwas verpatzen, etwas vermasseln. • 6 **décliner:** nennen. • 8 **sitôt que:** sobald. • 9 **léviter:** schweben. • 11 **inonder qn de lumière** (fig.): in Licht tauchen. • 12 **effacer qc:** hier: etwas vergessen machen. • 15 **planer:** schweben. • 18 **la déconfiture** (fam.): großes Missgeschick, komplettes Versagen. • 19 **face à qc:** hier: mit Blick auf etwas. • 20f. **en ombre chinoise:** als chinesischer Schattenriss. • 21 **marin, e:** hier: am Meer. • 22 **se détacher:** sich lösen; hier: sich losreißen. • 23 **la lampe de chevet:** Nachttischlampe (*le chevet:* Kopfende des Bettes).

De son côté, Balthazar Balsan passait une nuit beaucoup plus charnelle. La belle Florence s'était donnée à lui sans embarras et, devant cette Vénus noire au corps parfait, il s'était contraint à se montrer bon amant; tant d'ardeur avait exigé des efforts et lui avait fait sentir que, pour le sexe aussi, il accusait la fatigue; les choses se mettaient à lui coûter et il se demandait s'il ne s'engageait pas, malgré lui, dans un tournant de l'âge.

À minuit, Florence voulut brancher la télévision pour suivre la célèbre émission littéraire qui devait vanter son livre. Balthazar n'aurait pas accepté si ce n'avait pas été l'occasion de jouir d'une trêve réparatrice.

Le visage du critique littéraire redouté, Olaf Pims, apparut sur l'écran, et, par je ne sais quel instinct, Balthazar sentit immédiatement qu'il allait être agressé.

Derrière ses lunettes rouges – des lunettes de matador qui s'apprête à jouer du taureau avant de le tuer –, l'homme prit un air ennuyé, voire écœuré.

2 **charnel, le:** fleischlich; hier: sinnenfroh, lustvoll. • 3 **sans embarras** (m.): ohne Umschweife, ohne viel Umstand. • **Vénus:** Venus, römische Göttin der Liebe. • 5 **une ardeur:** Liebesglut. • 6 **il accusait la fatigue:** etwa: er merkte die Müdigkeit / die Erschöpfung an sich (selbst). • 7 **coûter à qn:** hier: jdn. Kraft und Anstrengung kosten. • 8 **malgré lui:** gegen seinen Willen, ob er wollte oder nicht. • **le tournant:** Wendepunkt. • 10 **brancher qc:** etwas einschalten (Fernseher). • 13 **une occasion:** Gelegenheit. • **la trêve:** Waffenruhe; hier: Verschnaufpause. • 13 f. **réparateur, -trice:** erholsam. • 15 **redouté, e:** gefürchtet. • 16 **apparaître:** erscheinen. • 17 **agresser qn:** jdn. angreifen, jdn. attackieren. • 18 f. **le matador** (esp.): Stierkämpfer, Matador. • 19 **s'apprêter à faire qc:** sich anschicken, etwas zu tun. • 20 **voire:** ja sogar. • **écœuré, e:** angewidert.

– On me demande de chroniquer le dernier livre de Balthazar Balsan. D'accord. Si au moins cela pouvait être vrai, si l'on était sûr que c'est le dernier, alors ce serait une bonne nouvelle! Car je suis atterré. Du point de vue littéraire, c'est une catastrophe. Tout y est consternant, l'histoire, les personnages, le style … Se montrer aussi mauvais, mauvais avec constance, mauvais avec égalité, ça devient même une performance, c'est presque du génie. Si l'on pouvait mourir d'ennui, je serais mort hier soir.

Dans sa chambre d'hôtel, nu, une serviette autour des reins, Balthazar Balsan assistait, bouche bée, à sa démolition en direct. À ses côtés sur le lit, Florence, gênée, gigotait tel un asticot cherchant à remonter à la surface.

Olaf Pims poursuivit paisiblement son massacre.

– Je suis d'autant plus gêné de dire cela qu'il m'est arrivé en société de croiser Balthazar Balsan, un homme aimable, gentil, propre sur lui, au physique un peu ridicule de prof de gym mais un individu fréquentable, bref le genre d'homme dont une femme divorce agréablement.

1 **chroniquer** (un livre): (ein Buch) besprechen, rezensieren. • 4 **atterré, e:** total schockiert. • 6 **consternant, e:** bestürzend. • 7 **avec constance** (f.): gleich bleibend, durchgängig. • 8 f. **la performance:** Leistung. • 12 **bouche bée:** baff, bass erstaunt. • 13 **la démolition:** Demontage. • 14 **gêné, e:** hier: peinlich berührt. • **gigoter tel un asticot:** etwa: sich winden wie ein Wurm (*un asticot:* Made). • **chercher à faire qc:** versuchen, etwas zu tun. • 16 **paisiblement:** friedlich; hier: ruhig. • **le massacre** (fig.): Abschlachtung, Massakrierung. • 18 **croiser qn en société** (f.): jdm. bei einem gesellschaftlichen Anlass begegnen. • 19 **propre sur soi:** adrett. • **le physique:** Aussehen, Äußeres. • 20 f. **fréquentable:** umgänglich.

Avec un petit sourire, Olaf Pims se tourna vers la caméra et parla comme s'il se trouvait soudain en face de Balthazar Balsan.

– Quand on a autant le sens des clichés, monsieur Balsan, il ne faut pas appeler ça roman, mais dictionnaire, oui, dictionnaire des expressions toutes faites, dictionnaire des pensées creuses. En attendant, voilà ce que mérite votre livre … la poubelle, et vite.

Olaf Pims déchira l'exemplaire qu'il tenait à la main et le jeta avec mépris derrière lui. Balthazar reçut ce geste comme un uppercut.

Sur le plateau, choqué par tant de violence, le présentateur demanda:

– Enfin, comment expliquez-vous son succès?

– Les pauvres d'esprit ont bien le droit d'avoir, eux aussi, un héros. Les concierges, caissières et autres coiffeuses qui collectionnent les poupées de foire ou les photos de crépuscule ont sans doute trouvé l'écrivain idéal.

Florence coupa la télévision et se tourna vers Balthazar. Eût-elle été une attachée de presse plus expérimentée, elle lui aurait servi ce qu'on doit objecter en ces occasions: c'est un aigri qui ne supporte pas la

6 f. **une expression toute faite:** gestanzte Formulierung, Klischee. • 7 **creux, creuse:** hohl, sinnentleert. • 12 **un uppercut** (angl.): Uppercut, Kinnhaken. • 16 **les pauvres d'esprit** (m.; bibl.): die Armen im Geiste, die geistig Minderbemittelten. • 18 **la poupée:** Puppe. • **la foire:** Jahrmarkt, Messe. • 19 **la photo de crépuscule** (m.): hier: Foto mit Sonnenuntergang (*le crépuscule:* Abenddämmerung). • 21 **couper:** hier: abstellen, ausschalten. • 22 f. **expérimenté, e:** erfahren. • 23 **objecter qc:** etwas einwenden. • 24 **un aigri:** verbitterter Kerl.

vogue de tes livres, il les lit en songeant que tu racoles les lecteurs; par conséquent il repère le démagogique dans le naturel, soupçonne l'intérêt commercial sous la virtuosité technique, prend ton désir d'intéresser les gens pour du marketing; de plus, il se condamne en traitant le public de sous-humanité indigne, son mépris social se montrant même ahurissant. Cependant, jeune, Florence restait influençable; médiocrement intelligente, elle confondait méchanceté et sens critique: pour elle, la messe donc était dite.

C'est sans doute parce qu'il sentit le regard méprisant et désolé de la jeune femme sur lui que Balthazar entama, ce soir-là, une phase dépressive. Des commentaires hargneux, il en avait toujours essuyé, des yeux de pitié, jamais. Il commença à se sentir vieux, fini, ridicule.

Depuis cette nuit, Odette avait relu trois fois *Le Silence de la plaine* et l'estimait un des meilleurs romans de Balthazar Balsan. A Rudy, son fils coiffeur, elle fi-

1 **la vogue:** Mode; hier: Erfolg. • **racoler qn** (péj.): sich an jdn. ranschmeißen. • 2 **repérer qc:** etwas ausmachen, etwas zu erkennen glauben. • **le démagogique:** volksverhetzendes Element. • 3 **soupçonner qc:** hier: etwas wittern. • 5 **le marketing** (angl.): Vermarktungsstrategie. • **se condamner:** hier: sich disqualifizieren. • 6 **traiter le public de sous-humanité** (f.): etwa: das Publikum als Untermenschen beschimpfen. • **indigne:** unwürdig. • 7 **ahurissant, e:** unverschämt, skandalös. • 8 **influençable:** leicht zu beeinflussen. • 10 **la messe est dite:** die Messe ist gelesen; hier (fig.): der Fall ist klar. • 11 f. **méprisant, e:** verächtlich. • 13 **entamer une phase dépressive:** etwa: in eine depressive Phase geraten (*entamer qc:* etwas beginnen). • 14 **hargneux, -euse:** bissig, gehässig. • **essuyer qc** (fig.): etwas hinnehmen müssen. • 18 **estimer:** hier: halten für.

nit par avouer sa rencontre ratée avec l'écrivain. Sans rire d'elle, il comprit que sa mère souffrait.

– Qu'attendais-tu? Que voulais-tu lui dire?

– Que ses livres ne sont pas seulement bons mais qu'ils me font du bien. Les meilleurs antidépresseurs de la Terre. Ils devraient être remboursés par l'Assurance maladie.

– Eh bien, si tu n'as pas su lui dire, tu n'as qu'à lui écrire.

– Tu ne trouves pas ça bizarre, que j'écrive, moi, à un écrivain?

– Pourquoi bizarre?

– Une femme qui écrit mal écrivant à un homme qui écrit bien?

– Il y a des coiffeurs chauves!

Convaincue par le raisonnement de Rudy, elle s'installa dans le salon-salle à manger, remisa un instant ses ouvrages de plumes et rédigea sa lettre.

Cher monsieur Balsan,

Je n'écris jamais car, si j'ai de l'orthographe, je n'ai pas de poésie. Or il me faudrait beaucoup de poésie pour vous raconter l'importance que vous avez pour moi. En fait, je vous dois la vie. Sans vous, je me serais tuée

5 **un antidépresseur:** Mittel gegen Depressionen, Antidepressivum. • 6f. **être remboursé, e par l'Assurance maladie:** von der Krankenkasse erstattet/übernommen werden (*une assurance:* Versicherung). • 17 **le salon-salle à manger:** Raum, der sowohl Wohn- als auch Esszimmer ist. • **remiser qc:** etwas verstauen, etwas wegräumen. • 20 **avoir de l'orthographe** (f.): die Rechtschreibung beherrschen. • 23 **devoir qc à qn:** jdm. etwas verdanken.

vingt fois. Voyez comme je rédige mal: une fois aurait suffi!

Je n'ai aimé qu'un homme, mon mari, Antoine. Il est toujours aussi beau, aussi mince, aussi jeune. C'est incroyable de ne pas changer comme ça. Faut dire qu'il est mort depuis dix ans, ça aide. Je n'ai pas voulu le remplacer. C'est ma façon de l'aimer toujours.

J'ai donc élevé seule mes deux enfants, Sue Helen et Rudy.

Rudy, ça va, je crois; il est coiffeur, il gagne sa vie, il est joyeux, gentil, il a tendance à changer de copain trop souvent mais bon, il a dix-neuf ans, il s'amuse.

Sue Helen, c'est autre chose. C'est une maussade. Elle est née avec le poil hérissé. Même la nuit dans ses rêves, elle râle. Elle sort avec un crétin, une sorte de singe qui bricole des mobylettes toute la journée mais qui ne ramène jamais un centime. Depuis deux ans, il loge chez nous. Et en plus, il a un problème … il pue des pieds.

Franchement, ma vie, avant de vous connaître, je la trouvais souvent moche, moche comme un dimanche après-midi à Charleroi quand le ciel est bas, moche comme une machine à laver qui vous lâche quand vous

11 **avoir tendance à faire qc:** dazu neigen, etwas zu tun. • 14 **le/la maussade:** Muffel, mürrische Person. • 15 **être né, e avec le poil hérissé:** etwa: von Natur aus widerborstig sein (*hérissé, e:* gesträubt). • 16 **râler** (fam.): mosern. • **le, la crétin, e:** Trottel. • 17 **bricoler des mobylettes** (f.): an Mofas herumschrauben (*bricoler:* basteln). • 18 **ne pas ramener un centime:** keinen Cent nach Hause bringen. • 19 f. **puer des pieds** (m.): Schweißfüße haben (*puer:* stinken). • 23 **le ciel est bas:** etwa: die Wolken hängen tief. • 24 **lâcher qn** (fam.): jdn. im Stich lassen.

en avez besoin; moche comme un lit vide. Régulièrement la nuit, j'avais envie d'avaler des somnifères pour en finir. Puis un jour, je vous ai lu. C'est comme si on avait écarté les rideaux et laissé entrer la lumière. Par vos livres, vous montrez que, dans toute vie, même la plus misérable, il y a de quoi se réjouir, de quoi rire, de quoi aimer. Vous montrez que les petites personnes comme moi ont en réalité beaucoup de mérite parce que la moindre chose leur coûte plus qu'aux autres. Grâce à vos livres, j'ai appris à me respecter. À m'aimer un peu. À devenir l'Odette Toulemonde qu'on connaît aujourd'hui: une femme qui ouvre ses volets avec plaisir chaque matin, et qui les ferme chaque soir aussi avec plaisir.

Vos livres, on aurait dû me les injecter en intraveineuses après la mort de mon Antoine, ça m'aurait fait gagner du temps.

Quand, un jour, le plus tard possible, vous irez au Paradis, Dieu s'approchera de vous et vous dira: «Il y a plein de gens qui veulent vous remercier du bien que vous avez fait sur terre, monsieur Balsan», et parmi ces millions de personnes, il y aura Odette Toulemonde. Odette Toulemonde qui, pardonnez-lui, était trop impatiente pour attendre ce moment-là.

Odette

2 **avaler des somnifères** (m.): Schlaftabletten schlucken. • 4 **écarter:** hier: aufziehen (Vorhänge). • 6 **misérable:** erbärmlich, elend. • 8 **le mérite:** Verdienst. • 15f. **injecter en intraveineuse:** als Spritze verabreichen (*une intraveineuse:* intravenöse Injektion).

À peine avait-elle achevé que Rudy sortait en trombe de sa chambre où il flirtait avec son nouveau petit copain; ils avaient juste pris le temps de se couvrir d'un caleçon et d'une chemise tant ils avaient hâte d'annoncer à Odette que, selon Internet, Balthazar Balsan donnerait bientôt une autre séance de dédicaces à Namur, pas trop loin d'ici.

– Ainsi, tu pourras lui porter ta lettre!

Balthazar Balsan n'arriva pas seul à la librairie de Namur, son éditeur ayant quitté Paris pour lui soutenir le moral, ce qui avait eu comme résultat principal de le déprimer davantage.

– Si mon éditeur passe plusieurs jours avec moi, c'est que ça va très mal, se disait-il.

Effectivement, les critiques, tels des loups, chassent en bande; l'attaque d'Olaf Pims avait déchaîné la meute. Ceux qui avaient retenu leurs griefs ou leur indifférence contre Balsan se lâchaient désormais; ceux qui ne l'avaient jamais lu avaient quand même des rancœurs à exprimer contre le succès; et ceux qui ne pensaient rien en parlaient aussi puisqu'il fallait participer à la polémique.

1 **sortir en trombe** (f.): herausstürmen. • 4 **avoir hâte** (f.) **de faire qc:** es eilig haben, etwas zu tun. • 6f. **Namur:** südöstlich von Brüssel gelegene belgische Stadt mit ungefähr 100000 fast ausschließlich Französisch sprechenden Einwohnern. • 10f. **soutenir le moral à qn:** jdn. moralisch unterstützen. • 12 **déprimer qn:** jdn. bedrücken, deprimieren. • 16 **en bande** (f.): im Rudel. • 16f. **déchaîner la meute:** die Meute entfesseln / rasend machen. • 17 **le grief:** Klage, Beschwerde; hier: Kritik(punkt). • 18 **se lâcher:** loslegen, sich ins Zeug legen. • **désormais:** jetzt, nun. • 20 **le rancœur:** Groll.

Balthazar Balsan se montrait incapable de répliquer: il ne jouait pas sur ce terrain. Il détestait l'offensive et manquait d'agressivité, n'étant devenu romancier que pour chanter la vie, sa beauté, sa complexité. S'il pouvait s'indigner, c'était pour de grandes causes, pas la sienne. Son unique réaction était de souffrir en attendant que ça passe, au contraire de son éditeur qui aurait aimé exploiter cette effervescence médiatique.

À Namur, les lecteurs l'attendaient en moins grand nombre qu'à Bruxelles car, en quelques jours, il était devenu «ringard» d'apprécier Balthazar Balsan. Celui-ci se montrait d'autant plus aimable avec ceux qui s'aventuraient vers lui.

Ignorant ces agitations puisqu'elle ne lisait pas les journaux ni ne regardait les émissions culturelles, Odette n'imaginait pas que son écrivain vivait des heures si sombres. Pimpante, habillée moins chic que la première fois, encouragée par le verre de vin blanc que Rudy l'avait forcée à ingurgiter au café d'en face, elle se présenta en frémissant devant Balthazar Balsan.

– Bonjour, vous me reconnaissez?

1 f. **répliquer:** hier: sich (mit Worten) wehren. • 2 **il ne jouait pas sur ce terrain:** etwa: dies war nicht sein Ding. • 4 **la complexité:** Vielschichtigkeit. • 5 **s'indigner:** sich entrüsten. • **la grande cause:** ehrenvolle Sache. • 8 **exploiter qc:** etwas ausnutzen, aus etwas Profit schlagen. • 8 f. **une effervescence médiatique:** Medienrummel, Medienhype. • 12 **ringard, e** (fam.): out, nicht mehr angesagt. • 14 **s'aventurer vers qn:** sich zu jdm. vorwagen. • 15 **une agitation:** hier: Unruhe, Aufruhr, Turbulenz. • 17 **ne pas imaginer:** keine Ahnung haben. • 18 **pimpant, e:** adrett, elegant. • 20 **ingurgiter qc:** etwas in sich hineinschütten. • 21 **en frémissant:** nervös, aufgeregt (*frémir:* zittern, beben).

– Euh … oui … nous nous sommes vus … voyons … l'année dernière … Aidez-moi donc …

Nullement vexée, Odette préférait qu'il ait négligé sa prestation ridicule du mardi précédent et le libéra de ses recherches.

– Non, je blaguais. Nous ne nous sommes jamais vus.

– Ah, il me semblait bien, sinon je m'en serais souvenu. A qui ai-je l'honneur?

– Toulemonde. Odette Toulemonde.

– Pardon?

– Toulemonde, c'est mon nom.

À l'énoncé de ce patronyme comique, Balthazar pensa qu'elle se moquait.

– Vous plaisantez?

– Pardon?

Réalisant sa gaffe, Balthazar se reprit.

– Eh bien, dites-moi, c'est original comme nom …

– Pas dans ma famille!

Odette présenta un nouvel exemplaire à dédicacer.

– Pouvez-vous simplement marquer «Pour Odette»?

Balthazar, distrait, voulut être sûr d'avoir bien entendu.

– Odette?

3 **nullement:** keineswegs. • **vexé, e:** gekränkt. • **négliger qc:** etwas vernachlässigen; hier: etwas übergehen. • 4 **la prestation:** Auftritt, Vorstellung. • **précédent, e:** vorausgegangen, letzte(r, s). • 4 f. **libérer qn de qc:** hier: jdn. von etwas erlösen. • 6 **blaguer:** scherzen. • 8 **À qui ai-je l'honneur** (m.)**?:** Mit wem habe ich die Ehre? • 12 **à l'énoncé** (m.) **de:** bei der Nennung von. • **le patronyme:** Nachname. • 14 **plaisanter:** scherzen. • 16 **la gaffe** (fam.): Schnitzer, Patzer. • **se reprendre:** sich verbessern, sich (wieder) fassen; hier: neu ansetzen. • 19 **dédicacer à qn:** jdm. widmen. • 20 **marquer:** hier: (hin)schreiben. • 21 **distrait, e:** zerstreut, unkonzentriert.

– Oui, ça, mes parents ne m'ont pas ratée!

– Allons, c'est ravissant Odette …

– C'est épouvantable!

– Non.

– Si!

– C'est proustien.

– Prou…?

– Proustien … *À la recherche du temps perdu* … Odette de Crécy, la femme dont Swann est amoureux …

– Je ne connais que des caniches qui s'appellent Odette. Des caniches. Et moi. D'ailleurs, sur moi, tout le monde l'oublie ce prénom. Pour qu'on s'en souvienne, faudrait peut-être que je mette un collier et que je me fasse friser?

Il l'examina, pas certain d'avoir bien entendu, puis éclata de rire.

Se penchant, Odette lui glissa une enveloppe.

– Tenez, c'est pour vous. Lorsque je vous parle, je ne dis que des bêtises, alors je vous ai écrit.

Odette s'enfuit dans un bruissement de plumes.

1 **ça, mes parents ne m'ont pas raté** (iron.): etwa: das haben mir meine Eltern eingebrockt!, meine Eltern haben mich nicht geschont • 2 **ravissant:** entzückend, sehr hübsch. • 6 **C'est proustien:** Das klingt nach Proust; *Marcel Proust* (1871–1922): französischer Romanschriftsteller, dessen siebenbändiges Hauptwerk *À la recherche du temps perdu* (*Auf der Suche nach der verlorenen Zeit*) zwischen 1913 und 1927 erschien. • 9 **Odette de Crécy / Swann:** Figuren aus Prousts *Recherche*. • 11 **la caniche:** Pudel. • 14 **le collier:** hier: Hundehalsband. • 15 **se faire friser:** sich eine Krause (wie bei Pudeln) machen lassen. • 18 **se pencher:** sich nach vorne beugen. • **glisser qc à qn:** jdm. etwas zustecken. • 21 **s'enfuir:** hier: schnell verschwinden. • **le bruissement:** hier: (sanftes) Rauschen.

Lorsqu'il se cala au fond de la voiture qui le ramenait en compagnie de son éditeur à Paris, Balthazar fut tenté un instant de lire le message, cependant, lorsqu'il vit le papier kitsch où s'entrelaçaient guirlandes de roses et branches de lilas retenues par des anges fessus, il ne l'ouvrit pas. Décidément, Olaf Pims avait raison: écrivain pour les caissières et les coiffeuses, il n'avait que les fans qu'il méritait! En soupirant, il glissa néanmoins la lettre à l'intérieur de son manteau en chamois.

À Paris l'attendait une descente en enfer. Non seulement son épouse, fuyante, absorbée par son travail d'avocate, ne marqua aucune compassion pour ce qui lui arrivait mais il constata que son fils de dix ans était obligé de se battre au lycée contre les petits péteux qui se moquaient de son père. Il recevait peu de messages de sympathie, jamais du milieu littéraire – peut-être était-ce de sa faute, il ne le fréquentait pas. Enfermé dans son immense appartement de l'île Saint-

1 **se caler au fond:** es sich auf dem Rücksitz bequem machen. • 2 f. **être tenté, e de faire qc:** versucht sein, etwas zu tun. • 4 **kitsch:** kitschig. • **s'entrelacer:** sich miteinander verschlingen, miteinander verschlungen sein. • 6 **fessu, e** (fam.): mit drallen Pobacken (*les fesses*, f.). • 8 f. **soupirer:** seufzen. • 9 **néanmoins:** trotzdem. • 10 **le chamois:** Gamsleder, Chamois. • 11 **la descente en enfer** (m.): Höllenfahrt, Höllentrip. • 12 **fuyant, e:** flüchtig; hier: nicht greifbar, nicht gesprächsbereit. • **être absorbé, e par qc:** von etwas völlig in Anspruch genommen sein. • 13 **ne marquer aucune compassion:** etwa: keinerlei Mitgefühl zeigen. • 15 **se battre contre qn:** sich mit jdm. schlagen, sich einer Person erwehren müssen. • **le péteux** (fam.): Angsthase; hier: Blage, Rotznase. • 18 **être de sa faute:** seine/ihre Schuld sein. • 19 f. **l'île** (f.) **Saint-Louis:** neben der *île de la Cité* die kleinere der beiden mitten in Paris gelegenen Seine-Inseln; nobles Viertel in Paris.

Louis, devant un téléphone qui ne sonnait pas – c'était de sa faute aussi, il ne donnait pas son numéro –, il considéra objectivement son existence et soupçonna l'avoir ratée.

Certes, Isabelle, son épouse, était belle mais froide, cassante, ambitieuse, riche de manière héréditaire, beaucoup plus habituée à évoluer dans un monde de prédateurs que lui – ne s'étaient-ils pas autorisés à avoir des liaisons extraconjugales, indice que le ciment social tenait davantage leur couple que le lien amoureux? Certes, il possédait un logement au cœur de la capitale qui faisait des envieux mais l'aimait-il vraiment? Rien sur les murs, sur les fenêtres, sur les étagères, sur les canapés, n'avait été choisi par lui: un décorateur s'en était chargé; au salon, trônait un piano à queue dont personne ne jouait, dérisoire signe de standing; son bureau avait été conçu pour paraître dans les magazines car Balthazar préférait écrire au café. Il réalisait qu'il vivait dans un décor. Pire, un décor qui n'était pas le sien.

À quoi avait été consacré son argent? À indiquer

3 **considérer:** hier: kritisch betrachten, hinterfragen. • 6 **cassant, e:** spröde, schroff. • **de manière héréditaire:** durch Vererbung. • 7 **être habitué, e à faire qc:** es gewohnt sein, etwas zu tun. • **évoluer:** hier: sich bewegen. • 8 **le prédateur:** Raubtier, Beutegreifer; hier: (fig.) Abzocker, Profitgeier. • 9 **extraconjugal, e:** außerehelich. • **un indice:** Anzeichen, Indiz. • 9 f. **le ciment:** Zement; hier: (fig.) Kitt. • 12 **faire des envieux** (m.): etwa: die Neider auf den Plan rufen, neidisch machen. • 15 **le décorateur:** Innenausstatter. • 15 f. **le piano à queue** (f.): Flügel. • 16 **dérisoire:** lächerlich. • 16 f. **le signe de standing** (m.; angl.): Statussymbol. • 17 **concevoir qc:** etwas entwerfen. • 19 **le décor:** hier: Kulisse. • **pire:** schlimmer noch. • 21 **consacrer:** hier: aufwenden, ausgeben (Geld).

qu'il avait percé, qu'il s'était établi dans une classe dont il ne venait pas … Rien de ce qu'il possédait ne l'enrichissait réellement quoique tout montrât qu'il était riche.

S'il en avait une vague conscience, ce décalage ne l'avait encore jamais rendu malade car Balthazar était sauvé par la foi qu'il avait dans son œuvre. Or celle-ci, aujourd'hui, était attaquée … Lui-même doutait … Avait-il rédigé un seul roman valable? La jalousie constituait-elle l'unique raison de ces attaques? Et si ceux qui le condamnaient avaient raison?

Fragile, émotif, habitué à trouver son équilibre dans la création, il ne pouvait y accéder dans la vie réelle. Il lui était insupportable que le débat intime qu'il avait toujours porté en lui – ai-je un talent à la hauteur de celui que je souhaiterais avoir? – devînt public. Au point qu'il finit, un soir, après qu'une bonne âme lui eut signalé que sa femme frayait assidûment avec Olaf Pims, par tenter de se suicider.

1 **percer:** hier: den Durchbruch schaffen. • 3 **enrichir qn:** hier: jdn. (innerlich) bereichern. • 5 **avoir une vague conscience** (f.) **de qc:** sich vage einer Sache bewusst sein. • **le décalage:** Diskrepanz. • 9 **valable:** hier: von Wert. • 10 **constituer:** bilden; hier: sein. • 11 **condamner qn:** jdn. verurteilen; hier: als schlecht beurteilen, herunterputzen. • 13 **fragile:** zerbrechlich; hier: hochempfindlich. • **émotif, -ive:** feinfühlig. • **un équilibre:** hier: inneres Gleichgewicht. • 14 **accéder à qc:** hier: etwas erlangen, etwas erreichen. • 15 **insupportable:** unerträglich. • **le débat:** Debatte; hier: Konflikt, Auseinandersetzung. • 16 **à la hauteur de:** auf dem gleichen Niveau wie. • 17f. **Au point que …:** Dies ging soweit, dass … • 18 **une bonne âme:** eine wohlmeinende Seele. • 19 **frayer assidûment avec qn:** etwa: ein heftiges Techtelmechtel mit jdm. haben.

Quand la bonne philippine le découvrit inanimé, il n'était pas trop tard. Les services d'urgence parvinrent à lui faire reprendre conscience puis, après quelques jours d'observation, on le plaça en hôpital psychiatrique.

Là, il s'enferma dans un silence bienfaisant. Sans doute aurait-il, après quelques semaines, fini par répondre aux psychiatres vaillants et attentionnés qui tentaient de le libérer si l'arrivée inopinée de sa femme n'avait changé le cours de la cure.

Lorsqu'il entendit le bruit métallique de la fermeture automobile, il eut à peine besoin de vérifier par la fenêtre qu'il s'agissait bien d'Isabelle garant son tank dans le parc. En un éclair, il rassembla ses affaires, attrapa son manteau, brisa la porte qui ouvrait sur l'escalier extérieur, vérifia en dévalant les marches qu'il détenait bien un double des clés, bondit vers la voi-

1 **la bonne:** Hausangestellte, Dienstmädchen. • **philippin, e:** philippinisch, von den Philippinen. • **inanimé, e:** bewusstlos. • 2 **le service d'urgence** (f.): Notfallambulanz. • 2f. **parvenir à faire qc:** es schaffen, etwas zu tun. • 3 **faire reprendre conscience à qn:** hier: jdn. reanimieren. • 4f. **placer qn en hôpital psychiatrique:** jdn. in die Psychiatrie einweisen. • 6 **s'enfermer dans le silence:** sich in Schweigen hüllen. • **bienfaisant, e:** wohltuend. • 8 **vaillant, e:** tüchtig. • **attentionné, e:** aufmerksam. • 9 **libérer qn:** hier: jdn. aus seinem Schweigen reißen, jdn. zum Sprechen bringen. • **inopiné, e:** unerwartet, unvermittelt. • 11f. **la fermeture automobile:** hier: Zentralverriegelung (Auto). • 13 **le tank** (angl.): Panzer; hier: (iron.) Straßenkreuzer, großer Schlitten. • 14 **en un éclair:** blitzschnell. • **rassembler qc:** etwas zusammenraffen. • 14f. **attraper qc:** hier: etwas schnappen. • 15 **briser qc:** hier: etwas aufbrechen, etwas mit Gewalt öffnen. • 17 **détenir qc:** hier: im Besitz von etwas sein. • **le double des clés** (f.): Zweitschlüssel. • **bondir vers qc:** auf etwas zustürzen.

ture d'Isabelle et démarra pendant que celle-ci prenait l'ascenseur.

Il roula plusieurs kilomètres au hasard, hagard. Où irait-il? Peu importait. Chaque fois qu'il imaginait se réfugier chez quelqu'un, à l'idée de devoir s'expliquer, il renonçait.

Garé sur une aire d'autoroute, il remuait un café trop sucré auquel le récipient communiquait sa saveur de carton lorsqu'il remarqua une grosseur dans la poche de son manteau en chamois.

Désœuvré, il ouvrit la lettre et soupira en notant que, le mauvais goût du papier ne suffisant pas, sa fan avait joint un cœur rouge en feutrine brodé de plumes à sa missive. Il amorça sa lecture du bout des yeux; en l'achevant, il pleurait.

Allongé sur le fauteuil rabattu de la voiture, il la relut vingt fois, au point de la savoir par cœur. À chaque récitation, l'âme candide et chaleureuse d'Odette le bouleversait, versant ses derniers mots tel un baume.

3 **au hasard:** ziel- und planlos, aufs Geratewohl. • **hagard, e:** verstört. • 4 **peu importe:** einerlei, eigentlich egal. • 5 **devoir s'expliquer:** eine Erklärung geben müssen. • 7 **une aire d'autoroute** (f.): Autobahnrastplatz. • 8 **le récipient:** Behälter; hier: Becher. • **communiquer:** hier: abgeben (Geschmack). • 9 **la grosseur:** hier: Ausbeulung. • 11 **désœuvré, e:** müßig, untätig; hier: da er nichts zu tun hatte. • 13 **joindre qc:** etwas beifügen. • **la feutrine:** Filzstoff. • **brodé, e de qc:** mit etwas bestickt. • 14 **la missive:** Brief. • **amorcer qc:** etwas beginnen. • **du bout des yeux** (m.): etwa: mit leichtem Widerwillen. • 16 **allongé, e:** ausgestreckt, hingestreckt. • **le fauteuil:** hier: Autositz. • **rabattu, e:** abgesenkt, nach hinten verstellt (Autositz). • 18 **la récitation:** Aufsagen. • **candide:** arglos, treuherzig. • 19 **bouleverser qn:** hier: jdn. zutiefst rühren. • **verser qc** (fig.): etwas vergießen. • **le baume:** Balsam.

Quand, un jour, le plus tard possible, vous irez au Paradis, Dieu s'approchera de vous et vous dira: «Il y a plein de gens qui veulent vous remercier du bien que vous avez fait sur terre, monsieur Balsan», et parmi ces millions de personnes, il y aura Odette Toulemonde. Odette Toulemonde qui, pardonnez-lui, était trop impatiente pour attendre ce moment-là.

Quand il eut le sentiment d'avoir usé leur effet réconfortant, il alluma le moteur et décida de rejoindre l'auteur de ces pages.

Ce soir-là, Odette Toulemonde préparait une île flottante, le dessert favori de la féroce Sue Helen, sa fille, postadolescente affublée d'un appareil dentaire qui allait d'entretien d'embauche en entretien d'embauche sans décrocher un engagement. Elle montait le blanc des œufs en neige en chantonnant lorsqu'on sonna à la porte d'entrée. Contrariée d'être interrompue au cours d'une opération si délicate, Odette s'essuya rapidement les mains, ne prit pas le temps de couvrir la simple combinaison de nylon qu'elle por-

8 **user qc:** etwas voll ausnutzen. • 8f. **réconfortant, e:** tröstend, tröstlich. • 9 **allumer le moteur:** den Motor anlassen. • **rejoindre qn:** hier: jdn. aufsuchen. • 11f. **une île flottante:** Nachtisch auf Eischneebasis, mit Vanillesoße und Karamell. • 12 **féroce:** grimmig. • 13 **le postadolescent / la postadolescente:** etwa zwanzigjährige Person. • **être affublé, e de qc:** mit etwas ausstaffiert sein. • **un appareil dentaire:** Zahnspange. • 14 **un entretien d'embauche** (f.): Vorstellungsgespräch. • 15 **décrocher qc:** etwas ergattern, etwas an Land ziehen. • 15f. **monter le blanc des œufs en neige:** Eiweiß zu Eischnee schlagen. • 16 **chantonner:** (vor sich hin) trällern. • 17 **être contrarié, e:** gestört beunruhigt. • 18 **délicat, e:** heikel. • 20 **la combinaison de nylon** (m.): Nylongarnitur.

tait, et, persuadée qu'il s'agissait d'une voisine de palier, alla ouvrir.

Elle demeura bouche bée devant Balthazar Balsan, faible, épuisé, mal rasé, un sac de voyage à la main, qui la dévisageait avec fébrilité en brandissant une enveloppe.

– C'est vous qui m'avez écrit cette lettre?

Confuse, Odette crut qu'il allait la gronder.

– Oui … mais …

– Ouf, je vous ai retrouvée.

Odette demeura interdite pendant qu'il soupirait de soulagement.

– Je n'ai qu'une seule question à vous poser, reprit-il, j'aimerais que vous y répondiez.

– Oui?

– Est-ce que vous m'aimez?

– Oui.

Elle n'avait pas hésité.

Pour lui, c'était un instant précieux, un instant qu'il dégustait pleinement. Il ne songeait pas à ce que la situation pouvait avoir de gênant pour Odette.

Celle-ci, se frottant les mains d'embarras, n'osait parler de ce qui la turlupinait; elle n'arriva pourtant pas à se retenir:

– Mes œufs en neige …

– Pardon?

5 **dévisager qn:** jdn. von oben bis unten anschauen. • **avec fébrilité** (f.): hektisch, übernervös. • 11 **demeurer interdit, e:** verdutzt dastehen. • 12 **le soulagement:** Erleichterung. • 20 **déguster qc:** hier: etwas auskosten. • 21 **gênant, e:** peinlich. • 22 **d'embarras** (m.): vor/aus Verlegenheit. • 23 **turlupiner qn** (fam.): jdn. umtreiben, jdm. keine Ruhe lassen.

– Mon problème, c'est que j'étais en train de monter des œufs en neige et vous savez, les œufs en neige, si on attend trop, ils …

Embêtée, elle esquissa un geste qui montrait la déflagration des œufs en neige.

Balthazar Balsan, trop bouleversé, n'avait pas suivi.

– En fait, j'aurais une deuxième question.

– Oui.

– Je peux vous la poser?

– Oui.

– Je peux vraiment?

– Oui.

Baissant les yeux vers le sol, il demanda sans oser soutenir son regard, tel un enfant coupable:

– Me permettez-vous de rester chez vous quelques jours?

– Pardon?

– Répondez-moi juste: oui ou non?

Odette, impressionnée, réfléchit deux secondes puis s'exclama avec beaucoup de naturel:

– Oui. Mais vite, s'il vous plaît, à cause de mes œufs en neige!

Elle saisit le sac de voyage et tira Balthazar à l'intérieur.

4 **esquisser qc:** etwas andeuten. • 4f. **la déflagration:** hier: Zusammensacken (Eischnee, Soufflé). • 6 **bouleversé, e:** hier: völlig durcheinander. • 6f. **ne pas suivre:** hier: etwas nicht mitbekommen, etwas nicht verstehen. • 21 **s'exclamer:** ausrufen.

Ce fut ainsi que Balthazar Balsan, sans que personne ne s'en doutât à Paris, s'installa à Charleroi, chez Odette Toulemonde, vendeuse le jour et plumassière la nuit.

– Plumassière? demanda-t-il un soir.

– Je couds les plumes sur les costumes des danseuses. Vous savez, les revues, Folies-Bergère, Casino de Paris, tout ça … ça complète ce que je gagne au magasin.

Balthazar découvrait une vie aux antipodes de la sienne: sans gloire, sans argent, et pourtant heureuse.

Odette avait reçu un don: la joie. Au plus profond d'elle, il devait y avoir un jazz-band jouant en boucle des airs entraînants et des mélodies trépidantes. Aucune difficulté ne la démontait. Face à un problème, elle cherchait la solution. Puisque l'humilité et la modestie constituaient son caractère, n'estimant pas, en toute occasion, qu'elle méritait mieux, elle ne se sentait guère frustrée. Ainsi, lorsqu'elle détailla à Balthazar la barre en briques qu'elle habitait avec d'autres locataires aidés par les services sociaux, elle ne dési-

2 **se douter de qc:** etwas ahnen. • 7 **la revue:** Zeitschrift; hier: Revue, Tanzshow. • **les Folies-Bergère:** berühmtes Pariser Varietétheater und Kabarett im 9. Arrondissement. • 7 f. **le Casino de Paris:** legendäre Pariser *music hall* im 9. Arrondissement, die ihre Anfänge im 18. Jahrhundert hat. • 10 **aux antipodes** (m.) **de**: grundverschieden von. • 13 **en boucle** (f.): unentwegt. • 14 **entraînant, e:** mitreißend. • **trépidant, e:** sehr lebhaft. • 15 **démonter qn:** hier: jdn. aus der Fassung bringen. • 16 **une humilité:** Demut. • 17 **estimer:** hier: der Meinung sein. • 17 f. **en toute occasion** (f.): bei jeder Gelegenheit. • 19 **détailler qc à qn:** jdm. etwas näher beschreiben. • 20 **la barre en briques** (f.): Backsteinblock. • 21 **être aidé, e par les services sociaux:** Sozialhilfe beziehen. • 21 f. **désigner qc:** hier: etwas zeigen.

gna que les loggias peintes en couleurs pastel genre glaces estivales, les balcons ornés de fleurs en plastique, les couloirs décorés de macramés, de géraniums ou de dessins de marins tenant une pipe.

– Quand on a la chance d'habiter ici, on ne veut plus déménager. On ne repart que les pieds devant, dans une boîte en sapin … C'est un petit paradis, cet immeuble!

Bienveillante envers l'humanité entière, elle vivait en bonne intelligence avec des êtres qui se définissaient à l'inverse d'elle car elle ne les jugeait pas. Ainsi, ne serait-ce que dans son couloir, elle sympathisait avec un couple de Flamands orange, abonnés au bronzage artificiel et aux clubs échangistes; elle fraternisait avec une employée de mairie sèche et péremptoire qui savait tout sur tout; elle échangeait des recettes avec une jeune junkie, déjà mère de cinq enfants, qui avait parfois des crises de rage et griffait les murs; elle achetait la viande et le pain de M. Wilpute, un retraité

1 **genre** (m.): nach Art von, wie. • 2 **estival, e:** sommerlich. • 3 **le macramé:** Makramee, dekorative Knüpfarbeit. • **le géranium:** Geranie. • 6 **les pieds devant** (fig.): tot. • 7 **une boîte en sapin:** hier: Sarg aus Tannenholz. • 9 **bienveillant, e:** wohlwollend, wohlmeinend, wohlgesonnen. • **une humanité:** Menschheit. • 9f. **vivre en bonne intelligence avec qn:** mit jdm. in gutem Einvernehmen leben. • 10f. **se définir à l'inverse** (m.) **de qn:** etwa: von jdm. grundverschieden sein. • 12f. **sympathiser avec qn:** mit jdm. freundschaftlichen Umgang pflegen. • 14 **le club échangiste:** Swingerclub. • 14f. **fraterniser avec qn:** mit jdm. freundschaftlich umgehen. • 15 **sec, sèche:** trocken, dürr, hager; hier: spröde. • **péremptoire:** kurz angebunden; hier: rechthaberisch. • 17 **le/la junkie** (angl.): Drogensüchtige(r), Junkie. • 18 **la crise de rage** (f.): Wutanfall. • **griffer qc:** etwas (mit den Fingernägeln) zerkratzen. • 19 **le retraité / la retraitée:** Rentner(in).

impotent, raciste, sous prétexte qu'il avait beau «dire des âneries», c'était quand même un être humain.

En famille, elle montrait une ouverture semblable: l'homosexualité débridée de son fils Rudy lui causait moins d'embarras que la morosité de Sue Helen qui traversait une période difficile. En douceur, quoique repoussée du matin au soir, elle tentait d'aider sa fille à sourire, à prendre patience, à garder confiance et, peut-être, à se séparer de son copain, Polo, un parasite muet, goulu et malodorant que Rudy appelait «le kyste».

Balthazar fut admis dans ce logis étroit sans qu'on l'ennuyât avec des questions, comme s'il avait été un cousin de passage auquel l'hospitalité était due. Il ne pouvait s'empêcher de comparer cet accueil avec sa propre attitude – ou celle de sa femme – lorsque des amis leur demandaient de les loger à Paris. «Et les hôtels, ça sert à quoi!» s'exclamait à chaque fois Isabelle, furieuse, avant de suggérer aux impolis qu'ils seraient si collés sur eux que ça mettrait tout le monde mal à l'aise.

Faute d'être interrogé, Balthazar ne se demanda

1 **impotent, e:** behindert, hinfällig. • 1 f. **il avait beau «dire des âneries»** (f.): etwa: selbst wenn er noch so viel Blödsinn redet. • 3 **une ouverture:** etwa: tolerante Aufgeschlossenheit. • 4 **débridé, e:** zügellos, ungezügelt, ungebremst. • 4 f. **causer de l'embarras** (m.) **à qn:** jdm. zu schaffen machen. • 5 **la morosité:** Muffligkeit. • 6 **traverser:** hier: durchmachen (schwere Zeit, Krise). • **en douceur** (f.): auf sanfte Art. • 9 **le parasite** (fig.): Schmarotzer. • 10 **goulu, e:** verfressen. • **malodorant, e:** übelriechend. • **le kyste:** Zyste. • 13 **de passage** (m.): auf der Durchreise. • **une hospitalité:** Gastfreundschaft. • 18 **suggérer qc à qn:** jdm. etwas zu verstehen geben. • 19 f. **mettre qn mal à l'aise** (f.): jdm. Unbehagen verursachen. • 21 **faute d'être interrogé, …:** da man (ihn) nicht fragte, …

pas non plus ce qu'il faisait là, encore moins pourquoi il y restait. Tant que cette précision lui fut épargnée, il retrouva des forces, ignorant lui-même à quel point ce dépaysement social, culturel lui apportait un retour aux origines. Enfant mis au monde sous X par sa mère, Balthazar avait vécu dans différentes familles d'accueil, modestes, composées de braves gens qui ajoutaient quelques années durant un orphelin à leurs propres enfants. Très jeune, il avait juré de «s'échapper par le haut», en réussissant ses études: sa véritable identité serait intellectuelle. Soutenu par des bourses, il apprit le grec, le latin, l'anglais, l'allemand et l'espagnol, dévalisa les bibliothèques publiques pour acquérir une culture, prépara et intégra une des plus grandes écoles de France, l'École normale supérieure, en y ajoutant différents diplômes universitaires. Ces prouesses académiques auraient dû le conduire à un travail conformiste – professeur en faculté ou attaché à un cabinet ministériel – s'il n'avait pas découvert en route son talent d'écriture et décidé de s'y consacrer.

2 **la précision:** Klärung. • **épargner qc à qn:** jdm. etwas ersparen. • 4 **le dépaysement:** hier: Tapetenwechsel. • 5 **(naître) sous X:** mit unbekannten Eltern (geboren werden). • 6f. **la famille d'accueil** (n.): hier: Pflegefamilie. • 8 **quelques années** (f.) **durant:** ein paar Jahre lang. • 10 **par le haut:** hier: (fig.) durch sozialen Aufstieg. • 13 **dévaliser:** plündern; hier: (nach Büchern) durchforsten. • 14f. **préparer et intégrer une grande école:** etwa: die Aufnahmeprüfung in eine Elitehochschule schaffen. • 15 **l'École normale supérieure (ENS):** traditionsreiche Elitehochschule, die Lehrer und Wissenschaftler ausbildet. • 17 **la prouesse:** Großtat, herausragende Leistung. • 18 **conformiste:** hier: in der Tradition verhaftet, üblich. • **le professeur en faculté** (f.): Universitätsprofessor. • 18f. **un attaché à un cabinet ministériel:** Staatssekretär. • 20 **se consacrer à qc:** sich einer Sache widmen.

Curieusement, dans ses livres, il ne décrivait pas le milieu auquel il appartenait depuis son ascension sociale mais celui où il avait passé ses premières années: cela expliquait sans doute l'harmonie de son œuvre, ses suffrages populaires, et certainement le mépris de l'intelligentsia. Devenir un membre de la famille Toulemonde le ramenait à des plaisirs simples, des considérations dépourvues d'ambition, au pur plaisir de vivre au milieu de gens chaleureux.

Or, en discutant avec les voisins, il découvrit que, pour tout l'immeuble, il était l'amant d'Odette.

Lorsqu'il s'en défendit auprès de Filip, le voisin échangiste qui avait aménagé une salle de musculation dans son garage, celui-ci le pria de ne pas le prendre pour un imbécile.

– Odette n'a pas reçu un homme chez elle depuis des années. Et puis, je te comprends: il n'y a pas de mal à se faire du bien! C'est une belle femme, Odette. Elle me dirait oui, je ne lui dirais pas non.

Déconcerté, sentant qu'il devenait inconvenant pour la réputation d'Odette de démentir, Balthazar rejoignit l'appartement avec des questions nouvelles.

5 **les suffrages** (m.) **populaires:** etwa: Zuspruch einer breiten Leserschaft, Beliebtheit. • 5 f. **une intelligentsia:** Intelligenzia, intellektuelle Kreise. • 7 f. **la considération:** Betrachtung, Erwägung. • 8 **dépourvu, e de qc:** frei von etwas. • 12 **se défendre de qc auprès de qn:** sich bei jdm. gegen etwas verwahren. • 13 f. **la salle de musculation** (f.): Fitnessraum. • 15 **un/une imbécile:** Trottel. • 19 **Elle me dirait oui …:** *Si elle me disait oui …* • 20 **déconcerté, e:** verwirrt. • **inconvenant, e:** unziemlich; hier: abträglich, schädlich. • 21 **la réputation:** Ruf. • **démentir qc:** etwas in Abrede stellen.

– Est-ce que je la désire sans m'en rendre compte? Je n'y ai jamais pensé. Ce n'est pas mon genre de femme … trop … je ne sais pas … enfin non, pas du tout … Puis elle a mon âge … si je devais avoir envie, ce serait avec une plus jeune, normalement … En même temps, rien n'est normal, ici. Qu'est-ce que j'y fabrique, d'ailleurs?

Le soir, comme les enfants s'étaient rendus à un concert pop, il se trouva seul avec Odette et posa un regard différent sur elle.

Sous la lumière tamisée du lampadaire, flattée par son pull angora, occupée à coudre un jeu de plumes sur une armure de strass, elle lui apparut fort mignonne. Ce qui lui avait échappé auparavant.

Filip a peut-être raison … pourquoi n'y ai-je pas pensé?

Se sentant observée, Odette leva la tête et lui sourit. La gêne se dissipa.

Pour se rapprocher d'elle, il posa son livre et servit le café dans les tasses.

– Avez-vous un rêve, Odette?

– Oui … Aller à la mer.

– La Méditerranée?

– La Méditerranée, pourquoi? On a la mer ici, peut-

2 **le genre:** hier: Typ. • 7 **fabriquer** (fam.): hier: machen. • 9 f. **poser un regard différent sur qn:** jdn. mit anderen Augen sehen. • 11 **tamisé, e:** gedämpft (Licht). • **le lampadaire:** Lampenschirm. • **flatter:** schmeicheln, umschmeicheln; hier: schöner, hübscher aussehen lassen. • 12 **angora:** aus Angorawolle. • 13 **une armure de strass** (m.): hier: mit Strass besetztes Kostüm (*une armure:* Rüstung). • 14 **échapper à qn:** jdm. entgehen. • 18 **la gêne:** Verlegenheit. • **se dissiper:** verfliegen, sich auflösen.

être moins belle mais plus discrète, plus réservée … la mer du Nord, quoi.

S'asseyant auprès d'elle pour reprendre une tasse, il laissa tomber sa tête contre son épaule. Elle frémit. Encouragé, il promena ses doigts contre son bras, son épaule, son cou. Elle tremblait. Enfin, il approcha ses lèvres.

– Non. S'il vous plaît.

– Je ne vous plais pas?

– Que vous êtes bête … bien sûr que si … mais non.

– Antoine? Le souvenir d'Antoine?

Odette baissa la tête, essuya une larme et déclara avec une grande tristesse, comme si elle trahissait son mari défunt:

– Non. Ce n'est pas à cause d'Antoine.

Balthazar en conclut qu'il avait la voie libre et plaqua ses lèvres sur celles d'Odette.

Une gifle retentissante lui brûla la joue. Puis, de manière contradictoire, les doigts d'Odette se précipitèrent sur son visage pour le câliner, effacer le coup.

– Oh pardon, pardon.

– Je ne comprends pas. Vous ne voulez pas …

– Vous faire du mal? Oh non, pardon.

– Vous ne voulez pas coucher avec moi?

1 **réservé, e:** zurückhaltend. • 1 f. **la mer du Nord:** Nordsee. • 4 **frémir:** zittern, beben. • 5 **promener ses doigts** (m.) **contre qc:** mit den Fingern über etwas streichen. • 14 **défunt, e:** verstorben. • 16 **avoir la voie libre** (fig.): freie Bahn haben. • 16 f. **plaquer:** drücken. • 18 **retentissant, e:** schallend. • 19 **contradictoire:** widersprüchlich. • 19 f. **se précipiter sur qc:** sich hastig auf etwas zubewegen. • 20 **câliner qn:** jdn. liebkosen, zu jdm. zärtlich sein. • **effacer qc:** etwas wegwischen; hier: etwas ungeschehen machen.

Une deuxième gifle fut la réponse puis Odette, horrifiée, jaillit du canapé, s'échappa du salon et courut s'enfermer dans sa chambre.

Le lendemain, après une nuit passée dans le garage de Filip, Balthazar décida de partir pour ne pas s'enfoncer davantage dans une situation absurde. Alors que sa voiture filait sur l'autoroute, il prit néanmoins la peine de se rendre au salon de coiffure où travaillait Rudy afin de lui fourguer une liasse de billets.

– Je suis obligé de rentrer à Paris. Ta mère est fatiguée et rêve d'aller à la mer. Prends cet argent et loue une maison là-bas, veux-tu. Et surtout ne dis jamais que c'est moi. Prétends que tu as touché une prime. D'accord?

Sans attendre de réponse, Balthazar sauta dans sa voiture.

À Paris, pendant son absence, sa situation s'était arrangée car on parlait déjà d'autre chose. Son éditeur ne doutait pas qu'avec le temps, Balthazar regagnerait la confiance de ses lecteurs et des médias.

Pour éviter de croiser sa femme, il alla rapidement chez lui à une heure où elle travaillait, lui déposa un mot pour la rassurer sur son état présent – s'inquiète-

1 f. **horrifié, e:** entsetzt. • 2 **jaillir de qc:** hier: ruckartig von etwas aufspringen. • 5 f. **s'enfoncer:** versinken; hier: sich hineinmanövrieren. • 7 f. **prendre la peine de faire qc:** sich die Mühe machen, etwas zu tun. • 9 **fourguer qc à qn** (fam.): jdm. etwas geben, verabreichen. • **la liasse:** Bündel. • 13 **toucher une prime:** eine Prämie erhalten. • 17 f. **s'arranger:** hier: bereinigt sein, wieder im Lot sein. • 21 **croiser qn:** jdm. über den Weg laufen, jdm. begegnen. • 22 f. **déposer un mot:** eine Nachricht hinterlassen.

t-elle d'ailleurs? –, remplit une valise et se rendit en Savoie où son fils séjournait en classe de neige.

Je dégoterai bien une chambre libre aux environs.

Sitôt qu'il le retrouva, François ne voulut plus le quitter. Après plusieurs jours passés à skier avec lui, Balthazar se rendit compte que, père absent, il devait rattraper un énorme retard de présence et d'amour auprès de son enfant.

De plus, il ne pouvait s'empêcher de reconnaître en lui sa fragilité et son anxiété chroniques. François voulait se faire accepter des autres en leur ressemblant et cependant souffrait de ne pas devenir assez lui-même.

– Puisque les vacances approchent, que dirais-tu de partir à la mer? Avec moi et moi seul?

En réponse, il reçut dans les bras un garçon qui hurlait de joie.

Le jour de Pâques, Odette se trouvait pour la première fois face à la mer du Nord. Intimidée, elle grattait des dessins sur le sable. L'infini des eaux, du ciel, de la plage lui paraissait un luxe au-dessus de ses moyens; elle avait l'impression de profiter d'une splendeur indue.

2 **la Savoie:** Savoyen; Gebiet in den französischen Alpen. • **séjourner en classe de neige** (f.): im Winter-/Skischullandheim sein. • 3 **dégoter qc** (fam.): etwas ergattern. • 7 **rattraper un retard:** einen Rückstand aufholen. • 10 **la fragilité:** Verletzlichkeit, Zerbrechlichkeit, psychische Anfälligkeit. • **une anxiété:** Ängstlichkeit. • 15 f. **hurler de joie** (f.): ein Freudengeheul anstimmen. • 18 **intimidé, e:** eingeschüchtert. • 19 **un infini:** unendliche Weite. • 20 f. **un luxe au-dessus de ses moyens** (m.): ein Luxus, den sie sich eigentlich nicht leisten konnte. • 22 **la splendeur:** Pracht. • **indû, ue:** unverdient; der/die/das einem nicht zusteht.

Soudain, elle sentit une brûlure sur la nuque et se mit à penser fort à Balthazar. Lorsqu'elle se retourna, il se tenait là, sur la digue, son garçon à la main.

Leurs retrouvailles furent intenses mais douces car chacun tentait de ne pas blesser l'autre.

– Je suis revenu auprès de vous, Odette, parce que mon fils a besoin de leçons. Vous en donnez toujours?

– Quoi?

– Des cours de bonheur?

On installa les Balsan dans le pavillon loué comme s'il était naturel qu'ils soient là et les vacances débutèrent.

Quand la vie eut trouvé son cours, Odette éprouva le besoin d'expliquer ses gifles à Balthazar.

– Je ne veux pas coucher avec vous parce que je sais que je ne vivrai pas avec vous. Vous n'êtes que de passage dans ma vie. Vous êtes entré, vous êtes reparti.

– Je suis revenu.

– Vous repartirez … Je ne suis pas idiote: il n'y a pas d'avenir commun entre Balthazar Balsan, le grand écrivain parisien, et Odette Toulemonde, vendeuse à Charleroi. C'est trop tard. Si nous avions vingt ans de moins, peut-être …

– L'âge n'a rien à voir avec …

– Si. L'âge, ça signifie que nos vies sont plutôt derrière que devant, que vous êtes installé dans une existence et moi dans une autre. Paris-Charleroi, de l'ar-

1 **la brûlure:** Brennen. • 3 **la digue:** Deich. • 4 **les retrouvailles** (f.): Wiedersehen. • **intense:** heftig, intensiv. • 10 **le pavillon:** hier: Ferienhaus. • 13 **éprouver qc:** etwas empfinden.

gent-pas d'argent: les jeux sont faits. On peut se croiser, on ne peut plus se rencontrer.

Balthazar ne savait pas très bien ce qu'il attendait d'Odette; mais il avait besoin d'elle, il le savait.

Pour le reste, leur histoire ne ressemblait à rien. Peut-être avait-elle raison en le retenant d'aller vers la banalité de la liaison amoureuse? Elle pouvait pourtant se tromper … Ne s'interdisait-elle pas d'avoir un corps? Ne s'était-elle pas infligé une sorte de veuvage insensé après la mort d'Antoine?

Il s'en rendit particulièrement compte un soir où une danse s'improvisa dans la maison de pêcheur. Livrée à la samba, libérée par la musique, Odette bougeait sensuellement, gracieuse, espiègle, dévoilant une féminité lascive et insolente qu'il ne lui connaissait pas. Lors de ces minutes-là, Balthazar esquissa quelques pas autour d'elle, et ressentit, entre les frôlements d'épaule et les effleurements de hanche, qu'il pourrait aisément se trouver au lit avec elle.

Au clair de lune, elle lui fit un aveu ingénu:

1 **les jeux sont faits:** die Würfel sind gefallen. • 5 **pour le reste:** im übrigen. • 7 **la banalité:** Trivialität, Alltäglichkeit. • 8 **s'interdire d'avoir qc:** leugnen, dass man etwas hat. • 9 **s'infliger qc:** sich etwas auferlegen. • **le veuvage:** Witwenschaft, Witwenstand. • 10 **insensé, e:** unsinnig. • 12 **s'improviser:** sich spontan ergeben. • 12f. **être livré, e à la samba:** ganz in der Samba aufgehen, in die Samba vertieft sein. • 14 **sensuellement:** sinnlich. • **gracieux, -euse:** anmutig. • **espiègle:** neckisch, schalkhaft. • **dévoiler qc:** etwas enthüllen; hier: etwas an den Tag legen. • 15 **la féminité:** Weiblichkeit. • **lascif, -ive:** sehr sinnlich, verführerisch, lasziv. • **insolent, e:** frech, unverschämt; hier: keck. • **connaître à qn:** an jdm. kennen. • 16 **lors de:** in. • 17f. **le frôlement:** leichte Berührung. • 18 **un effleurement:** leichtes Streifen. • 20 **au clair de lune:** bei Mondschein. • **ingénu, e:** treuherzig, arglos, naiv.

– Vous savez, Balthazar, je ne suis pas amoureuse de vous.

– Ah?

– Non. Je ne suis pas amoureuse de vous: je vous aime.

Il reçut sa déclaration comme la plus belle qu'il eût jamais reçue – plus belle aussi que celles qu'il avait inventées dans ses livres.

En guise de réponse, il lui tendit le dossier en lézard qui contenait le nouveau roman qu'il écrivait depuis qu'il l'avait rejointe.

– Cela s'appellera *Le Bonheur des autres*. J'y raconte le destin de plusieurs personnages qui cherchent le bonheur sans le trouver. S'ils échouent, c'est parce qu'ils ont hérité ou adopté des conceptions du bonheur qui ne leur conviennent pas: argent, pouvoir, mariage valorisant, maîtresses à longues jambes, voitures de course, grand duplex à Paris, chalet à Megève et villa à Saint-Tropez, rien que des clichés. Malgré leur réussite, ils ne sont pas heureux car ils vivent le bonheur des autres, le bonheur selon les autres. Je vous dois ce livre. Regardez le début.

9 **en guise de:** als. • **en lézard** (m.): in Eidechsenleder gebunden. • 13 **le destin:** Schicksal. • 16 **ne pas convenir à qn:** nicht zu jcm. passen. • 17 **valorisant, e:** wertsteigernd; hier: dem gesellschaftlichen Aufstieg dienend (Heirat). • **la maîtresse:** Geliebte. • 18 **la voiture de course** (f.): Rennauto. • **le duplex:** Maisonettewohnung. • 19 **le chalet:** Haus im Alpenstil, Chalet. • **Megève:** bekannter französischer Wintersportort in den Savoyer Alpen im Département Haute-Savoie. • **Saint-Tropez:** mondäner Badeort an der französischen Riviera.

À la lumière du photophore, elle contempla la page inaugurale: il y avait inscrit «Pour Dette».

Elle se sentit si légère qu'elle eut l'impression que sa tête venait de heurter la lune. Son cœur manqua se briser. En reprenant son souffle, elle porta sa main à sa poitrine et murmura:

– Calme-toi, Odette, calme-toi.

Si, à minuit, ils s'embrassèrent encore sur les joues en se souhaitant de beaux rêves, Balthazar envisagea que, dans les deux jours qui restaient, ils deviendraient logiquement amants.

Une mauvaise surprise l'attendait le lendemain. Au retour d'une excursion à vélo entreprise avec François, Rudy et Sue Helen, il découvrit que sa femme et son éditeur patientaient au salon.

Lorsqu'il aperçut Isabelle, il flaira un mauvais coup et faillit s'emporter contre elle. Odette le retint.

– Ne la grondez pas. C'est moi et uniquement moi qui suis à l'origine de cette réunion. Asseyez-vous et prenez un gâteau. C'est fait maison. Je vais chercher à boire.

La scène qui suivit fut surréelle aux yeux de Bal-

1 **le photophore:** Windlicht. • **contempler qc:** etwas (genau, intensiv) betrachten. • 2 **inaugural, e:** hier: erste(r, s) (Seite). • **inscrire qc:** etwas hinschreiben, etwas eintragen. • 4 **heurter qc:** gegen etwas stoßen, sich an etwas stoßen. • 4 f. **manquer se briser:** fast zerspringen (Herz). • 5 **reprendre son souffle:** tief Luft holen. • 9 **envisager:** ins Auge fassen; hier: zuversichtlich sein. • 13 **entreprendre qc:** etwas unternehmen, etwas machen (Tour). • 15 **patienter:** sich gedulden; hier: warten. • 16 **flairer qc:** etwas wittern. • **le mauvais coup:** ein übler Scherz. • 17 **faillir faire qc:** beinahe etwas tun. • **s'emporter contre qn:** sich mit jdm. anlegen. • 20 **être fait, e maison:** hausgemacht sein. • 22 **surréel, le:** unwirklich, surreal.

thazar. Englué dans un cauchemar, il avait l'impression qu'Odette se prenait pour Miss Marple à la fin d'une enquête: autour d'un thé et de quelques petits-fours, elle réunissait les personnages du roman policier pour leur expliquer l'affaire et en tirer les conclusions.

– Balthazar Balsan m'a beaucoup apporté par ses livres. Je n'ai jamais pensé pouvoir lui rendre ce qu'il m'a donné jusqu'à ce que, par un concours de circonstances, il vienne se réfugier chez moi il y a quelques semaines. Bientôt, il va devoir rentrer à Paris car, à son âge et avec sa notoriété, on ne recommence pas sa vie à Charleroi. Or il n'ose pas parce qu'il a honte, d'abord, mais surtout parce qu'il a peur.

Elle se tourna vers Isabelle qui paraissait sceptique devant le mot «peur».

– Peur de vous, madame! Pourquoi? Parce que vous ne l'admirez plus assez. Vous devez être fière de votre mari: il rend des milliers de gens heureux. Peut-être que, dans le lot, il y a des petites secrétaires et de minuscules employées comme moi, mais justement! Qu'il arrive à nous passionner et à nous bouleverser, nous qui lisons peu, nous qui ne sommes pas cultivées comme vous, cela prouve qu'il a plus de talent que les

1 **être englué, e dans qc:** in etwas feststecken. • **le cauchemar:** Albtraum. • 2 **Miss Marple:** Romanfigur in einigen Kriminalromanen und Kurzgeschichten der englischen Autorin Agatha Christie (1890–1976). • 3f. **des petits-fours:** feines Kleingebäck. • 4f. **le roman policier:** Kriminalroman. • 9 **le concours:** Zusammentreffen, Koinzidenz. • 12 **la notoriété:** Bekanntheit(sgrad). • 20 **dans le lot:** dabei, darunter. • 20f. **minuscule:** winzig; hier: ganz unbedeutend. • 22 **passionner qn:** jdn. begeistern.

autres! Beaucoup plus! Car vous savez, Olaf Pims, madame, peut-être qu'il écrit aussi des livres magnifiques, pourtant il me faut un dictionnaire et plusieurs tubes d'aspirine rien que pour comprendre de quoi il parle. C'est un snob qui ne s'adresse qu'aux gens qui ont lu autant de livres que lui.

Elle tendit une tasse de thé à l'éditeur en l'accablant d'un œil courroucé.

– Alors vous, monsieur, vous devez défendre davantage votre auteur auprès des gens de Paris qui l'insultent et lui foutent le bourdon. Quand on a la chance de fréquenter des trésors pareils, on s'en occupe. Ou alors, faut changer de métier, monsieur! Goûtez mon cake au citron, je l'ai cuisiné spécialement!

Terrorisé, l'éditeur obéit. Odette se tourna de nouveau vers Isabelle Balsan.

– Vous croyez qu'il ne vous aime pas? Qu'il ne vous aime plus? C'est peut-être ce qu'il croit aussi ... Pourtant, j'ai remarqué une chose, moi: votre photo, il la garde continuellement sur lui.

Isabelle, atteinte par la simplicité d'Odette, baissa la tête et devint sincère.

– Il m'a tellement trompée ...

– Ah, si vous croyez qu'un homme, ça ne doit pas

4 **le tube:** hier: Röhrchen (Tabletten). • 5 **le snob** (angl.; péj.): arroganter Schnösel, Snob. • 7 f. **accabler qn d'un œil courroucé:** etwa: jdm. einen zornigen Blick zuwerfen. • 11 **foutre le bourdon à qn** (pop.): jdn. deprimieren, jdn. trübsinnig machen. • 12 **le trésor:** Schatz. • 14 **le cake** (angl.) **au citron:** Zitronenkuchen. • 16 **terrorisé, e:** erschrocken. • 21 **continuellement:** ständig. • 22 **être atteint, e par qc:** hier: von etwas gerührt sein. • **la simplicité:** Schlichtheit.

flirter ailleurs ni renifler ailleurs, faut pas prendre un homme, madame, mais un chien! Et encore, faudrait le tenir enchaîné à sa niche. Moi, mon Antoine, que j'aimais tant et que j'aime autant vingt ans après, je me doutais bien qu'il avait laissé traîner ses pattes sur d'autres, différentes, plus jolies peut-être, ou tout simplement avec une autre odeur. N'empêche c'est dans mes bras qu'il est mort. Dans mes bras. En me regardant. Et ça, ce sera mon cadeau pour toujours …

Elle lutta un instant contre l'émotion où elle était tombée sans l'avoir prévu et s'obligea à continuer:

– Balthazar Balsan va revenir vers vous. J'ai fait le maximum pour vous le retaper, pour vous le remettre en forme, pour qu'il sourie, qu'il rie, parce que franchement, des hommes comme ça, si bons, si doués, si maladroits, si généreux, on ne peut pas les laisser se noyer. Moi, dans deux jours, je rentre à Charleroi, je retourne au magasin. Alors je ne voudrais pas que mon ouvrage se perde …

Balthazar contemplait avec douleur Odette qui, publiquement, déchirait en morceaux leur histoire d'amour. Il lui en voulait, il la détestait de lui infliger ça. Il lui semblait qu'elle avait une expression trouble,

1 **renifler:** hier: herumschnuppern. • 3 **enchaîné, e:** angekettet. • 5 f. **laisser traîner ses pattes** (f.) **sur qn** (fam.): jdn. betatschen, jdn. befummeln. • 7 **n'empêche:** trotzdem. • 14 **retaper qn** (fam.): jdn. wieder auf Vordermann bringen, jdn. aufpäppeln. • 17 f. **laisser qn se noyer** (fig.): jdn. untergehen lassen. • 20 **un ouvrage:** Arbeit. • **se perdre:** verlorengehen, zunichte gemacht werden. • 23 **en vouloir à qn:** jdm. böse sein. • **infliger qc à qn:** jdm. etwas antun. • 24 **trouble:** verwirrt.

égarée, une figure de folle, mais il sentait qu'il était inutile de s'opposer. Si elle avait décrété qu'il en serait ainsi, elle n'en démordrait pas.

Avant de reprendre la route, il entreprit une balade au milieu des dunes avec Isabelle. Ni l'un ni l'autre n'étaient convaincus qu'ils arriveraient à revivre ensemble mais, pour François, ils avaient décidé d'essayer.

Lorsqu'ils revinrent à la maison de pêcheur, une ambulance les croisa en déchirant l'air de ses cris: Odette venait d'être victime d'une crise cardiaque.

Tant que sa vie fut suspendue à un fil, tout le monde demeura à Blieckenbleck. Après que le service de réanimation eut confirmé que ses jours n'étaient plus en danger, l'éditeur, Isabelle et son fils regagnèrent Paris.

Balthazar, lui, s'arrangea pour prolonger la location de la villa; il s'occupa de Rudy et Sue Helen, stipulant qu'ils devaient cacher à leur mère qu'il était demeuré là.

– Plus tard … Quand elle ira mieux …

Chaque jour, il emmenait les enfants à la clinique et les attendait sur un siège au milieu des plantes vertes,

1 **le fou / la folle:** Verrückte(r). • 2 **décréter:** beschließen. • 3 **ne pas démordre de qc:** sich nicht von etwas abbringen lassen. • 10 **le cri:** hier: Sirenengeheul. • 11 **la crise cardiaque:** Herzanfall. • 12 **être suspendu, e à un fil** (fig.): am seidenen Faden hängen. • 13 f. **le service de réanimation** (f.): Intensivstation (*la réanimation:* Wiederbelebung). • 14 f. **ses jours ne sont plus en danger:** er/sie ist außer Lebensgefahr. • 17 f. **prolonger la location:** länger mieten. • 18 f. **stipuler qc:** etwas festsetzen, etwas vereinbaren.

des mamies en robe de chambre et des patients errant avec leur perfusion au bout d'une perche.

Enfin, Odette reprit ses forces, ses couleurs, ses esprits et s'étonna que quelqu'un eût placé la photo d'Antoine sur sa table de chevet.

– Qui a fait ça?

Les enfants avouèrent que l'initiative venait de Balthazar et que celui-ci, resté à Blieckenbleck, s'était occupé d'eux à l'instar d'un père.

À l'émotion de leur mère, à l'affolement des appareils cardiologiques, à la danse des diagrammes verts mesurant le rythme des palpitations, les enfants comprirent que Balthazar avait eu raison d'attendre sa convalescence et se doutèrent que son premier malaise venait de ce qu'elle avait repoussé Balthazar – ce que son cœur n'avait pu supporter.

Le lendemain, Balthazar pénétra, ému comme s'il avait quinze ans, dans la chambre d'Odette. Il lui présenta deux bouquets.

– Pourquoi deux bouquets?

– Un de ma part. Un de la part d'Antoine.

1 **la robe de chambre:** Morgenrock. • **errer:** herumirren. • 2 **la perfusion:** Infusionsflasche. • **la perche:** hier: Gestänge, Haltestange, Galgen. • 3 **reprendre des forces** (f.): wieder zu Kräften kommen. • **reprendre des couleurs** (f.): wieder Farbe bekommen. • 3 f. **reprendre ses esprits** (m.): wieder zu sich kommen; hier: sich wieder fassen. • **les esprits** (m.): Lebensgeister. • 5 **la table de chevet:** Nachttisch. • 9 **à l'instar de:** wie. • 10 **un affolement:** hier: wild piepsender Ausschlag (Monitor, Oszillograf). • 10 f. **un appareil cardiologique:** Monitor für die Herzschlagmessung. • 12 **la palpitation:** Herzschlag. • 14 **la convalescence** (f.): Wiedergenesung, Rekonvaleszenz. • 14 f. **le malaise:** Unwohlsein; hier: Anfall. • 15 **repousser qn:** jdn. zurückweisen, jdn. abweisen.

– Antoine?

Balthazar s'assit près du lit en désignant la photo de son mari avec douceur.

– Nous sommes devenus très bons copains, Antoine et moi. Il m'a accepté. Il considère que je vous aime suffisamment pour avoir droit à son respect. Lorsque vous avez eu votre malaise, il m'a avoué qu'il s'était réjoui un peu vite; il a cru que vous veniez le rejoindre. Puis il s'en est voulu d'avoir eu une pensée si égoïste; maintenant, pour ses enfants et vous, il est rassuré que vous alliez mieux.

– Qu'est-ce qu'il vous a dit d'autre?

– Ça ne va pas vous plaire …

Balthazar se pencha respectueusement vers Odette pour murmurer:

– Il vous a confiée à moi …

Bouleversée, Odette se mit sangloter en silence, touchée au plus profond. Elle essaya néanmoins de plaisanter.

– Il ne me demande pas mon avis?

– Antoine? Non. Il prétend que vous avez une tête de bois.

Il se pencha davantage et ajouta, avec une tendresse irrésistible:

– Je lui ai répondu … que je suis d'accord.

Ils s'embrassèrent enfin.

Aussitôt, les appareils cardiologiques se mirent à

5 **considérer:** finden, der Meinung sein. • 16 **confier qn à qn:** jdn. einer Person anvertrauen. • 19 **plaisanter:** scherzen. • 21 f. **avoir une tête de bois** (fam.): einen Dickschädel haben, halsstarrig sein. • 24 **irrésistible:** unwiderstehlich.

trépider, une sorte d'alarme retentit, appelant le personnel au secours parce qu'un cœur s'emballait.

Balthazar détacha ses lèvres et murmura en regardant Odette:

– Calme-toi, Odette, calme-toi.

1 **trépider:** hier: wild ausschlagen. • **un alarme:** Alarmsignal. • **retentir:** ertönen. • 2 **s'emballer:** hier: rasen, verrückt spielen. • 3 **détacher qc:** etwas lösen.

Le plus beau livre du monde

Elles eurent un frémissement d'espoir lorsqu'elles virent arriver Olga.

Certes, Olga ne semblait pas particulièrement bienveillante. Sèche, longue, les os des mâchoires et des coudes saillant sous une peau sombre, elle n'adressa d'abord aucun regard aux femmes du pavillon. Elle s'assit sur la paillasse bancale qu'on lui avait attribuée, rangea ses effets au fond du coffre en bois, écouta la gardienne lui hurler le règlement comme si elle braillait du morse, ne tourna la tête que lorsqu'elle lui indiqua d'un geste les lieux de propreté puis, au départ de celle-ci, s'étendit sur le dos, fit craquer ses doigts et s'absorba dans la contemplation des planches noircies au plafond.

– Vous avez vu ses cheveux? murmura Tatiana.

2 **le frémissement:** Beben, Zittern. • 4f. **bienveillant, e:** wohlwollend; hier: freundlich. • 5 **un os des mâchoires** (f.): Kieferknochen. • 6 **saillir:** hervorstehen, vorspringen. • 7 **le pavillon:** kleines Häuschen; hier: Gefängnisbaracke. • 8 **la paillasse:** Strohbett. • **bancal, e:** durchgelegen. • 9 **les effets** (m.): Sachen, Habe. • **le coffre en bois:** hier: Holzkiste. • 10 **hurler qc à qn:** jdm. etwas zuschreien. • **le règlement:** hier: Lagerordnung. • 11 **brailler qc:** etwas laut brüllen. • **le morse:** Morsezeichen. • 12 **les lieux** (m.) **de propreté** (f.): Sanitäranlagen (*la propreté:* Sauberkeit). • 13f. **faire craquer ses doigts** (m.): die Finger (in den Gelenken) knacken lassen. • 14 **s'absorber dans qc:** sich in etwas vertiefen. • **la contemplation:** (lange und aufmerksame) Betrachtung. • 15 **noirci, e:** geschwärzt.

Les prisonnières ne comprirent pas ce qu'insinuait Tatiana.

La nouvelle arborait une tignasse épaisse, crépue, robuste, drue, qui doublait le volume de sa tête. Tant de santé et de vigueur, c'était d'ordinaire l'apanage des Africaines … Cependant Olga, malgré son teint mat, n'avait aucun trait négroïde et devait provenir d'une ville d'Union soviétique puisqu'elle se retrouvait aujourd'hui en Sibérie dans ce camp de femmes où le régime punissait celles qui ne pensaient pas de façon orthodoxe.

– Eh bien quoi, ces cheveux?

– Une Caucasienne à mon avis.

– Tu as raison. Parfois les Caucasiennes ont de la paille sur la tête.

– Ils sont horribles, ces cheveux, oui.

– Ah, non! Ils sont magnifiques. Moi qui les ai plats et fins, j'aurais rêvé de les avoir ainsi.

– Plutôt mourir. On dirait du crin.

– Non, des poils de sexe!

1 **insinuer qc:** andeuten, zu verstehen geben; hier: auf etwas hinauswollen. • 3 **arborer qc:** etwas zur Schau stellen; hier: tragen (Haartracht). • **la tignasse:** Haarschopf, Mähne. • **crépu, e:** kraus. • 4 **robuste:** kräftig, robust. • **dru, e:** dicht. • 5 **la vigueur:** (körperliche) Kraft, Energie. • 5 f. **être l'apanage** (m.) **de qn**: jdm. vorbehalten sein. • 6 **un Africain / une Africaine:** Afrikaner(in). • 7 **mat, e:** dunkel (Teint, Haut). • **n'avoir aucun trait négroïde:** überhaupt keine negroiden Gesichtszüge besitzen. • **provenir de:** stammen aus. • 8 **l'Union soviétique** (f.): die Sowjetunion, UdSSR, zentralistisch regierter, föderativer Einparteienstaat, der bis 1991 Bestand hatte. • 11 **orthodoxe:** hier: regimetreu, linientreu. • 13 **le Caucasien / la Caucasienne:** Kaukasier(in) (*le Caucase:* der Kaukasus). • 15 **la paille:** Stroh. • 17 **plat, e:** glatt (Haar). • 19 **le crin:** Rosshaar. • 20 **le poil de sexe:** Schamhaar.

Des petits rires vite étouffés accompagnèrent la dernière remarque de Lily.

Tatiana fronça les sourcils et fit taire le groupe en précisant:

– Ils pourraient bien nous apporter la solution.

Désireuses de plaire à Tatiana qu'elles traitaient en chef bien qu'elle ne fût qu'une prisonnière comme elles, elles tentèrent de se concentrer sur ce qui leur échappait: quelle solution apportaient les cheveux de cette inconnue à leur vie de déviantes politiques en rééducation forcée? Ce soir-là, une neige épaisse avait enseveli le camp. Au-dehors tout était sombre au-delà de la lanterne que la tempête essayait d'éteindre. La température descendue en dessous de zéro ne les aidait pas à réfléchir.

– Tu veux dire …

– Oui. Je veux dire qu'on peut cacher bien des choses dans une tignasse pareille.

Elles marquèrent un silence respectueux. L'une d'elles devina enfin:

– Elle aurait apporté un …

– Oui!

Lily, une douce blonde qui, malgré les rigueurs du

1 **étouffé, e:** unterdrückt (Lachen). • 3 **froncer les sourcils** (m.): die Stirn runzeln. • **faire taire qn:** jdn. zum Schweigen bringen. • 6 **être désireux, -euse de faire qc:** bestrebt sein, etwas zu tun. • 8 **tenter de faire qc:** versuchen, etwas zu tun. • 9 **échapper à qn** (fig.): nicht verstehen. • 10 **le déviant / la déviante:** Abweichler(in), Dissident(in). • 11 **la rééducation forcée:** zwangsweise (politische) Umerziehung. • 12 **ensevelir:** (unter sich) begraben, bedecken. • 13 **la lanterne:** Laterne. • 19 **marquer un silence:** verstummen. • **respectueux, -euse:** respektvoll. • 23 **la rigueur:** Strenge; hier: Härte, Schwere.

travail, le climat et l'immonde nourriture, demeurait aussi ronde qu'une fille entretenue, se permit de douter.

– Il faudrait qu'elle y ait pensé …

– Pourquoi pas?

– Ben moi, avant de venir ici, je n'y aurais jamais pensé.

– Justement, je te parle d'elle, pas de toi.

Sachant que Tatiana aurait toujours le dessus, Lily renonça à exprimer sa vexation et se remit à coudre l'ourlet de sa jupe de lainage.

On entendait les hurlements glacés de la tempête.

Quittant ses camarades, Tatiana s'engagea dans l'allée, s'approcha du lit de la nouvelle, resta un temps au pied de celui-ci en attendant qu'un signe lui montrât qu'on l'avait remarquée.

Un maigre feu agonisait dans le poêle.

Après quelques minutes de silence sans réaction, Tatiana se résolut à le casser:

– Comment t'appelles-tu?

Une voix grave prononça «Olga» sans qu'on vît bouger sa bouche.

– Et tu es là pourquoi?

1 **immonde:** hier: miserabel, ekelhaft, unsäglich schlecht. • 2 **entretenu, e:** (von jemandem) ausgehalten. • 6 **ben** (fam.): *(eh) bien.* • 9 **avoir le dessus:** die Oberhand behalten, sich durchsetzen. • 10 **la vexation:** hier: Ärger, Verärgerung. • 11 **un ourlet:** Saum. • **le lainage:** Wollstoff. • 12 **le hurlement:** Heulen (Wind). • **glacé, e:** eisig. • 13 f. **s'engager dans l'allée** (f.): in den Gang treten. • 17 **maigre:** mager; hier: kümmerlich, mickrig. • **agoniser:** im Sterben liegen; hier: am Ausgehen/Erlöschen sein (Feuer). • 19 **se résoudre à faire qc:** sich entschließen, etwas zu tun. • 21 **grave:** tief, dunkel (Stimme).

Rien ne réagit sur le visage d'Olga. Un masque de cire.

– J'imagine que, comme nous toutes, tu étais la fiancée préférée de Staline et qu'il s'est lassé?

Elle croyait énoncer quelque chose de drôle, une phrase quasi rituelle qui accueillait ici les rebelles au système stalinien; la phrase glissa sur l'inconnue tel un galet sur la glace.

– Moi, je m'appelle Tatiana. Tu veux que je te présente les autres?

– On a le temps, non?

– Sûr qu'on a le temps … on va passer des mois, des années dans ce trou, on va peut-être y mourir …

– Donc on a le temps.

En conclusion, Olga ferma ses paupières, se tourna contre le mur, n'offrant plus que ses épaules pointues à la conversation.

Comprenant qu'elle n'en tirerait pas davantage, Tatiana revint vers ses camarades.

– C'est une dure. Plutôt rassurant. On a des chances que …

Approuvant de la tête – même Lily –, elles décidèrent d'attendre.

1 f. **le masque de cire** (f.): wächserne Maske. • 4 **Staline:** Josef Stalin (1878–1953); sowjetischer Politiker und Diktator. • **se lasser de qn, qc:** einer Person, einer Sache müde, überdrüssig werden. • 5 **énoncer qc:** etwas aussprechen, etwas sagen. • 6 **rituel, le:** hier: zum Ritual geworden, zur stehenden Wendung geworden. • 7 **le système stalinien:** Stalinismus (*stalinien:* stalinistisch). • 16 **pointu, e:** spitz; hier: knochig. • 20 **C'est une dure:** etwa: Das ist eine von der harten Sorte. • 22 **approuver de la tête:** zustimmend nicken.

Pendant la semaine qui suivit, la nouvelle ne concéda guère plus d'une phrase par jour, et encore fallait-il la lui tirer des lèvres. Ce comportement validait l'espoir des plus anciennes pensionnaires.

– Je suis sûre qu'elle y a pensé, finit par dire Lily, à chaque heure plus conquise. Elle est définitivement du genre à y avoir pensé.

Le jour apportait peu de clarté, le brouillard le forçant à rester gris; quand il se dissipait, un écran impénétrable de nuages oppressants pesait sur le camp, telle une armée de sentinelles.

Puisque personne n'arrivait à provoquer la confiance d'Olga, elles comptèrent qu'une douche leur permettrait de découvrir si la nouvelle cachait ... mais il faisait si froid que personne n'entreprenait plus de se déshabiller; l'impossible séchage et l'improbable réchauffement les restreignaient à une toilette furtive, minimale. Elles découvrirent en outre un matin de

1 **concéder qc:** etwas einräumen, etwas zugestehen; hier: sich zu etwas herablassen. • 1 f. **ne ... guère plus de ...:** kaum mehr als ... • 3 **tirer qc des lèvres à qn:** jdm. etwas aus der Nase ziehen. • **valider qc:** etwas bestätigen. • 4 **le/la pensionnaire:** hier: Insasse/Insassin. • 5 **finir par faire qc:** schließlich etwas tun. • 6 **conquis, e:** hier: überzeugt (*conquérir:* erobern). • 9 **se dissiper:** sich auflösen. • **un écran:** Wand (Wolken). • 9 f. **impénétrable:** undurchdringlich. • 10 **oppressant, e:** beklemmend. • 11 **la sentinelle:** Wachposten. • 12 f. **provoquer la confiance de qn:** jds. Vertrauen gewinnen. • 13 **compter:** zählen auf, rechnen mit; hier: sich verlassen auf, hoffen. • 15 **entreprendre de faire qc:** sich daran machen, etwas zu tun, etwas zu tun beginnen. • 16 **le séchage:** Trocknen. • **improbable:** unwahrscheinlich. • 17 **le réchauffement:** Aufwärmen. • **restreindre qn à qc:** jdn. auf etwas beschränken. • **furtif, -ive:** hastig, flüchtig. • 18 **en outre:** außerdem.

pluie que la crinière d'Olga était si fournie que les gouttes glissaient sur elle sans la pénétrer; elle possédait une coiffe imperméable.

– Tant pis, arbitra Tatiana: il faut prendre le risque.

– De lui demander?

– Non. De lui montrer.

– Imagine que ce soit une espionne? Que quelqu'un l'ait envoyée pour nous piéger?

– Elle n'a pas le genre, dit Tatiana.

– Non, elle n'a pas le genre du tout, certifia Lily en tirant un fil de son ouvrage.

– Si, elle a le genre! Jouer la sauvage, la dure, la muette, celle qui ne pactise avec personne: n'est-ce pas le meilleur moyen de nous donner confiance?

C'est Irina qui avait crié ce raisonnement, surprenant les autres femmes, se surprenant elle-même, stupéfaite par la cohérence de ce qu'elle avançait. Elle continua, étonnée:

– J'imagine que si l'on me confiait la mission d'espionner une cabane de femmes, je ne pourrais pas m'y prendre mieux. Passer pour une taiseuse, une soli-

1 **la crinière:** Mähne. • **fourni, e:** gut bestückt; hier: dicht, üppig. • 2 **pénétrer qc:** etwas durchdringen. • 3 **la coiffe:** Haube. • **imperméable:** wasserdicht, undurchlässig. • 4 **arbitrer:** entscheiden. • 7 **imaginer:** sich vorstellen. • **un espion / une espionne:** Spion(in). • 8 **piéger qn:** jdn. in die Falle locken. • 9 **ne pas avoir le genre:** nicht von der Sorte zu sein scheinen. • 10 **certifier:** bestätigen, zustimmen, beipflichten. • 13 **le, la muet, te:** der/die Stumme; hier: der/die Wortkarge. • **pactiser avec qn:** sich mit jdm. zusammentun. • 17 **la cohérence:** Zusammenhang, Zusammenhalt; hier: innere Logik. • **avancer qc:** etwas vorbringen. • 20 **la cabane:** Hütte; hier: Baracke. • 21 **passer pour qn:** als jemand gelten. • **le taiseur / la taiseuse** (belg.): Schweiger(in). • 21 f. **le/la solitaire:** Einzelgänger(in).

taire, et, ainsi, avec le temps, déclencher les confidences. C'est plus habile que de se montrer cordiale, non? Nous sommes peut-être infiltrées par la plus grande cafteuse de l'Union soviétique.

Lily en fut soudain si convaincue qu'elle s'enfonça l'épingle dans le gras du doigt. Une goutte de sang perla qu'elle regarda avec terreur.

– Je veux qu'on me change de baraque, vite!

Tatiana intervint:

– C'est bien raisonné, Irina, ce n'est cependant qu'un raisonnement. Moi, mon intuition m'affirme le contraire. On peut lui faire confiance, elle est comme nous. Voire plus dure que nous.

– Attendons. Parce que si nous sommes pincées …

– Oui, tu as raison. Attendons. Et surtout, essayons de la pousser à bout. Ne lui parlons plus. Si c'est une espionne placée là pour nous dénoncer, elle va paniquer et se rapprocher de nous. À la moindre avancée, elle nous dévoilera sa tactique.

– Bien vu, confirma Irina. Ignorons-la et guettons sa réaction.

1 **déclencher qc:** etwas auslösen; hier: etwas entlocken. • 1 f. **la confidence:** vertrauliche Mitteilung. • 3 **infiltré, e:** unterwandert, infiltriert. • 4 **le cafteur / la cafteuse** (fam.): Denunziant(in), Petzer(in). • 5 f. **s'enfoncer (une épingle):** sich (mit einer Nadel) stechen. • 6 **le gras du doigt:** Fingerkuppe. • 8 **changer qn de baraque:** jdn. in eine andere Baracke umquartieren/verlegen. • 11 **affirmer qc:** etwas behaupten; hier: etwas sagen. • 13 **voire:** ja sogar. • 14 **pincer qn** (fam.): jdn. schnappen, jdn. erwischen. • 16 **pousser qn à bout:** jdn. zum Äußersten treiben. • 17 **placer qn:** hier: jdn. einschleusen. • **dénoncer qn:** jdn. denunzieren, jdn. verpfeifen. • 17 f. **paniquer:** in Panik geraten. • 18 **une avancée:** hier: Versuch, Kontakt aufzunehmen. • 19 **dévoiler qc:** hier: etwas verraten. • 20 **guetter qc:** etwas genau beobachten; etwas abwarten.

– C'est épouvantable …, soupira Lily en léchant son doigt pour hâter la cicatrisation.

Pendant dix jours, aucune prisonnière du pavillon 13 ne s'adressa à Olga. Celle-ci sembla d'abord ne pas le remarquer puis, lorsqu'elle en prit conscience, son œil devint plus dur, quasi minéral; elle n'esquissa pourtant pas le moindre geste pour briser ce glacis de silence. Elle acceptait l'isolement.

Après la soupe, les femmes se réunirent autour de Tatiana.

– La preuve est là, non? Elle n'a pas craqué.

– Oui, c'est effrayant …

– Oh, toi, Lily, tout t'effraie …

– Avouez que c'est cauchemardesque: être rejetée par un groupe, s'en rendre compte et ne pas bouger un doigt pour empêcher cette exclusion! C'est à peine humain … Je me demande si elle a un cœur, cette Olga.

– Qui te dit qu'elle n'en souffre pas?

Lily suspendit sa couture, l'aiguille coincée au plus

1 **soupirer:** seufzen. • **lécher qc:** etwas lecken. • 2 **hâter qc:** etwas beschleunigen. • **la cicatrisation:** Narbenbildung, Heilung. • 5 **prendre conscience** (f.) **de qc:** etwas bemerken. • 6 **minéral, e:** hier: steinern. • 6 f. **ne pas esquisser le moindre geste:** etwa: keinerlei Anstalten machen. • 7 **le glacis de silence** (fig.): Mauer des Schweigens (*le glacis:* Glacis, Erdanschüttung vor einer Festung). • 8 **un isolement:** Isolation. • 11 **craquer:** hier: weich werden. • 12 **effrayant, e:** erschreckend. • 13 **effrayer qn:** jdn. erschrecken. • 14 **cauchemardesque:** albtraumhaft, wie in einem bösen Traum. • 15 f. **ne pas bouger un doigt:** keinen Finger rühren. • 20 **suspendre qc:** etwas unterbrechen. • **la couture:** Näharbeit. • **coincé, e:** hier: eingehakt, verhakt (Nähnadel).

épais du tissu: elle n'y avait pas pensé. Aussitôt ses paupières s'alourdirent de larmes.

– Nous l'avons rendue malheureuse?

– Je pense qu'elle est arrivée malheureuse ici et qu'elle l'est devenue davantage.

– La pauvre! Par notre faute …

– Je pense surtout qu'on peut compter sur elle.

– Oui, tu as raison, s'exclama Lily en essuyant ses pleurs avec sa manche. Faisons-lui vite confiance. J'ai trop mal à l'idée qu'elle n'est qu'une prisonnière, comme nous, et que nous rajoutons à son chagrin en lui rendant la vie impossible.

En quelques minutes de conciliabule, les femmes décidèrent qu'elles allaient prendre le risque de dévoiler leur plan et que ce serait Tatiana qui en aurait l'initiative.

Le camp retomba ensuite dans sa somnolence; dehors, il gelait fort; quelques écureuils furtifs bruissèrent sur la neige entre les baraquements.

De la main gauche, Olga émiettait une vieille croûte de pain, de l'autre elle tenait sa gamelle vide.

2 **s'alourdir de larmes** (f.): tränenschwer werden. • 8 **s'exclamer:** ausrufen. • 9 **les pleurs** (m.): Tränen. • 11 **rajouter à qc:** etwas noch schlimmer machen (Kummer). • 13 **le conciliabule:** Getuschel. • 15 f. **avoir l'initiative** (f.) **de qc:** bei etwas die Initiative übernehmen, etwas in die Hand nehmen. • 17 **retomber dans qc:** wieder in etwas verfallen. • **la somnolence:** Schläfrigkeit, Dämmerzustand. • 18 **un écureuil:** Eichhörnchen. • 18 f. **bruisser:** leises Geräusch machen. • 19 **le baraquement:** Barackenblock, Barackenanlage. • 20 **émietter** (du pain): (Brot) zerkrümeln. • 20 f. **la croûte de pain:** Brotkanten (Stück altes Brot). • 21 **la gamelle:** Blechnapf.

Tatiana s'approcha.

– Sais-tu que tu as droit à un paquet de cigarettes tous les deux jours?

– Figure-toi que j'ai remarqué et que je les fume!

La réponse avait fusé de la bouche d'Olga, vive, précipitée, la brusque sortie d'une semaine silencieuse accélérant son élocution.

Tatiana remarqua que, malgré son agressivité, Olga venait de parler plus que naguère. Les rapports humains devaient lui manquer … elle estima qu'elle pouvait continuer.

– Puisque tu remarques tout, tu as sans doute noté qu'aucune de nous ne fume. Ou alors nous fumons un peu en présence des surveillantes.

– Euh … oui. Non. Que veux-tu dire?

– Tu ne t'es pas demandé à quoi nous utilisons les cigarettes?

– Ah, je vois: vous les échangez. C'est la monnaie du camp. Tu veux m'en vendre? Je n'ai rien pour payer …

– Tu te trompes.

– Si on ne paie pas avec de l'argent, on paie avec quoi alors?

Olga inspecta Tatiana avec une grimace soupçonneuse, comme si, à l'avance, ce qu'elle allait découvrir

2 **avoir droit à qc:** Anspruch auf etwas haben. • 5 **fuser:** hier: blitzschnell kommen/erfolgen (Antwort). • 6 **précipité, e:** jäh, überstürzt. • **la sortie:** hier: Ende, Abschluss. • 7 **une élocution:** Aussprache. • 9 **naguère:** zuvor. • 10 **estimer:** der Meinung sein. • 14 **le surveillant / la surveillante:** Aufseher(in). • 18 **échanger qc:** hier: etwas tauschen. • 18f. **la monnaie du camp:** Lagerwährung. • 23 **inspecter qn:** jdn. prüfend anschauen, jdn. mustern. • 23f. **soupçonneux, -euse:** argwöhnisch. • 24 **à l'avance** (f.): im voraus.

la dégoûtait. Tatiana prit donc le temps de lui répondre:

– Nous ne vendons pas nos cigarettes, nous ne les échangeons pas non plus. Nous nous en servons pour autre chose que fumer.

Parce qu'elle sentit qu'elle avait piqué la curiosité d'Olga, Tatiana rompit la discussion, sachant qu'elle serait plus forte si l'autre revenait vers elle pour apprendre la suite.

Le soir même, Olga rejoignit Tatiana, la contempla longuement comme pour lui demander de rompre le silence. En vain. Tatiana lui rendait la monnaie du premier jour.

Olga finit par craquer:

– Bon, que faites-vous des cigarettes?

Tatiana se tourna vers elle et fouilla son regard.

– As-tu abandonné des gens que tu aimes derrière toi?

En guise de réponse, un rictus douloureux lézarda le visage d'Olga.

– Nous aussi, poursuivit Tatiana, nos hommes nous manquent mais pourquoi on devrait s'inquiéter davantage pour eux que pour nous? Ils sont dans un

1 **dégoûter qn:** jdn. abstoßen. • 6 **piquer qc:** etwas wecken (Neugier). • 7 **rompre qc:** hier: etwas unterbrechen, etwas abbrechen (Gespräch). • 8 **revenir vers qn:** hier: wieder auf jdn. zukommen, sich wieder an jdn. wenden. • 10 **rejoindre qn:** jdn. aufsuchen. • 12 **rendre la monnaie à qn:** es jdm. mit gleicher Münze heimzahlen. • 16 **fouiller:** durchwühlen; hier: zu ergründen versuchen. • 17 f. **abandonner derrière soi:** (allein) zurücklassen. • 19 **en guise de:** als. • **le rictus:** Zucken, gequältes Lächeln, Grimasse. • **douloureux, -euse:** schmerzlich. • **lézarder qc:** etwas rissig machen; hier: etwas verzerren. • 21 **poursuivre:** fortfahren.

autre camp. Non, ce qui tracasse, ce sont les enfants …

La voix de Tatiana se brisa: l'image de ses deux filles venait d'envahir sa conscience. Par compassion, Olga lui posa la main sur l'épaule, une main costaude, puissante, presque une main d'homme.

– Je comprends, Tatiana. Moi aussi, j'ai une fille derrière moi. Heureusement, elle a vingt et un ans.

– Les miennes ont huit et dix ans …

Trouver l'énergie de retenir ses larmes l'empêcha de continuer. D'ailleurs, qu'avait-elle à ajouter?

La poigne brusque d'Olga précipita Tatiana contre son épaule et Tatiana le chef de réseau, Tatiana l'éternelle rebelle, la dure Tatiana, parce qu'elle avait trouvé plus dure qu'elle, pleura quelques instants sur la poitrine d'une inconnue.

Lorsqu'elle fut soulagée de son excès d'émotion, Tatiana reprit le fil de ses pensées.

– Voilà à quoi nous servent les cigarettes: on vide le tabac, on garde les feuilles. Après, en collant les feuilles les unes sur les autres, on obtient une vraie page de papier. Tiens, viens, je vais te montrer.

1 **tracasser qn:** jdn. quälen, jdm. schwer zu schaffen machen. • 3 **se briser:** brüchig werden, versagen (Stimme). • 4 **envahir la conscience de qn:** etwa: jdm. schlagartig bewusst werden. • **par compassion** (f.): aus Mitgefühl. • 5 **costaud, e** (fam.): robust, kräftig. • 12 **la poigne:** fester Griff. • **brusque:** jäh, unvermittelt. • **précipiter qn contre qc:** jdn. mit einem Ruck gegen etwas pressen. • 13 **le chef de réseau** (m.): Rädelsführer. • 17 **être soulagé, e de son excès** (m.) **d'émotion** (f.): etwa: die überschießenden Gefühle wieder in den Griff bekommen. • 18 **reprendre le fil de ses pensées** (f.): den Gedankenfaden wieder aufnehmen.

Soulevant une latte du plancher, Tatiana dégagea d'une cache pleine de pommes de terre une liasse craquante de papier à cigarettes où soudures et jointures épaississaient les fines membranes, tels des papyrus millénaires découverts en Sibérie par on ne sait quelle aberration archéologique.

Elle les posa avec précaution sur les genoux d'Olga.

– Voilà. Forcément, un jour, l'une de nous sortira … Elle pourra alors porter nos messages.

– Bien.

– Or tu l'as deviné, il y a un problème.

– Oui. Je vois: les feuilles sont vides.

– Vides. Recto. Verso. Parce que nous n'avons ni stylo ni encre. J'ai bien essayé d'écrire avec mon sang, en piquant une épingle à Lily, ça s'efface trop vite … En plus, je cicatrise mal. Un souci de plaquettes. Malnutrition. Pas envie d'aller à l'infirmerie pour éveiller des soupçons.

– Pourquoi me dis-tu ça? En quoi ça me concerne?

– Toi aussi, j'imagine que tu veux écrire à ta fille?

1 **la latte:** Brett, Planke. • **dégager qc:** hier: etwas herausnehmen. • 2 **la cache:** Versteck. • **la liasse:** Bündel. • 2f. **craquant, e:** knisternd (Papier). • 3 **la soudure:** Schweißnaht; hier: Klebestelle, Klebefalz. • **la jointure:** Nahtstelle. • 4 **épaissir qc:** etwas verdicken, etwas dicker machen. • **la membrane:** Membran; hier: Blättchen. • 5 **millénaire:** jahrtausendealt. • 6 **une aberration:** Irrweg. • **archéologique:** archäologisch. • 13 **le recto/verso:** Vorder-/Rückseite. • 15 **piquer qc à qn** (fam.): jdm. etwas stibitzen. • 16 **cicatriser bien/mal:** eine gute/schlechte Wundheilung haben. • **un souci de plaquettes** (f.): etwa: Problem mit den Blutplättchen (*la plaquette:* Blutplättchen). • 16f. **la malnutrition:** Mangelernährung, Unterernährung. • 17 **une infirmerie:** Krankenstation. • 17f. **éveiller les soupçons** (m.): Verdacht erregen.

Olga laissa s'épaissir une bonne minute avant de répondre d'un ton rêche:

– Oui.

– Alors voici: nous te fournissons le papier, tu nous fournis le crayon.

– Pourquoi t'attends-tu à ce que je possède un crayon? C'est ce qu'ils nous arrachent d'abord lorsqu'ils nous arrêtent. Et nous avons toutes été fouillées à plusieurs occasions avant d'arriver ici.

– Tes cheveux …

Tatiana désigna la crinière touffue qui auréolait le masque sévère d'Olga. Elle insista.

– Quand je t'ai vue arriver, je me suis dit que …

Olga l'interrompit de la main et pour la première fois sourit.

– Tu as raison.

Sous les yeux émerveillés de Tatiana, elle glissa sa main derrière son oreille, farfouilla dans ses boucles puis, le regard brillant, en sortit un fin crayon à papier qu'elle tendit à sa compagne de captivité.

– Marché conclu!

1 **s'épaissir:** hier: verstreichen lassen. • 2 **rêche:** unwirsch, spröde. • 6 **s'attendre à qc:** hier: von etwas ausgehen, etwas als sicher annehmen. • 9 **à plusieurs occasions:** mehrfach, mehrmals (*une occasion:* Anlass, Gelegenheit). • 11 **touffu, e:** dicht, buschig. • **auréoler qc:** etwas (wie mit einem Heiligenschein) einrahmen/umrahmen. • 12 **le masque:** hier: Gesicht. • **insister:** hier: (etwas) nachschieben. • 17 **émerveillé, e:** verwundert. • 17 f. **glisser la main derrière l'oreille** (f.): mit der Hand hinters Ohr fahren. • 18 **farfouiller:** wühlen. • **la boucle:** Locke. • 19 **le crayon à papier:** Bleistift. • 20 **le compagnon / la compagne de captivité** (f.): Mitgefangene(r). • 21 **marché conclu:** topp, abgemacht.

On a du mal à mesurer la joie qui réchauffa le cœur des femmes durant les jours qui suivirent. Avec cette petite mine de plomb, c'était leur cœur, leur lien avec le monde d'avant, la possibilité d'embrasser leurs enfants qui leur étaient rendus. La captivité devenait moins lourde. La culpabilité aussi. Car certaines s'en voulaient d'avoir fait passer l'action politique avant la vie familiale; maintenant qu'elles se trouvaient reléguées au fond d'un goulag, ayant livré leurs enfants à une société qu'elles avaient détestée et combattue, elles ne pouvaient s'empêcher de regretter leur militantisme, de se soupçonner d'avoir fui leurs devoirs et de s'être révélées de mauvaises mères. Ne valait-il pas mieux, à l'instar de tant d'autres Soviétiques, se taire et se replier sur les valeurs domestiques? Sauver sa peau et la peau des siens, au lieu de lutter pour la peau de tout le monde?

Si chaque recluse jouissait de plusieurs feuilles, il n'y avait qu'un crayon. Après plusieurs réunions, elles

1 **avoir du mal à mesurer qc:** etwas nur schwer ermessen/nachvollziehen können. • 2 **durant:** während. • 3 **la mine:** Mine (Bleistift). • 6f. **s'en vouloir:** sich Vorwürfe machen. • 7 **faire passer qc avant qc:** einer Sache Vorrang vor etwas geben, einer Sache Priorität einräumen. • 8f. **se trouver rélégué, e:** abgeschoben sein, verbannt sein. • 9 **le goulag:** stalinistisches Straflager, Gulag. • 11 **ne pouvoir s'empêcher:** nicht umhin können. • 11f. **le militantisme:** kämpferischer Einsatz, militantes Engagement. • 12 **fuir ses devoirs** (m.): sich seinen Pflichten entziehen, seine Pflichten vernachlässigen. • 13 **se révéler:** sich erweisen als. • 14 **le/la Soviétique:** Sowjetbürger(in). • 15 **se replier sur qc:** sich auf etwas beschränken, sich auf etwas zurückziehen. • **domestique:** häuslich. • 15f. **sauver sa peau:** die eigene Haut retten. • 18 **le reclus / la recluse:** hier: Gefangene(r). • **jouir de qc:** hier: über etwas verfügen. • **le feuillet:** Bogen (Papier).

convinrent que chaque femme aurait droit à trois feuillets avant qu'on ne relie l'ensemble en un cahier cousu qui sortirait dès que l'opportunité se présenterait.

Deuxième règle: chaque femme serait astreinte à rédiger ses pages sans ratures pour ne pas user le crayon.

Si, le soir même, cette décision provoqua l'enthousiasme collectif, les jours suivants se montrèrent pénibles. Confrontée à la contrainte de concentrer sa pensée en trois feuillets, chaque femme souffrait: tout dire en trois feuillets … Comment constituer trois feuillets essentiels, trois feuillets testamentaires qui graveraient l'essentiel de sa vie, qui légueraient à ses enfants son âme, ses valeurs et leur indiqueraient à jamais quel avait été le sens de son passage sur terre?

L'exercice tourna à la torture. Chaque soir des sanglots sortaient des couches. Certaines perdirent le sommeil; les autres gémissaient pendant leurs rêves.

Dès que les pauses du travail obligatoire le leur permettaient, elles tentaient d'échanger leurs idées.

2 **relier:** binden, heften (Heft, Buch). • 3 **cousu, e:** zusammengenäht; hier: geheftet, mit Fadenheftung. • **une opportunité:** Gelegenheit. • 5 **être astreint, e à faire qc:** gehalten sein, etwas zu tun. • 6 **la rature:** Streichung. • **user qc:** etwas abnutzen. • 8 f. **provoquer l'enthousiasme collectif:** allgemeine Begeisterung auslösen. • 10 **confronté, e à la contrainte de faire qc:** unter dem Zwang, etwas zu tun. • 13 **testamentaire:** testamentähnlich. • 14 **graver qc:** etwas (ein)gravieren, etwas einprägen. • **léguer à qn:** als Vermächtnis hinterlassen. • 15 **indiquer qc:** etwas angeben, etwas aufzeigen. • 16 **le passage sur terre de qn:** jds. Erdendasein. • 17 f. **le sanglot:** Schluchzen. • 18 **la couche:** Pritsche. • 18 f. **perdre le sommeil:** nicht mehr schlafen können. • 19 **gémir:** stöhnen, ächzen. • 20 **le travail obligatoire:** Zwangsarbeit.

– Moi, je vais raconter à ma fille pourquoi je suis ici et pas auprès d'elle. Afin qu'elle me comprenne et, peut-être, me pardonne.

– Trois feuilles de mauvaise conscience pour te filer bonne conscience, tu trouves vraiment que c'est une bonne idée?

– Moi, à ma fille, je vais raconter comment j'ai rencontré son père pour qu'elle sache qu'elle est le fruit d'une histoire d'amour.

– Ah oui? Elle va surtout se demander pourquoi tu n'as pas continué l'histoire d'amour avec elle.

– Moi, j'ai envie de raconter à mes trois filles mes accouchements, les plus beaux moments de ma vie.

– Court, non? Tu ne crois pas qu'elles vont t'en vouloir de limiter tes souvenirs à leur arrivée? Il vaudrait mieux leur parler de la suite.

– Moi, j'ai envie de leur raconter ce que j'aurais envie de faire pour elles.

– Mm …

En discutant, elles découvrirent un détail étrange: toutes avaient donné le jour à des filles. La coïncidence les amusa, puis les surprit, au point qu'elles se demandèrent si la décision d'incarcérer ensemble des mères de filles dans le pavillon 13 n'avait pas été prise sciemment par les autorités.

2 **auprès de:** bei. • 4f. **filer bonne conscience à qn** (fam.): jds. Gewissen erleichtern. • 13 **un accouchement:** Entbindung. • 14f. **en vouloir à qn:** es jdm. übelnehmen. • 21 **donner le jour à qn:** jdn. zur Welt bringen. • 21f. **la coïncidence:** hier: zufälliges Zusammentreffen. • 22 **au point que:** so sehr, dass. • 23 **incarcérer qn:** jdn. einkerkern; hier: jdn. gefangen halten. • 25 **sciemment:** bewusst, wissentlich, absichtlich.

Cette diversion n'interrompit cependant pas leur martyre: qu'écrire?

Chaque soir Olga brandissait le crayon et le proposait à la cantonade:

– Qui veut commencer?

Chaque soir s'installait un silence diffus. Le temps s'écoulait de manière perceptible, comme les stalactites gouttent au plafond d'une grotte. Les femmes, tête basse, attendaient que l'une d'elles criât «Moi» et les délivrât provisoirement de leur gêne mais, après quelques toux et des œillades furtives, les plus courageuses finissaient par répondre qu'elles réfléchissaient encore.

– Je suis en train de trouver … demain peut-être …

– Oui, moi aussi, j'avance, pourtant je ne suis pas encore certaine …

Les jours se succédaient, tourbillonnants de bourrasques ou sertis de givre immaculé. Alors que les prisonnières avaient attendu le crayon pendant deux ans, trois mois passèrent sans qu'aucune le réclamât ou même ne l'acceptât.

1 **la diversion:** Abschweifen, Ablenkung. • 2 **le martyre:** Martyrium; hier: (fig.) Seelenqual. • 3 **brandir qc:** etwas schwingen. • 3 f. **proposer qc à la cantonade:** (den anderen) etwas zurufen. • 6 **s'installer:** sich einstellen (Schweigen). • **diffus, e:** diffus, vage, unklar; hier: betreten (Schweigen). • 7 **s'écouler:** verstreichen (Zeit). • 7 f. **le stalactite:** (hängender) Tropfstein, Stalaktit. • 8 **goutter:** tropfen. • 9 **tête basse:** gesenkten Hauptes. • 10 **provisoirement:** vorübergehend. • **la gêne:** Verlegenheit. • 11 **une œillade:** Blick. • **furtif, -ive:** verstohlen (Blick). • 15 **avancer:** hier: vorwärtskommen, vorankommen. • 17 **tourbillonner:** wirbeln. • 17 f. **la bourrasque:** Windstoß, Bö. • 18 **serti, e de:** eingefasst mit; hier: überzogen mit (Reif). • **le givre:** (Rau-)Reif. • **immaculé, e:** unbefleckt; hier: strahlend weiß (Reif).

Aussi quelle ne fut pas la surprise lorsque, un dimanche, après qu'Olga eut levé l'objet en prononçant la phrase rituelle, Lily répondit avec empressement:

– Je le veux bien, merci.

Elles se tournèrent, médusées, vers la blonde et grasse Lily, la plus écervelée d'entre elles, la plus sentimentale, la moins volontaire, bref, disons-le: la plus normale. Si l'on avait dû pronostiquer quelle prisonnière inaugurerait la rédaction des feuillets, sûr que Lily aurait été désignée parmi les dernières. Tatiana d'abord, Olga peut-être, ou bien Irina … mais la suave et ordinaire Lily?

Tatiana ne put s'empêcher de bredouiller:

– Tu … tu es sûre … Lily?

– Oui, je crois.

– Tu ne vas pas … gribouiller, te tromper … enfin user le crayon?

– Non, j'ai bien réfléchi: j'y parviendrai sans ratures.

Sceptique, Olga confia le stylo à Lily. En le lui abandonnant, elle échangea un regard avec Tatiana; celle-ci lui confirma qu'elles étaient en train de commettre une bourde.

3 **un empressement:** Begeisterung, Eifer. • 5 **médusé, e:** bass erstaunt, sprachlos. • 6 **écervelé, e:** gedankenlos, unbesonnen; hier: unbedarft. • 7 **volontaire:** willensstark. • 8 **pronostiquer qc:** etwas vorhersagen, etwas prognostizieren. • 9 **inaugurer qc:** bei etwas den Anfang machen. • 10 **désigner qn:** jdn. nennen. • 11 **suave:** sanft. • 13 **bredouiller:** stammeln. • 16 **gribouiller:** hier: planlos kritzeln • 18 **parvenir à qc:** es schaffen. • 19 **confier qc à qn:** jdm. etwas anvertrauen; hier: jdm. etwas geben. • 20 **abandonner qc à qn:** jdm. etwas überlassen. • **échanger un regard avec qn:** mit jdm. einen Blick tauschen. • 22 **la bourde** (fam.): schwerer Schnitzer.

Les jours suivants, les femmes du pavillon 13 fixaient Lily chaque fois que celle-ci s'isolait pour écrire, assise par terre, alternant inspiration – yeux au plafond – et expiration – ses épaules se courbaient pour cacher aux autres les signes qu'elle inscrivait sur le papier.

Le mercredi, elle annonça avec satisfaction:

– J'ai fini. Qui veut le crayon?

Un silence maussade suivit sa question.

– Qui veut le crayon?

Aucune femme n'osait en dévisager une autre. Lily conclut avec tranquillité:

– Bon, je le remets dans les cheveux d'Olga en attendant demain.

Olga émit juste un grognement lorsque Lily dissimula l'objet au fond de sa tignasse.

Toute autre que Lily, moins bonne, plus alertée sur les complexités du cœur humain, aurait remarqué que les femmes du pavillon l'étudiaient désormais avec jalousie, voire un brin de haine. Comment Lily, qui n'était pas loin de l'idiotie, avait-elle réussi là où les autres échouaient?

2 **fixer qn:** jdn anstarren. • **s'isoler:** sich zurückziehen. • 3f. **alterner inspiration** (f.) **et expiration** (f.): im Wechsel ein- und ausatmen. • 4 **se courber:** hier: sich nach innen wölben. • 5 **inscrire:** hinschreiben. • 9 **maussade:** mürrisch. • 11 **dévisager qn:** hier: jdn. anschauen. • 12 **avec tranquillité** (f.): ruhig. • 15 **juste:** nur, lediglich. • **le grognement:** Brummen. • 15f. **dissimuler qc:** etwas verstecken. • 16 **au fond de:** hier: tief drinnen in. • 17 **être alerté, e sur qc:** sich gut mit etwas auskennen. • 18 **la complexité:** Vielschichtigkeit. • 19 **désormais:** nun. • 20 **un brin de haine** (f.): ein gelinder Hass, eine Spur von Hass. • 21 **une idiotie:** Schwachsinn.

Une semaine s'écoula, chaque soir offrant à chaque femme l'occasion de revivre sa défaite.

Enfin, le mercredi suivant, à minuit, pendant que les respirations indiquaient que la plupart des femmes dormaient, Tatiana, épuisée de se tourner et se retourner sur sa couche, se traîna en silence jusqu'au lit de Lily.

Celle-ci souriait en lorgnant le plafond sombre.

– Lily, je t'en supplie, peux-tu m'expliquer ce que tu as écrit?

– Bien sûr, Tatiana, tu veux le lire?

– Oui.

Comment allait-elle faire? Le couvre-feu était passé.

Tatiana se blottit près de la fenêtre. Derrière la toile d'araignée s'étend une neige pure qu'une pleine lune rend bleue; en se tordant le cou, Tatiana parvint à déchiffrer les trois feuillets.

Lily s'approcha et demanda, sur le ton d'une petite fille coupable d'une sottise:

– Alors, qu'en penses-tu?

– Lily, tu es géniale!

Et Tatiana prit Lily dans ses bras pour embrasser plusieurs fois ses joues dodues.

2 **revivre sa défaite:** etwa: sich seines/ihres Versagens erneut bewusst werden. • 4 **la respiration:** hier: Atemrhythmus. • 6 **se traîner:** hier: sich schleichen. • 8 **lorgner qc:** etwas anstarren. • 9 **supplier qn:** jdn. anflehen, jdn. inständig bitten. • 13 **Le couvre-feu était passé:** Die Sperrstunde war überschritten; hier: das Licht war bereits abgeschaltet. • 14 **se blottir:** sich (hin)kauern. • 15 **la toile d'araignée** (f.): Spinnennetz, Spinnweben. • 16 **se tordre le cou:** sich den Hals verrenken. • 17 **déchiffrer qc:** etwas entziffern. • 19 **être coupable d'une sottise:** etwa: eine Dummheit begangen haben. • 23 **dodu, e:** feist, wohlgenährt.

Le lendemain, Tatiana demanda deux grâces à Lily: la permission de suivre son exemple, la permission d'en parler aux autres femmes.

Lily baissa les cils, rosit comme si on lui offrait des fleurs, et gazouilla une phrase qui, par ses entrelacs et ses roucoulements de gorge, signifiait oui.

Épilogue

Moscou, décembre 2005.

Cinquante ans se sont écoulés depuis ces événements.

L'homme qui écrit ces lignes visite la Russie. Le régime soviétique est tombé, il n'y a plus de camps, ce qui ne signifie pas que l'injustice a disparu pour autant.

Dans les salons de l'ambassade de France, je rencontre les artistes qui jouent mes pièces de théâtre depuis des années.

Parmi eux, une femme de soixante ans me saisit le bras avec une sorte de familiarité affectueuse, un mélange d'effronterie et de respect. Son sourire ruisselle

1 **la grâce:** hier: Gunstbeweis. • 4 **baisser les cils** (m.): etwa: die Lider senken (*le cil:* Wimper). • **rosir:** zart erröten. • 5 **gazouiller:** zwitschern. • **un entrelacs:** Flechtwerk; hier: Verzweigtheit. • 6 **le roucoulement de gorge** (f.): (kehliges) Gurren. • 8 **Moscou:** Moskau; russische Hauptstadt. • 13 **disparaître:** verschwinden. • 13 f. **pour autant:** deswegen. • 19 **la familiarité:** Vertrautheit. • 19 f. **le mélange:** Mischung. • 20 **une effronterie:** Dreistigkeit. • 21 **ruisseler de qc:** vor etwas triefen, vor etwas überfließen (*ruisseler:* rieseln).

de bonté. Impossible de résister à ces iris mauves … Je la suis jusqu'à la fenêtre du palais qui permet de contempler Moscou illuminé.

– Voulez-vous que je vous montre le plus beau livre du monde?

– Moi qui gardais encore l'espoir de l'écrire, vous venez m'annoncer que c'est trop tard. Vous me tuez. En êtes-vous certaine? Le plus beau livre du monde?

– Oui. Même si d'autres peuvent en écrire de beaux, celui-là est le plus beau.

Nous nous asseyons sur ces canapés trop grands et trop usés qui ornent les lambris de toutes les ambassades du monde.

Elle me raconte l'histoire de sa mère, Lily, qui passa plusieurs années au goulag, puis l'histoire des femmes qui avaient partagé ces moments avec elle, et enfin l'histoire du livre telle que je viens de vous la raconter.

– C'est moi qui possède le cahier. Parce que ma mère fut la première à quitter le pavillon 13, elle réussit à le sortir cousu dans ses jupons. Maman est morte, les autres aussi. Cependant les filles des camarades captives viennent le consulter de temps en temps: nous prenons le thé, nous évoquons nos mères, puis nous le relisons. Elles m'ont confié la mission de le conserver. Quand je ne serai plus là, je ne sais où il ira.

1 **mauve:** blasslila. • 3 **illuminé, e:** (hell) erleuchtet. • 12 **orner qc:** etwas zieren, etwas schmücken. • **le lambris:** Wandtäfelung. • 20 **cousu, e dans les jupons** (m.) **de qn:** in jds. Unterrock eingenäht sein. • 21 f. **le camarade captif / la camarade captive:** Mitgefangene(r). • 22 **consulter qc:** hier: einen Blick in etwas hineinwerfen. • 23 **évoquer qn:** (sich) an jdn. erinnern. • 24 **confier la mission à qn de faire qc:** jdn. damit betrauen, etwas zu tun. • 25 **conserver qc:** etwas aufbewahren.

de nouveau le bonheur d'une écriture clandestine, celle de l'adolescence: noircir des pages retrouvait le goût des plaisirs suspects.

D'ordinaire, des nouvelles donnent lieu à des films. Ici, ce fut l'inverse. Non seulement mon film m'a permis de composer des nouvelles, mais lorsqu'il fut terminé, histoire de prendre une fois encore le contre-pied, je décidai d'adapter le scénario original en une nouvelle.

Le film s'appelle Odette Toulemonde, *la nouvelle aussi. Cependant, quiconque s'intéressant au cinéma et à la littérature et prenant connaissance des deux formes en notera surtout les différences, tant j'ai cherché à conter la même histoire en deux langages, utilisant des moyens inégaux, les mots ici, les images animées sur l'écran.*

15 août 2006.

2 **noircir:** schwärzen; hier: beschreiben. • 3 **suspect, e:** verdächtig; hier: unerlaubt. • 4 **d'ordinaire:** für gewöhnlich, im Normalfall. • **donner lieu** (m.) **à qc:** der Anlass für etwas sein. • 5 **l'inverse** (m.): Gegenteil. • 6 **composer qc:** etwas komponieren, etwas zusammenstellen; hier: etwas schreiben. • 7 **histoire de ...:** nur um ... • 7 f. **prendre une fois encore le contre-pied:** etwa: noch einmal das (genaue) Gegenteil vom Üblichen machen. • 11 **quiconque:** jeder, der. • 12 **prendre connaissance** (f.) **de qc:** etwas zur Kenntnis nehmen; hier: sich mit etwas vertraut machen, sich mit etwas beschäftigen. • 13 **noter qc:** etwas bemerken. • 14 **conter qc:** etwas erzählen. • 15 **inégal, e:** ungleich. • **des images animées:** bewegte Bilder.

Editorische Notiz

Der französische Text folgt der Ausgabe: Éric-Emmanuel Schmitt, *Odette Toulemonde et autres histoires*, Paris: Albin Michel, 2006. Das Glossar enthält alle Wörter, die nicht im *Thematischen Grund- und Aufbauwortschatz Französisch* von Wolfgang Fischer und Anne-Marie Le Plouhinec (Stuttgart: Klett, 2000) enthalten sind. Dabei wird der Grundwortschatz in der Regel als bekannt vorausgesetzt; Wörter, die zum Aufbauwortschatz zählen, sind bei Bedarf erklärt. Allerdings wurde bei auch im Deutschen verständlichen und geläufigen Begriffen auf eine Erklärung verzichtet.

Im Glossar verwendete französische Abkürzungen

adj.	adjectif
angl.	anglais, anglicisme
belg.	belge, belgicisme
bibl.	biblique (Sprache der Bibel)
esp.	espagnol
f.	féminin
fam.	familier (umgangssprachlich)
fig.	sens figuré (übertragen)
iron.	ironique
jur.	juridique
lat.	latin
litt.	littéraire (literarisch, gehoben)
m.	masculin
méd.	médecine
péj.	péjoratif (abwertend)
pl.	pluriel
pop.	populaire (salopp)
qc	quelque chose
qn	quelqu'un
vulg.	vulgaire (vulgär, derb)
vx.	vieux (veraltet)

Literaturhinweise

I. Werke von Éric-Emmanuel Schmitt

La nuit de Valognes. Arles: Actes Sud, 1991. – Schulausg. *La Nuit de Valognes*. Prés., notes, questions et après-texte par Claudia Julien. Paris: Magnard, 2005. (Classiques & Contemporains. 79.)

Le Visiteur. Arles: Actes Sud, 1993. – Schulausg. *Le Visiteur.* Prés., notes, questions et après-texte par Catherine Casin-Pellegrini. Paris: Magnard, 2002. (Classiques & Contemporains. 42.)
Dt.: *Der Besucher*. Lengwil: Libelle-Verlag, 1997.

Golden Joe. Paris: Albin Michel, 1994.

La secte des Égoïstes. *Roman.* Paris: Albin Michel, 1994.
Dt.: *Die Schule der Egoisten. Roman.* Zürich: Ammann, 2004.

Variations énigmatiques. Paris: Albin Michel. 1996.
Dt.: *Enigma. Variations Énigmatiques.* Lengwil: Libelle-Verlag, 1997. – Hörspiel: *Enigma.* Produktion: Mitteldeutscher Rundfunk. Berlin: Der Audio Verlag, 2001. – Video-Film: *Enigma. Eine uneingestandene Liebe*. E.M.S. 2009. [Special Edition, 2 DVDs.]

Diderot ou La philosophie de la séduction. Paris: Albin Michel, 1997.

Le Libertin. Paris: Albin Michel, 1997.
Dt.: *Der Freigeist.* Lengwil: Libelle-Verlag, 1997. – Hörspiel: *Diderot – Der Freigeist.* Produktion: Mitteldeutscher Rundfunk. Berlin: Der Audio Verlag, 2000.

Milarepa. Paris: Albin Michel, 1997.
Dt.: *Milarepa*. Zürich: Ammann, 2006.– Hörspiel: *Milarepa*. Produktion: Rundfunk Berlin-Brandenburg. Berlin: Der Audio Verlag, 2006.

Les imaginaires du théâtre. Dossier réalisé par Jean-Claude et Sophie-Justine Lieber. Paris: Gallimard, 1997. (La Nouvelle Revue Française. 534/535.) [Enthält: Agota Kristof: *Le Monstre* – Joël Jouanneau: *L'Œil du taurecu* – Éric-Emmanuel Schmitt: *Le Bâillon.*]

Frédérick ou Le Boulevard du crime. Paris: Albin Michel, 1998.

Gesammelte Stücke: *Frederick oder Boulevard des Verbrechens – Der Besucher – Der Freigeist – Enigma.* Lengwil: Libelle-Verlag, 1999.

Hôtel des Deux Mondes. Paris: Albin Michel, 1999.
Dt.: *Hotel zu den zwei Welten.* Lengwil: Libelle-Verlag, 2001.

Théâtre 1: *La nuit de Valognes – Le Visiteur – Le Bâillon – L'École du diable.* Paris: Albin Michel, 1999. – Tb.-Ausg. Paris: Librairie Générale Française, 2002. (Le Livre de Poche. 15396.)

L'Évangile selon Pilate. *Roman.* Paris: Albin Michel, 2000. Nouv. éd. 2005.
Dt.: *Das Evangelium nach Pilatus. Roman.* Zürich: Ammann, 2005. – Hörbuch: *Das Evangelium nach Pilatus.* Berlin: Der Audio-Verlag, 2005.

Monsieur Ibrahim et les fleurs du Coran. Paris: Albin Michel, 2001. – Schulausg. *Monsieur Ibrahim et les fleurs du Coran.* Prés., notes, questions et après-texte par Josiane Grinfas-Bouchibti. Paris: Magnard, 2004. (Classiques & Contemporains. 57.)
Dt.: *Monsieur Ibrahim und die Blumen des Koran.* Zürich: Ammann, 2003. – Hörbuch: *Monsieur Ibrahim und die Blumen des Koran.* Berlin: Der Audio-Verlag, 2003 – Videofilm: *Monsieur Ibrahim und die Blumen des Koran.* Berlin: Universum Film, 2004. [Als Videocassette, DVD-Video sowie Special Edition zus. mit Sonderausg. des Romans.]

La part de l'autre. *Roman.* Paris: Albin Michel, 2001.
Dt.: *Adolf H. Zwei Leben. Roman.* Zürich: Ammann, 2007.

Lorsque j'étais une œuvre d'art. *Roman.* Paris: Albin Michel, 2002.

Dt.: *Als ich ein Kunstwerk war*. Zürich: Ammann, 2009. – Hörbuch: *Als ich ein Kunstwerk war*. Berlin: Der Audio Verlag, 2009.

Oscar et la dame rose. Paris: Albin Michel, 2002.
Dt.: *Oskar und die Dame in Rosa*. Zürich: Ammann, 2003. – Hörspiel: *Oskar und die Dame in Rosa*. Produktion: Norddeutscher Rundfunk. Berlin: Der Audio-Verlag, 2004.

Petits crimes conjugaux. Paris: Albin Michel, 2003.
Dt.: *Kleine Eheverbrechen*. Zürich: Ammann, 2006. – Hörbuch: *Kleine Eheverbrechen*. Berlin: Der Audio Verlag, 2006.

Théâtre 2: *Golden Joe – Variations énigmatiques – Le Libertin*. Paris: Librairie Générale Française, 2003. (Le Livre de Poche. 15599.)

Ma bibliothèque personnelle. *Conférence et lecture du 21 janvier 2004*. Pierre Assouline, interview; Louise Labé, Denis Diderot, Blaise Pascal [u. a.], auteurs des textes. Paris: Bibliothèque nationale de France, 2004. [Compact-Disc.]

L'enfant de Noé. Paris: Albin Michel, 2004.
Dt.: *Das Kind von Noah. Erzählung*. Zürich: Ammann, 2004. – Hörbuch: *Das Kind von Noah*. Berlin: Der Audio Verlag, 2005.

Mes évangiles. Paris: Albin Michel, 2004.

Ma vie avec Mozart. Paris: Albin Michel, 2005. [Mit 1 CD.]
Dt.: *Mein Leben mit Mozart*. Zürich: Ammann, 2005. [Mit 1 CD.] – Hörbuch: *Mein Leben mit Mozart*. Berlin: Der Audio-Verlag, 2006.

Odette Toulemonde et autres histoires. Paris: Albin Michel, 2006.
Dt.: *Odette Toulemonde und andere Geschichten*. Zürich: Ammann, 2007. – Videofilm: *Odette Toulemonde*. Berlin: Universum Film, 2008. [1 DVD-Video; frz. und dt.]

Théâtre 3: *Frédérick ou le Boulevard du Crime – Hôtel des Deux Mondes – Petits crimes conjugaux*. Paris: Albin Michel / Librairie Générale Française, 2006. (Le Livre de Poche. 30618.)

La tectonique des sentiments. Paris: Albin Michel, 2006.
La rêveuse d'Ostende. Paris: Albin Michel, 2007.
Ulysse from Bagdad. Paris: Albin Michel, 2008.
Le sumo qui ne pouvait pas grossir. Paris: Albin Michel, 2009.
Dt.: *Vom Sumo, der nicht dick werden konnte.* Zürich: Ammann, 2009. – Hörbuch: *Vom Sumo, der nicht dick werden konnte.* Berlin: Der Audio-Verlag, 2010.
Quand je pense que Beethoven est mort alors que tant de crétins vivent. Paris: Albin Michel, 2010.
Concerto à la mémoire d'un ange. Paris: Albin Michel, 2010.

II. Sekundärliteratur zu *Odette Toulemonde et autres histoires* (Auswahl)

a) zum Buch

Éric-Emmanuel Schmitt: La dédicace de l'auteur http://www.passiondulivre.com/livre-28331-odette-toulemonde-et-autres-histoires.htm
Leserforum zu *Odette Toulemonde et autres histoires* http://www.critiqueslibres.com/i.php/vcrit/1393
Mélanie Carpentier: Les critiques [evene] http://www.evene.fr/livres/livre/eric-emmanuel-schmitt-odette-toulemonde-23806.php?critiques
Kai Wiegandt: Wenn die Kassiererin dem Autor das Jawort gibt
http://www.evene.fr/livres/livre/eric-emmanuel-schmitt-odette-toulemonde-23806.php?critiques
Mr. Rail: »Ruhig – Odette – ganz ruhig – Odette«; Rezension vom 22. 6. 2009 (29)
http://www.lovelybooks.de/buch/41720757/eric_emmanuel_schmitt_odette_toulemonde_und_andere_geschichten/
auf der Webseite des Ammann-Verlags veröffentlichte Auszüge aus Zeitungskritiken zu *Odette Toulemonde*
http://www.ammann.ch/?pbid=162&k=&sk=&tb=

K.-G. Beck-Ewerhardy: Éric-Emmanuel Schmitt, »Odette Toulemonde und andere Geschichten«
http://www.sandammeer.at/rezensionen/schmitt-odette.htm
Interview mit Mélanie Carpentier: De l'écriture cinématographique
http://www.evene.fr/celebre/actualite/interview-eric-emmanuel-schmitt-odette-toulemonde-cinema-583.php
Webseite des Autors
http://www.eric-emmanuel-schmitt.com
Jean-Rémi Barland: Odette et les autres
http://www.eric-emmanuel-schmitt.com/Litterature-nouvelles-odette-toutlemonde-et-autres-histoires.html; dort weitere Rezensionen

b) zum Film

gesammelte Filmkritiken auf *filmz.de*
http://www.filmz.de/film_2007/odette_toulemonde/links.htm
Ina Hochreuther: Nur behaupteter Zauber, 25.10.2007
http://www.stuttgarter-zeitung.de/stz/page/detail.php/1550407
André Wesche: Überdosis Sentiment
http://www.sz-online.de/freizeit/artikel.asp?id=1642859
Stephan Sigg: Ein Hauch von Amelie
http://www.cineman.de/movie/review.php?reld=1&urlextract=/2006/OdetteToulemonde/
Christa Minkin: Glücklich wie jedermann?
http://www.evolver.at/kino/Odette_Toulemonde/
Kirsten Taylor: Odette Toulemonde – Die gute Fee
http://film.fluter.de/de/234/kino/6346?tpl=162
Annette Stiekele: Von der Lippenstiftverkäuferin zum schwebenden Engel, 15.10.2007
http://www.abendblatt.de/kultur-live/kino/article885614/Von-der-Lippenstiftverkaeuferin-zum-schwebenden-Engel.html

Marli Feldvoss: Die schwebende Leserin, 25. 10. 2007 http://www.ksta.de/html/artikel/1193144123575.shtml
Anne Gottschalk: »Odette Toulemonde«: Ode an die Liebe, http://www.stern.de/kultur/film/odette-toulemonde-ode-an-die-liebe-600746.html
Eva Maria Schlosser: Märchenkitsch http://www.stuttgarter-nachrichten.de/stn/page/detail.php/1550411
Wilfried Hippen: Der Autor und Frau Jedermann – In »Odette Toulemonde« erzählt Éric-Emmanuel Schmitt kitschig vom Kitsch http://www.taz.de/1/archiv/archiv/?dig=2007/10/25/a0030
Tilman Krause: Schmitts Odette ist die neue schöne Amelie http://www.welt.de/kultur/article1293816/Schmitts_Odette_ist_die_neue_schoene_Amelie.html
o. V.: Odette Toulemonde http://www.zisch.ch/navigation/top_main_nav/FUN_FREIZEIT/Kino/Filmkritik/detail.htm?client_request_contentOID=252159
o. V.: Odette Toulemonde http://www.indiskretion-ehrensache.com/2008/05/odette-toulemonde.html

Nachwort

Der Romancier, Dramatiker und Filmemacher Éric-Emmanuel Schmitt wurde 1960 in Sainte-Foy-lès-Lyon im Département Rhône geboren. Nach eigener Aussage war er ein schwieriger, manchmal jähzorniger, gar rebellischer Jugendlicher, der sich gegen überkommene Auffassungen und verkrustete Meinungen wehrte. Eines Tages nahm ihn seine Mutter in eine Aufführung von Edmond Rostands *Cyrano de Bergerac* mit Jean Marais in der Hauptrolle mit. Der junge Schmitt war vom Stück betroffen und gerührt und wandte sich daraufhin mit jugendlicher Verve dem Theater zu. Erste Entwürfe von Theaterstücken wurden dann auch an seinem Gymnasium aufgeführt.

Im Jahr 1980 schaffte er die Aufnahmeprüfung an die Pariser École normale supérieure, studierte dort bis 1985 und promovierte 1987 in Philosophie über das Thema *Diderot et la métaphysique*. Seine Doktorarbeit wurde zehn Jahre später unter dem Titel *Diderot ou la philosophie de la séduction* veröffentlicht. In der Folgezeit wirkte Schmitt während seines Militärdienstes als Lehrer am Militärgymnasium von Saint-Cyr, dann weitere drei Jahre als Gymnasiallehrer in Cherbourg und als Dozent an der Universität von Chambéry.

In den neunziger Jahren des vergangenen Jahrhunderts gelingt Schmitt mit seinen ersten Theaterstücken in mehreren Ländern ein durchschlagender Publikumserfolg. *La Nuit de Valognes* kommt im September 1991 im *Espace 44* in Nantes auf die Bühne. Mit seinem zweiten Stück *Le Visiteur* gewinnt er 1993 den Prix Molière, was ihn in seiner Entscheidung bestärkt, seine Philosophiedozentur zugunsten einer Laufbahn als Schriftsteller aufzugeben. Nach weiteren Theatererfolgen, zum Beispiel *Golden Joe* (1995), *Variations énigmatiques* (1996), *Le Libertin* (1997), *Frédérick ou le Boulevard du Crime* (1998) und *Hôtel des Deux Mondes* (1999), wagte sich Schmitt zeitgleich auch auf neues Terrain und zeitigte erste Erfolge auf dem Gebiet des Romans. So gelangen ihm mit *La Secte des*

Égoïstes (1994), *L'Évangile selon Pilate* (2000), *La Part de l'Autre* (2001), *Lorsque j'étais une œuvre d'art* (2002) oder mit *Ulysse from Bagdad* (2008) von der Kritik vielbeachtete und vom Publikum überwiegend begeistert angenommene Werke.

Außerdem schrieb Schmitt an den Filmdrehbüchern zu seinen Werken *Monsieur Ibrahim et les fleurs du Coran* (2003), *Le Libertin, Odette Toulemonde* (2007) und *Oscar et la dame rose* (2008) mit und führte in den beiden letztgenannten auch selbst Regie. In letzter Zeit wandte sich der Autor verstärkt der Novelle zu und legte 2006 mit der hier näher zu betrachtenden Sammlung *Odette Toulemonde et autres histoires* und im Jahr darauf mit *La rêveuse d'Ostende* bei Albin Michel erste Kostproben vor.[1] Auf die Feststellung von Mélanie Carpentier im Interview mit Schmitt, man könne den Eindruck gewinnen, die Novellen in *Odette Toulemonde* seien eine Art Kondensat seines bisherigen Œuvres, antwortet der Autor: »[Les nouvelles sont] une vraie synthèse de ce que le roman et le théâtre m'ont appris. Le théâtre m'a appris l'économie, la précision du trait et le romanesque m'a appris à manier le temps. C'est d'ailleurs pour cela, je pense, que ça n'arrive que maintenant.«[2]

Im Nachwort zu *Odette Toulemonde et autres histoires* gibt der Autor selbst Aufschluss über die Entstehungsgeschichte des Werks. Während normalerweise der Autorenfilm aus einer literarischen Vorlage hervorgeht, die zu einem Drehbuch adaptiert wird, war es im vorliegenden Fall andersherum. Die Titelgeschichte der Sammlung entstand auf der Grundlage

1 Vgl. auch: Éric-Emmanuel Schmitt, *La rêveuse d'Ostende et autres histoires*, Stuttgart 2009 (UB 19760).

2 »De l'écriture cinématographique« (EES im Interview mit Mélanie Carpentier); http://www.evene.fr/livres/livre/eric-emmanuel-schmitt-odette-toulemonde-23806.php?critiques; vgl. auch Schmitts Bekenntnis zur literarischen Form der Novelle in seiner »Dédicace de l'auteur« zu Odette Toulemonde et autres histoires: »J'aime la nouvelle, parce qu'elle permet de s'installer dans la solitude et dans l'intimité d'un personnage, d'aller dans ces zones où l'on prend les grandes décisions qui font une vie, qui permettent à cette vie de se réussir ou de se rater.« http://www.passiondulivre.com/livre-28331-odette-toulemonde-et-autres-histoires.htm

des Drehbuchs, quasi als Nebenprodukt von Schmitts Dreh- und Regiearbeit am gleichnamigen Film[3], obwohl er eigentlich »Schreibverbot« vom Produzenten erhalten hatte: »Pendant le tournage et le montage, j'ai donc profité de mes rares heures inoccupées pour m'isoler de mon équipe et rédiger sur les bords de table [...] ces nouvelles que j'avais en tête depuis longtemps« (Postface, S. 261).

In den acht Geschichten werden durchweg Frauenschicksale thematisiert und mit Ausnahme von »La princesse aux pieds nus« wird auch aus der Perspektive der Protagonistinnen erzählt. In einem Online-Video[4] legt Schmitt dar, dass es ihm in diesen Novellen vorrangig um »l'amour féminin« und die Erfassung der »psychologie féminin« gegangen sei. Der Glückssuche der Hauptfiguren[5] – einem Hauptthema der meisten Geschichten – ist indessen nicht durchgängig der angestrebte Erfolg beschieden, Blütenträume reifen – wenn überhaupt – erst nach mancherlei Irrungen und mittelschweren »Verwerfungen«. Liebeslust, Liebesfrust und Liebesverlust halten sich in den Geschichten die Waage.

Die männlichen Hauptpersonen entsprechen dabei in der Regel nicht der Klischeevorstellung vom »starken Geschlecht«, sondern stehen eher auf der Verliererseite des Lebens. Da sind zum Beispiel der hoffnungslos unbegabte und gescheiterte Maler Césario in »Wanda Winnipeg«, der abgehalfterte Theaterschauspieler und Fernsehstar Fabio in »La princesse aux pieds nus«, der seinem Ideal der vollkommenen femininen Schönheit vergeblich nachjagt, oder der wil-

3 *Odette Toulemonde* (2006); Filmlänge: 100 min.; Genre: Komödie, Drama; in den Hauptrollen Catherine Frot (Odette) und Albert Dupontel (Balsan). Regie und Drehbuch: Éric-Emmanuel Schmitt.

4 »Les Chroniques de San Fredo – Interview Éric-Emmanuel Schmitt«, http://www.youtube.com/watch?v=9WDRqqw-aQ8&feature=related

5 Eine kleine Anspielung auf diese Thematik findet sich in der titelgebenden Novelle »Odette Toulemonde« auf S. 227. Hier spricht Balthasar Balsan über sein neues Romanprojekt: »Cela s'appellera *Le Bonheur des autres*. J'y raconte le destin de plusieurs personnages qui cherchent le bonheur sans le trouver.«

lens- und entscheidungsschwache Georges in »Le faux«, der lange zwischen seiner Frau und seiner Geliebten Aimée Favart hin- und herpendelt. Auch Samuels unerträgliches Doppelspiel und sein Lavieren zwischen zwei Frauen in »Tout pour être heureuse« ist nicht dazu angetan, den Leser für ihn einzunehmen. Um Balthasar Balsan, Hauptfigur der Titelnovelle, ist es kaum besser bestellt: er wird als »fragile, émotif« (S. 210) und ohne inneres Gleichgewicht beschrieben, und als ihm der eisige Wind rachsüchtiger Kritiker um die Ohren bläst, bricht er zusammen.

Es sind die Frauenfiguren der Novellen, die vielfach durch List, Beharrlichkeit und Zielstrebigkeit beeindrucken, dabei in der Wahl ihrer Mittel aber nicht zimperlich sind.[6] Das Paradebeispiel für diesen Frauentyp ist Wanda Winnipeg. Aus ärmlichen Verhältnissen kommend, hat sie sich als Geliebte vermögender und einflussreicher Männer regelrecht in höhere Kreise »emporgeschlafen« und es auf diesem Wege zu sozialem Status und Reichtum gebracht. Zur Beruhigung des eigenen Gewissens verhilft sie dem mittellosen und von ihr einst geliebten Maler Césario durch eine raffiniert eingefädelte List, auf die ihre zwar kunstbeflissenen und betuchten, aber nicht allzu kunstsachverständigen Freunde leicht hereinfallen, zum Absatz von ein paar Bildern und so zu unerwartet hohen Einnahmen. Dass sich Césario dadurch in seiner Produktion aufgewertet und als Maler mit künstlerischem Niveau bestätigt vorkommt, spricht nicht unbedingt für sein Selbsteinschätzungsvermögen. En passant liefert Schmitt in

6 Schmitt vertritt im Übrigen ohnehin die Meinung, dass Frauen den Männern in vielem überlegen sind: »Je trouve que les femmes sont plus intéressantes que les hommes, dans le roman, dans le théâtre ou dans la nouvelle, parce que les femmes vont jusqu'au bout. Dans la vie, elles sont ainsi. Elles vont jusqu'au bout de leurs décisions et de leurs actions. C'est souvent elles qui décident. C'est souvent une femme qui décide d'un couple, ou qui décide que ce couple va cesser. Et cette force des femmes est une chose qui les transforme en héroïnes, et qui en fait des vrais personnages essentiels.« http://www.passiondulivre.com/livre-28331-odette-toulemonde-et-autres-histoires.htm

dieser Novelle auch eine überaus gelungene Satire auf die Hohlheit und Lächerlichkeit der »Schickeria«.

In manchen der Erzählungen ergeben sich Niederlagen und Sackgassen fast zwangsläufig daraus, dass die Hauptfiguren falschen und ihnen wesensfremden Idealen und Glücksvorstellungen nachjagen, immer auf der Jagd nach Statussymbolen, die nur flüchtige Befriedigung bringen. Ferner ist ein ausschließlich negativer Blick auf die Welt und die Menschen einem glücklichen und erfüllten Dasein abträglich. Dies wird am Beispiel von Hélène in »C'est un beau jour de pluie« besonders deutlich. Im Gegensatz zu ihrem Gatten Antoine, der allem noch eine positive Seite abgewinnen kann, ist sie eine notorische Schwarzseherin und Perfektionistin, die durch nichts zufriedenzustellen ist. Die Erkenntnis ihrer eigenen Unzulänglichkeiten, so wenig ausgeprägt diese auch sind, führen zu Selbsthass und zu Unzufriedenheit mit Gott und der Welt. Nach Antoines Tod führt diese negative Grundeinstellung zu völliger innerer Leere und sozialer Isolation, doch nach einigen Jahren entdeckt Hélène das Reisen und damit die Öffnung zur Außenwelt.

Für Schmitt, der sich selbst als bekennenden Optimisten einstuft und dafür schon viel Kritik einstecken musste, ist Optimismus eine Form der Lebensbewältigung: »Depuis que j'ai compris qu'être optimiste est un combat et que l'on peut être critiqué pour cela, je suis ravi de l'être. [L'optimisme et le pessimisme] sont des attitudes face à un même diagnostic: la vie est difficile, pleine de douleurs, finit mal et la plupart des êtres humains sont trompeurs. Je vois, dans l'optimisme, la volonté de ne pas se résoudre à la laideur du monde, de ne pas vouloir être désenchanté. […] Mon optimisme fait partie de mon humanisme.«[7]

Bisweilen bezieht die Handlung der Geschichten ihren Charme aus der Spannung zwischen Schein und Sein, so zum

7 EES im Interview mit Mélanie Carpentier; http://www.evene.fr/livres/livre/eric-emmanuel-schmitt-odette-toulemonde-23806.php?critiques

Beispiel »L'intruse«[8] oder »Tout pour être heureuse«. So lässt sich »L'intruse« zunächst wie ein psychologischer *mini-polar* an, nachdem die Hauptfigur, Odile Versini, sich von einer fremden Frau, die immer wieder in ihr Haus eindringt, regelrecht verfolgt fühlt. Geschickt versteht es hier der Erzähler, die Auflösung des Rätsels zu retardieren.

Täuschungseffekte, die entweder die handelnden Personen oder den Leser auf falsche Fährten locken, sind in den Geschichten nicht selten.[9] Das Mittel der verzögerten Auflösung wird von Schmitt auch in der sehr beeindruckenden, die Sammlung abschließenden Novelle »Le plus beau livre du monde« gekonnt eingesetzt. Die Handlung entführt den Leser in die Sowjetdiktatur der stalinistischen Ära. Im Barackenlager eines Gulag sind eine Reihe von Frauen zusammengepfercht, die wegen systemkritischer Agitation als Dissidentinnen einem politischen »Umerziehungsprogramm« unterworfen werden sollen. Alle Frauen plagt das schlechte Gewissen ihren Familien und vor allem ihren Kindern gegenüber, die durch ihre »Schuld« des politischen Engagements nun vereinsamt sind. Mit Hilfe von mühsam gesammeltem Zigarettenpapier, das zu Blattgröße zusammengeklebt werden soll, wollen sie ihren Familien eine Art »Vermächtnis« (S. 252) zukommen lassen, in dem in einer Art kollektiver Rechtfertigung die Beweggründe für ihr militantes Handeln im Dienste der sowjetischen Gesellschaft erläutert werden sollen. Für dieses Vorhaben fehlt jedoch ein geeignetes Schreibwerkzeug. Dieses liefert eine neue Gefangene namens Olga, die im Haar einen Bleistift einschmuggelt. Doch als nun eine der Gefangenen

8 Der Kritiker der *Süddeutschen Zeitung*, Kai Wiegandt, stuft diese Erzählung als die beste der Sammlung ein; http://www.evene.fr/livres/livre/eric-emmanuel-schmitt-odette-toulemonde-23806.php?critiques

9 In seiner Kritik in der *Süddeutschen Zeitung* vom 14.12.2007 legt Kai Wiegandt dem Autor diesen allzu häufig angewandten, und deshalb nach seiner Meinung vorhersehbaren, »Täuschungseffekt« als Negativum aus; http://www.evene.fr/livres/livre/eric-emmanuel-schmitt-odette-toulemonde-23806.php?critiques

den Anfang machen soll, stellt sich unter den Frauen eine seltsam gehemmte Sprachlosigkeit ein. Nach einer Zeit verlegenen Zuwartens macht sich ausgerechnet die einfältige Lily als erste ans Werk. Als die energische und bestimmende Tatiana Lilys Entwurf in Augenschein nimmt, ist sie begeistert und bittet Lily, ihren Text übernehmen und die anderen Gefangenen informieren zu dürfen. Den Inhalt von Lilys Brief und mithin die Auflösung erfährt der Leser erst mit Verzögerung im Epilog zur Geschichte, der fünfzig Jahre später angesetzt ist.

Die Hauptfigur der titelgebenden Novelle, Odette Toulemonde[10], ist seit vielen Jahren verwitwet und Mutter zweier Kinder, Rudy und Sue Helen, die gerade erwachsen wurden. In der belgischen Kleinstadt Charleroi fristet sie ein im Grunde tristes Dasein als Verkäuferin und Federschmuckmacherin. Was ihr bei der Lebensbewältigung hilft, ist in erster Linie ihr robuster Optimismus und ihre glückliche Veranlagung, positiv zu denken und die guten Seiten an den Menschen und den Geschehnissen zu sehen. Im Lauf der Geschichte stellt sich heraus, dass Odette ein wahrer Ausbund an gelebter Toleranz, nachsichtiger Mitmenschlichkeit, tätiger Liebe und herzlich empfundener Gastfreundschaft ist.

Ihr Lebenselixier bezieht sie aber auch ganz entscheidend aus den »gefühligen« Büchern des Schriftstellers Balthasar Balsan, den sie nun auf einer Lesung mit Signierstunde in Charleroi persönlich kennenlernen und um ein Autogramm bitten will. Obwohl bisher erfolgsverwöhnt und ein Liebling seiner überwiegend weiblichen Leserschaft, ist Balsan keineswegs frei von Selbstzweifeln: »se trouvant à ce point difficile de sa carrière où il n'avait plus besoin d'aider à la vente de ses livres mais où il craignait qu'elle ne baisse. Leur qualité aussi …« (S. 192). Balsan treibt bei jeder Veröffentlichung

10 Dieser sprechende Name (»Jedermann«) soll andeuten, dass Odette ein Durchschnittsmensch ist. In der Novelle steht sie bei aller Eigentümlichkeit und liebenswerten Eigenart für die kleinen Bürger, die hart um ihre Existenz ringen müssen.

die Furcht um, das »eine Buch zuviel«, das Buch, das die Welt nicht braucht, geschrieben zu haben.

Am Abend nach der Lesung erlebt Balsan im Fernsehen mit, wie sein literarisches Schaffen vom eminenten, blasierten und hochnäsig abgehobenen Kritiker Olaf Pims in einer Art »démolition en direct« (S. 198) flächendeckend niedergemacht wird. In einem arroganten Rundumschlag nimmt sich der selbsternannte Literaturpapst dann noch Balsans Publikum vor: mit Hausmeisterinnen, Kassiererinnen und Friseurinnen habe dieser die Fangemeinde, die er verdiene. Pims Philippika bleibt für Balsans Ego nicht ohne Folgen: »Balthasar entama, ce soir-là, une phase dépressive. [...] Il commença à se sentir vieux, fini, ridicule« (S. 200).

Unterdessen nimmt Odettes Begeisterung für Balsan immer weiter zu. Nach mehrfacher Lektüre seines letzten Romans entschließt sie sich, ihm einen Brief voll lobender Anerkennung und Bewunderung zu schreiben und übergibt ihm diesen bei einer zweiten Signierstunde in Namur. Doch Pims' Fernsehattacke auf Balsan war nur das Startsignal für eine beispiellose Medienhetzkampagne und ein Kesseltreiben durch Kritiker, die seine Werke teilweise gar nicht kennen. Dazu erwarten den Schriftsteller nach seiner Rückkehr nach Paris weitere Rückschläge: Untreue seiner Frau Isabelle, Mobbing seines Sohnes François in der Schule, Isolation in seinem viel zu großen und zu teuren Haus, das er zunehmend als »Kulisse« empfindet. Die schmerzlich erlebte Sinnkrise[11] endet fast zwangsläufig in einem Selbstmordversuch mit nachfolgender Einweisung in die Psychiatrie.

Am absoluten Tiefpunkt fällt Balsan wieder Odettes Brief

11 Zu Balsans Sinnkrise erläutert Schmitt im Interview mit Mélanie Carpentier Folgendes: »Si dans son œuvre il y a l'essentiel, dans sa vie c'est le grand vide. Ce qui m'intéressait, c'est la crise de la quarantaine quand on a construit quelque chose et qu'on se rend compte que l'on a fait fausse route et qu'on a construit la mauvaise maison.« http://www.evene.fr/livres/livre/eric-emmanuel-schmitt-odette-toulemonde-23806.php?critiques

in die Hand, den er bisher noch gar nicht gelesen hat. Sein Inhalt ist Balsam für den Gebeutelten, der Hals über Kopf Paris verlässt, um mit der Briefschreiberin Kontakt aufzunehmen. Sein Verhältnis zu Odette, die ihrem verstorbenen Mann Antoine nachhängt, bleibt aber lange platonisch, nachdem ein erster Annäherungsversuch in aller Deutlichkeit zurückgewiesen wird. Nach vorübergehender Trennung und zufälliger Wiederbegegnung an der Nordsee erklärt Odette ihre abweisende Haltung: zu verschieden seien ihr jeweiliges Milieu und sozialer Status, zu groß der Alters- und Bildungsunterschied. In einem Akt beispielloser Selbstlosigkeit will Odette zu Gunsten Isabelles auf Balthasar verzichten und das getrennte Paar wieder zusammenführen, doch dieser unmenschliche »Gnadenakt« bricht ihr fast das Herz (S. 232). Gleichwohl werden durch den versöhnlichen Schluss sämtliche Lesererwartungen wie im Märchen doch noch erfüllt.

Nach grandiosen Anfangserfolgen bei Publikum und Kritik ist Éric-Emmanuel Schmitt mit einigen seiner letzten Bücher zunehmend in den Fokus oft polemischer Rezensionen geraten. Zu süßlich seien seine Stoffe, zu sehr auf tränenreiche Harmonie und glücklichen Ausgang ausgerichtet. Er sei ein »racoleur«, einer, der die sentimentalen Erwartungen seiner Leserschaft zu leicht bediene, dem Mainstream huldige und mithin auch auf den kommerziellen Erfolg schiele. Schmitt selbst empfindet diese Kritik an ihm als Erfolgsautor als ungerecht und versucht, ihre Widersinnigkeit mit Fakten und bitterem Humor zu belegen: »Quand mes livres tiraient à 4000 exemplaires, j'étais un génie, quand ils tiraient à 40000 exemplaires, il me restait un petit peu de talent. Maintenant qu'on dépasse les 400000 exemplaires, je suis nul, je suis une baudruche, je suis un ballon gonflable.«[12]

Es steht außer Frage, dass Schmitt seine Erfahrungen als

12 Bazzo.tv. Éric-Emmanuel Schmitt; http://www.youtube.com/watch?v=8cCi5HJhNZY&feature=related

Inhalt

Schriftsteller, der Höhen und Tiefen kennt und von Kritikern teils in den Himmel gehoben, teils in den Orkus verbannt wurde, in die Erzählung von »Odette Toulemonde« mit einfließen ließ.[13] So mag seine Schilderung des Verrisses durch Olaf Pims (S. 197–199), wenngleich überspitzt und satirisch grotesk überhöht, durchaus eigenen Erlebnissen entsprechen. Was Schmitt Kritikern vom Schlage Pims' übelnimmt, ist ihre Abgehobenheit und ihre in gesellschaftlicher und künstlerischer Hinsicht verächtliche Grundhaltung: »[Pour Pims,] Balthasar écrit pour des imbéciles: des femmes qui exercent de petits métiers. Il fait preuve de mépris artistique puisqu'il ne prend pas en compte l'œuvre de Balsan sous prétexte qu'elle est accessible.«[14] Für Schmitt ist es geradezu paradox, dass Erfolg und »Lesbarkeit« seines Werks einen Schriftsteller disqualifizieren sollen. Er lehnt den Snobismus der Kritikergilde und der Literaturzirkel ab, die jegliche Bodenhaftung verloren haben und in denen man über literarisch »ungebildete« Leser verächtlich die Nase rümpft. In der Erzählung lässt er Odette selbst mit Leuten dieses Schlags abrechnen: »[Balsan] rend des milliers de gens heureux. Peut-être que, dans le lot, il y a des petites secrétaires et de minuscules employées comme moi, mais justement! Qu'il arrive à nous passionner et à nous bouleverser, nous qui lisons peu, nous qui ne sommes pas cultivées comme vous, cela prouve qu'il a plus de talent que les autres! Beaucoup plus! Car vous savez, Olaf Pims, madame, peut-être qu'il écrit aussi des livres magnifiques, pourtant il me faut un dictionnaire et plusieurs tubes d'aspirine rien que pour comprendre de quoi il parle. C'est un snob qui ne s'adresse qu'aux gens qui ont lu autant de livres que lui« (S. 229 f.).

Ernst Kemmner

13 Auf die Frage, ob er selbst mit ähnlicher Kritik wie Balthasar Balsan konfrontiert worden sei, antwortete EES in lapidarer Kürze: »je m'en suis pris plein la figure« (Interview mit Mélanie Carpentier).

14 Interview mit Mélanie Carpentier.